Gérard Gayot

La franc-maçonnerie française

Textes et pratiques
(XVIIIe-XIXe siècles)

Gallimard

Cet ouvrage a originellement paru dans la collection Archives
dirigée par Pierre Nora et Jacques Revel

Gérard Gayot est maître-assistant à l'université de Lille III.
Il a orienté sa recherche vers la sociologie de la franc-
maçonnerie, l'analyse du discours maçonnique et l'illuminisme
auxquels il a consacré plusieurs articles.

L'auteur et les éditeurs remercient Mme de Lussy, conservateur du fonds FM à la Bibliothèque nationale, de l'aide qu'elle a bien voulu leur apporter dans leurs recherches.

INTRODUCTION

Ce livre est la réédition de l'ouvrage paru en 1980 dans la collection « Archives » chez Gallimard/Julliard sous le titre *La franc-maçonnerie française. Textes et pratiques (XVIIIᵉ-XIXᵉ siècles)*. Depuis cette date, nombre de monographies et d'articles ont été publiés sur le même sujet, tant la franc-maçonnerie continue à attirer les curiosités historiennes, maçonniques et profanes.

Dans le cadre de cette introduction, il est impossible de faire l'exposition de toutes ces touches de couleur locale. Un travail remarquable doit retenir l'attention du lecteur, celui de Ran Halévi, *Les loges maçonniques dans la France d'Ancien Régime. Aux origines de la sociabilité démocratique* (Paris, A. Colin, 1984). L'auteur y étudie la naissance et l'extension du réseau des ateliers des années 1730 à la veille de la Révolution française. Les autres travaux ne modifient pas les grandes lignes du schéma que nous avions esquissé : diffusion limitée des Lumières, influence notable des références chrétiennes dans les rituels et les catéchismes, des textes et des pratiques égalitaires sous la haute surveillance des autorités maçonniques, locales et nationales. La démocratie maçonnique effrayait si peu Bonaparte qu'il n'hésita pas à laisser se réouvrir les loges tombées en sommeil au début de la Révolution et à accepter le titre de « restaurateur » de l'ordre... maçonnique. La franc-maçonnerie d'Ancien Régime s'est efforcée, sauf exception, de concilier les devoirs du sujet et les douces obligations du frère, elle n'avait pas prévu ni préparé le sujet du roi à devenir citoyen.

A chaque époque, une société doit faire l'apprentissage de sa sociabilité, de sa dynamique, de ses cohérences et de ses contradictions, quelle que soit la nature proclamée de la sociabilité, égalitaire ou hiérarchisée (voir sur ce sujet *Sociabilité et société bourgeoise en France, en Allemagne et en Suisse (1750-1850)*, dir. Etienne François, Paris, Ed. Recherche sur les Civilisations, 1986). D'où l'intérêt d'étudier les deux modèles de sociabilité maçonnique qui se sont succédés en France aux XVIIIe et XIXe siècles.

Avant 1789, plusieurs signes permettent de ne pas regarder les loges de franc-maçons comme autant de laboratoires où fut expérimenté le dogme égalitaire. Certaines ont pu l'être comme certains cercles et cafés, notamment à Paris. Mais dans le vaste réseau de la province française, la règle fut au brassage social prudent tant les notables et l'aristocratie commençaient à s'inquiéter de l'agitation sociale qui croissait dans les campagnes et dans les villes et du « désordre » qui menaçait l'appareil d'Etat. Cette attitude frileuse déconcerta puis découragea ceux qui s'attendaient à plus d'audace, à plus de convenance entre les principes et les pratiques : un quart au moins des ateliers avaient fermé leurs portes en 1789 ; plus, si le nombre des frères qui ont quitté leur loge en route, parfois après une simple visite des lieux, est difficilement mesurable, on sait qu'il est important à lire les plaintes pour défaut d'assiduité et de cotisation. La force d'un groupe, maçonnique ou autre, s'évalue à la densité de son implantation, au nombre d'adhésions... et au nombre des sorties. Les déçus de l'art royal ont été déçus par une sociabilité de sécurité, très ritualisée, contrôlée par des hommes qui, sous couvert de discours maçonnique, cachaient de moins en moins les craintes que leur inspirait l'ébranlement de la société civile et politique du royaume de France.

Après l'épisode glorieux pour l'ordre de 1800 à 1815, celui-ci entra dans une période de convalescence pour cause de surveillance policière – résultat de sa compromission avec Napoléon – mais aussi faute de projet mobilisateur. C'est seulement à partir des années 1830 et 1840 que certains ateliers commencèrent à battre le rappel d'abord en ordre dispersé puis de manière plus concertée. Peu à peu, ils mirent en avant des idées et des pratiques nouvelles par rapport à l'Ancien Régime :

– la nécessité d'un effort collectif de l'ensemble des frères. Jusque 1789, la plupart des francs-maçons restèrent confinés dans leur orient où les hiérarchies locales pouvaient aisément se reproduire.

– la publication de bulletins d'information, l'organisation de rencontres régionales pour « causer » ensemble, pratiques inexistantes voire interdites avant 1789.

– et surtout l'élaboration d'un projet qui vise ouvertement une réforme profonde de la société civile et politique.

Une société instable qui se cherche mais qui ne cherche plus à freiner le mouvement social. Au contraire, elle y participe activement à l'instar de la franc-maçonnerie italienne et à la différence des ordres maçonniques anglo-saxons. Cette fois, les frères entraient en apprentissage du métier de citoyen. La voie était tracée, elle serait démocratique, républicaine et sociale. L'école de l'égalité représentée par la franc-maçonnerie aurait son équivalent dans la société profane avec l'école laïque. Les jours du Grand Architecte de l'Univers sous les auspices duquel les frères avaient travaillé depuis l'origine étaient comptés.

En accordant aux francs-maçons, au début de la Révolution de 1848, la paternité de la devise « Liberté, Egalité, Fraternité », Lamartine commettait une erreur historique. Il exprimait néanmoins les vœux secrets d'une minorité de frères déjà fort agissante. Le lyrisme du poète et la détermination enthousiaste d'une poignée de militants de l'art royal firent que la destinée de l'ordre maçonnique et l'histoire de la République étaient liées, pour le meilleur et pour le pire.

Gérard Gayot

1
Le fait
maçonnique

Au cours d'un dialogue imaginé par Lessing en 1778, Ernst interroge son ami Falk : Et pourrais-tu savoir ce que tu sais sans être initié? *Falk répond avec simplicité :* Pourquoi pas? La franc-maçonnerie n'est pas quelque chose d'arbitraire, de superflu, mais une nécessité de la nature humaine et une nécessité sociale. Aussi doit-on pouvoir la découvrir aussi bien par une recherche personnelle que sur des indications reçues d'autrui [1]. *Voilà un propos qui ne manque pas de rassurer le profane soucieux de s'informer sur la maçonnerie sans y adhérer, ni d'encourager l'historien toujours inquiet de ne pas trouver les bonnes sources.*

La simplicité n'est qu'apparente; en réalité, Falk désigne, à sa manière, deux voies d'approche totalement différentes du fait maçonnique. La première pourrait se raconter ainsi : au commencement étaient l'état de nature et la franc-maçonnerie; avant même que l'état de société fût créé, l'homme avait la connaissance de la franc-maçonnerie; celle-ci n'est donc pas une création artificielle, elle est un fait de nature, un fait de sociabilité naturelle. Dès lors, il est vain d'établir le fait maçonnique puisqu'il a toujours existé : la franc-maçonnerie, installée dans l'éternité du temps, ne cesse de renvoyer à l'origine. Tout le reste n'est qu'enveloppe, habilement cachant l'idée maçonnique originelle : pour la retrouver et la contempler, la seule méthode est de réintégrer, par l'initiation, l'état de nature, c'est-à-dire d'abolir le temps et l'histoire. La connaissance initiatique de la franc-maçonnerie est, pour Falk, l'expérimentation individuelle d'un retour aux sources, individuelle donc intransmissible aux autres — historiens compris :

ERNST. La franc-maçonnerie n'est pas arbitraire? N'a-t-elle pas pourtant des formules, des symboles, des rites qui pourraient être entièrement différents et sont par conséquent arbitraires?

FALK. Certes, mais ces formules, ces symboles et ces rites ne sont pas la franc-maçonnerie.

ERNST. La franc-maçonnerie n'est pas superflue? Comment faisaient donc les hommes avant qu'elle existât?

FALK. Elle a toujours existé.

ERNST. Mais qu'est-elle donc cette franc-maçonnerie qui est nécessaire, qui est indispensable?

FALK. J'ai déjà essayé de te le faire comprendre : elle est quelque chose que même ceux qui le savent ne peuvent pas dire [2].

Falk ne pouvait ignorer, en 1778, qu'un discours attribuant à la nature l'existence d'une institution pouvait être rapporté à d'autres discours, anciens mais non désuets, sur l'instinct de sociabilité de l'homme, à l'origine de l'inégalité, des ordres et des états, présentés comme autant de nécessités... naturelles. Aussi prend-il le soin d'ouvrir immédiatement une seconde voie d'accès à la franc-maçonnerie : elle est également une nécessité sociale, une nécessité de l'état de société, ce qui suppose le passage d'un état nul de société à l'organisation de rapports sociaux; les partisans de la théorie du contrat social reconnaissent enfin des paroles familières et le fait maçonnique paraît acquérir droit à l'événement, c'est-à-dire à l'histoire. Mais Falk résiste : ce seuil radical que constitue la rupture avec l'état de nature ne modifie pas fondamentalement la maçonnerie en tant que telle : elle continue d'être ce qu'elle était avant la création de la société. En fait, l'état ignorant de toute société contient déjà la franc-maçonnerie et celle-ci représente par avance l'idéal d'une société à venir; la franc-maçonnerie a le même rôle théorique dans la pensée de Falk que la liberté individuelle chez Locke ou que l'égalité chez Rousseau. Fait naturel dans l'état de nature, la maçonnerie devient un fait social dans l'état de société... sans perdre pour autant sa nature.

Mais dès l'instant où Falk avait admis que la franc-maçonnerie était un fait social, il était contraint d'admettre pour elle un mode de connaissance autre que celui de l'initiation, d'où l'allusion aux indications reçues par autrui *comme seconde voie de découverte : à regret, il nous permettait d'établir le fait maçonnique, c'est-à-dire de rechercher les secrets de sa durée et de son succès, selon les régions, selon les pays. Le grand mystère de l'origine resterait dans tous les cas impénétrable aux non-initiés, mais les petits mystères sociaux, les effets historiques d'une cause inaccessible à l'investigation historienne pouvaient, en revanche, être datés et dénombrés.*

Beaucoup de temps s'est écoulé lorsque Falk et Ernst se retrouvent pour poursuivre leurs entretiens. Ernst est devenu franc-maçon, Falk a longuement médité sur la franc-maçonnerie; Ernst, déçu par l'initiation, plus aveuglé par la fumée des connaissances sacrées qu'éclairé par leur lumière, s'interroge encore sur ce qu'on peut apprendre, de l'extérieur, sur la franc-maçonnerie, sur ce que les maçons peuvent dire sans trahir. Falk trouve là l'occasion de revenir sur son intervention initiale :

Le secret de la franc-maçonnerie, comme je te l'ai déjà dit, est ce que le franc-maçon est dans l'impossibilité de faire venir sur ses lèvres, quand bien même il serait possible qu'il le voulût.

Mais les cachotteries sont des choses qui se peuvent parfaitement dire, et qui, à certaines époques et en certains pays, sont seulement en partie étouffées par envie, en partie retenues par crainte, en partie tues par prudence [2].

Aucun doute n'était plus possible : notre domaine réservé était bien celui des cachotteries qui échappent à l'éternité et à l'indicible, un domaine immense à recenser et à borner.

Chronologie

1717 (24 juin). Création de la Grande Loge de Londres par quatre loges de la capitale.

1723. Publication des Constitutions d'Anderson. Réédition révisée en 1732. Ce fut alors que la réputation de la maçonnerie se répandit de tous côtés... Il était difficile que ce nouvel empressement des Anglois pour la maçonnerie ne s'étendît pas jusqu'à nous *(Lalande)* [3].

1725-1773 :
La recherche de la réputation
et de l'institution

1725-1736. Vers l'année 1725, Milord Dervent-Waters, le chevalier Maskelyne, d'Heguerty et quelques autres Anglois, établirent une L.˙. à Paris, rue des Boucheries, chez Hurc, Traiteur Anglois, à la manière des Sociétés Angloises; en moins de dix ans la réputation de cette loge attira cinq ou six cents frères à la maçonnerie, et fit établir d'autres LL.˙. *(Lalande).*

Des émigrés jacobites, partisans des Stuarts détrônés en 1688, se sont associés à la fondation de certaines de ces loges. Mais parmi ces précurseurs fondateurs figuraient également des Anglais, des Polonais, des Russes... et des Français.

1732. La Grande Loge de Londres constitue à Paris une loge Rue de Bussy, la plus régulière de France [4].

1735. Premier texte réglementaire des francs-maçons français : Les devoirs de tous francs-maçons. Extraits des anciens registres des Loges à l'usage de celles de France et de celles qui lui sont subordonnées, lesquels doivent être lus à la réception d'un frère et lorsque le maître de la Loge * le jugera à propos.

---

* Les termes suivis d'un astérisque sont expliqués dans le lexique, p. 238.

1736. Selon une gazette, une assemblée générale de la très Ancienne et très Honorable Société des Maçons Libres réunie le 27 décembre à Paris désigne, comme grand maître, Lord Dewentwater, petit-fils naturel de Charles II Stuart [5].

Le discours du chevalier de Ramsay sur la réforme nécessaire de l'Ordre maçonnique (lutte contre la dégradation du recrutement, recherche d'une origine ancienne et prestigieuse dans l'épopée des croisades) commence à circuler parmi les frères.

1737 (mars). Démarches du chevalier de Ramsay auprès du cardinal de Fleury pour le soutien de l'Ordre.
(14 septembre). Sentence de police qui deffend toutes sortes d'Associations, et notamment celle des FREYS-MAÇONS, et à tous Traiteurs, Cabaretiers et autres de les recevoir.

1738. Bulle In Eminenti *portant* condamnation de la Société ou des Conventicules vulgairement nommés Liberi Muratori ou Franc-Massons, sous peine d'excommunication de plein droit dont l'absolution, sauf à l'article de la mort.

En 1738, on élut le duc d'Antin pour grand maître perpétuel; mais les maîtres de LL.˙. changeaient encore tous les trois mois. Il y avoit en 1732, vingt-deux LL.˙. à Paris *(Lalande). Le duc d'Antin, arrière-petit-fils de la marquise de Montespan, gouverneur de l'Orléanais, devient donc le premier grand maître français des francs-maçons de France.*

Publication du Discours de Ramsay.

1743 (9 décembre). Mort du duc d'Antin.

Le 11 décembre 1743, le comte de Clermont, prince du sang, fut élu grand maître perpétuel, dans une assemblée de seize maîtres, à la place du duc d'Antin qui venait de mourir. L'acte fut revêtu de la signature de tous les maîtres * et des surveillans * des LL.˙. régulières de Paris, et accepté par les LL.˙. des provinces. Le feu prince de Conti et le maréchal de Saxe eurent plusieurs voix dans cette élection; mais le comte de Clermont eut la pluralité et il a rempli cette place jusqu'à sa mort. Peu à peu, les assemblées devinrent moins fréquentes et on négligea les élections des maîtres de LL.˙. qui continuèrent leurs fonctions, enfin on créa pour Paris seulement des maîtres de LL.˙. perpétuels et inamovibles, de peur que l'administration générale de l'Ordre, confiée à la G.˙. L.˙. de Paris, en changeant trop souvent de mains, ne devînt trop incertaine et trop chancelante *(Lalande). Ainsi, un prince du sang est élu grand maître par des maîtres de loges parisiens en majorité d'origine roturière; ils désignent comme député du grand maître Christophe Jean Baur, banquier associé à Tourton.*

(11 décembre). Règlements généraux... pour servir de règle à toutes les loges du Royaume. *Il s'agit d'une reprise des devoirs de 1735 et de la version de 1738 des Constitutions d'Anderson; quelques modifications dont l'article 20, par lequel la Grande Loge décide que les maîtres écossais réclamant des prérogatives particulières dans les Loges ne seraient pas plus considérés par les frères que les autres apprentis ou compagnons. Premier texte officiel mentionnant l'existence de hauts grades écossais; au même moment, le grade d'élu * est créé à Lyon : les élus se donnent pour but de venger Hiram, tué par des compagnons qui voulaient connaître le secret de maître.*

1744-1745. *La police* renouvelle les deffenses à toutes personnes de s'assembler, ni de former aucune association, et aux cabaretiers, traiteurs et autres de les recevoir chez eux. *Les francs-maçons n'y sont plus nommément désignés (cf. 1737).*

1751. *Bulle* Providas Romanorum Pontificas *de Benoît XIV qui rappelle l'excommunication lancée par Clément XII en 1738. Clément XIII la formulera encore en 1758 et 1759.*

La Mère Loge écossaise de Marseille pratique un rite à sept degrés : apprenti, compagnon, maître, maître parfait, maître élu des neuf, parfait écossais et chevalier d'Orient. Ce dernier grade est centré sur la reconstruction du temple, truelle dans une main, épée dans l'autre... Il faut rebâtir mais encore veiller; la quête des grades reste encore largement ouverte.

1755. La Respectable Loge de Saint-Jean de Jérusalem de l'Orient de Paris gouvernée par Louis de Bourbon, comte de Clermont, prince du sang, grand maître de toutes les Loges régulières de France, dresse des statuts pour servir de règlement à toutes celles du Royaume. Ces statuts sont remarquables par le retour aux principes de la religion catholique (obligation du baptême et de l'assistance à la messe), par l'accord de privilèges particuliers aux maîtres écossais (cf. 1743) et par l'emploi de l'expression Grande Loge de France *(art. 33) pour désigner l'autorité suprême.*

1756. Le Régime de la Stricte Observance s'installe en Prusse sous la direction du baron Charles de Hund et du duc Ferdinand de Brunswick. Il enseigne que l'Ordre maçonnique n'est qu'une association faisant suite à l'ordre des Templiers et destinée à en perpétuer l'existence.

1758. A l'occasion de la nomination, par le comte de Clermont, d'un second substitut — le maître à danser Lacorne —, éclate un conflit durable au sein de la Grande Loge de France. D'un côté la petite bourgeoisie parisienne, catholique et traditionaliste, où se recrutent la majorité des maîtres de loges * *de la capitale : inamovibles, ils détiennent le pouvoir maçonnique effectif et n'entendent pas l'abandonner; de l'autre, des personnes de distinction qui se sont peu à peu écartées de l'*Administration de l'Ordre *(Lalande) : ils entendent néanmoins conserver leur prééminence contre les prétentions des plumassiers, perruquiers et tailleurs, maîtres de loges parisiens, y compris en faisant appel aux frères de province. D' un côté, un système de hauts grades, le Conseil des chevaliers d'Orient créé en 1762, accueillant à la bourgeoisie de Paris et au catholicisme, de l'autre, un autre système de hauts grades, le Conseil des empereurs d'Orient et d'Occident plus hospitalier à la noblesse et plus éclectique pour ses références* *doctrinales. Conduites religieuses, appartenance de classe et rivalités au sein de l'écossisme semblent donc expliquer ces longues luttes internes au sein de l'Ordre.*

1758. Des maçons écossais, réunis dans le Conseil des empereurs d'Orient et d'Occident, commencent un travail de synthèse qui aboutira — vingt ans après — à l'établissement d'un Rite de Perfection à 25 grades, ou rite d'Hérodom, dont est issu le Rite écossais ancien et accepté (R.E.A.A.); cf. 1761.

1760. La Grande Loge des maîtres réguliers *constituée à Lyon par Willermoz pratique le même rite qu'à Marseille (cf. 1751).*

1761. Willermoz et les frères lyonnais font allusion à un grade de chevalier Rose-Croix dont le rituel sera fixé vers 1765. Le sens de ce grade : depuis le sacrifice et le triomphe du fils du grand architecte (Christ, fils de Dieu), les frèrcs maçons n'ont plus de temple matériel à élever *mais à régler leurs actions selon les trois vertus théologales : Foi, Espérance, Charité.*

*Le grade de grand élu, chevalier Kadosch (élu ou saint en hébreu) est introduit en France par l'intermédiaire de frères de Metz. Ce grade qui prend en charge la légende de l'origine templière (cf. 1756) fait du franc-maçon le soldat solitaire qui fait voir qu'*on ne doit pas rougir de l'Évangile [6].

Ces grades seront progressivement intégrés dans les systèmes écossais (cf. 1758).

1761. Étienne Morin, descendant d'une famille rochelaise et protestante émigrée en Amérique après la Révocation de l'édit de Nantes, étant sur son départ pour l'Amérique et désirant pouvoir travailler régulièrement pour l'avantage et l'agrandissement de l'Art Royal dans toute sa perfection *reçoit des lettres patentes qui l'instituent* Grand maître inspecteur, l'autorisant et lui donnant pouvoir d'établir dans toutes les parties du monde la Parfaite et Sublime Maçonnerie [7]. *L'authenticité de la patente Morin n'a jamais été établie; nous la connais-*

*sons grâce à une copie réalisée, en 1798-1799, par J.B.
Delahogue, notaire à Saint-Domingue... à partir d'un
texte anglais trouvé dans le registre d'un maçon
américain de Charleston (Caroline du Sud). Cet itinéraire particulier d'un texte fondamental, et peut-être
faux, traduit à sa manière l'essaimage des hauts grades
écossais en Amérique anglaise, française et... améri-
caine au cours du dernier tiers du XVIIIe siècle et le
caractère international d'une recherche de l'harmonie
au sein de l'écossisme. Son succès sera retentissant.*

1763. Adoption des Statuts et Réglements pour être
ratifiés et observés par la Grande Loge et par toutes les
Loges particulières et régulières répandues dans le
Royaume. *Tous les maîtres de loges, tant de Paris que
de province, peuvent désormais faire partie de la
Grande Loge; tous les trois ans, ils élisent les officiers,
auparavant nommés par le grand maître. Les francs-
maçons de province trouvent enfin place dans le
gouvernement de l'Ordre.*

1765. La Grande Loge ordonne la création de loges mères
dans les orients (les villes) où travaillaient au moins
trois loges. Un décret de 1766 met fin à cette tentative
de décentralisation : des loges mères avaient constitué
des ateliers sans en référer à l'autorité souveraine de la
Grande Loge.

1766-1767. Certains maîtres de loges parisiennes, mis en
minorité lors des élections de 1765 à la Grande Loge, en
refusent le résultat et répandent des libelles injurieux
contre elle. Bannis de l'Ordre, ils provoquent un
scandale (décembre 1766 ou février 1767) en cherchant
à pénétrer de force dans le local où s'était réunie la
Grande Loge : la police ordonne l'interdiction des
assemblées de la Grande Loge; la sentence ne vise pas
les loges particulières.

1771 (16 juin). Mort du grand maître, le comte de
Clermont.
  *Réveil de la Grande Loge et ralliement des maîtres
de loges parisiens bannis en 1766. Le duc de Chartres*

est élu grand maître et protecteur de toutes les loges de France; élu mais pas installé dans ses fonctions.

1772-1773. Il y a eu plusieurs séances très nombreuses et très bien composées à l'Hôtel de Chaulnes sur les boulevards : on y a dressé de nouveaux statuts, on a remédié aux abus en rendant surtout les maîtres des LL.˙. amovibles et éligibles à la pluralité des voix. On y a nommé de nouveaux officiers pour régir l'administration et ces opérations ont été terminées en 1773, le jour de la Saint-Jean d'été, par une fête superbe que le Très Illustre Frère duc de Luxembourg donna au Grand Orient. On n'avait point encore vu à Paris de fête maçonnique plus solennelle et plus brillante *(Lalande).*

Les représentants de la province, le duc de Luxembourg et les officiers désignés en majorité au sein de la noblesse ont donc mené le jeu de la restauration de l'Ordre. Des francs-maçons parisiens, pour la plupart exclus en 1766 et pardonnés en 1771, refusent d'abandonner leur privilège de maître de loge à perpétuité et déclarent irrégulière la nouvelle autorité.

1773 (30 août). Rupture définitive entre le G.O.D.F. et la Grande Loge de France reconstituée (ou ancienne).

1773-1793 :
50 000 francs-maçons
sous Louis XVI

La maçonnerie étant un lien de société, dont les effets ont été respectés dans des circonstances importantes et critiques, il est évident qu'elle renferme une moralité, et un but qui ne saurait être ridicule *(Lalande).*

1773 (22 octobre). Le Grand Orient de France dans sa première assemblée installe solennellement le Très Sérénissime, Très Respectable et Très Cher Frère, duc de Chartres, prince du sang, en qualité de grand maître de l'Ordre de la franc-maçonnerie en France.

Le G.O.D.F. établit un règlement pour assurer la formation et le fonctionnement de grandes loges provinciales dans toute ville où travaillent plusieurs

18

ateliers. L'initiative a peu de succès : trois loges provinciales en 1777 (Lyon, Dijon, Saint-Domingue), six en 1787; leur création semble avoir été entravée par le développement des ateliers de hauts grades; notamment ceux de la Stricte Observance dans la France de l'Est (cf. 1756).

1774 (10 juin). Le G.O.D.F. prend en considération *les loges d'adoption — les loges de femmes. En fait, il ne les tolère que souchées sur les loges d'hommes et n'en reconnaît pas la régularité.*

(12 août). Le G.O.D.F. s'installe à Paris, rue du Pot-de-Fer... dans un ancien noviciat de jésuites : Ô changement, ô instabilité des choses humaines! Qui l'eut dit que les loges de francs-maçons s'établiraient rue du Pot-de-Fer au noviciat des jésuites, dans les mêmes salles où ils argumentaient en théologie; que le Grand Orient succéderait à la Compagnie de Jésus! que la loge philosophique des Neuf Sœurs occuperait la Chambre de méditation des enfants de Loyola... Ô renversement! Le Vénérable assis à la place du P. Griffet, les mystères maçonniques remplaçant... Je n'ose achever. Quand je suis sous ces voûtes inaccessibles aux grossiers rayons du soleil, ceint de l'auguste tablier, je crois voir errer toutes ces ombres jésuitiques qui me lancent des regards furieux et désespérés. Et là, j'ai vu entrer Frère Voltaire au son des instruments, dans la même salle où on l'avait tant de fois maudit théologiquement. Ainsi le voulut le Grand Architecte de l'Univers [8].

1774-1778. Épuration de l'Ordre.

Réforme du G.O.D.F. ou Centre Commun : *l'organisation reste celle qui a été mise en place en 1773 avec, à son sommet, la Grande Loge de Conseil contrôlant les trois chambres d'administration, de Paris et des provinces mais les officiers qui y siègent sont désormais (27 décembre 1775) désignés pour trois ans par l'assemblée du Grand Orient composée de ces mêmes officiers et des députés de toutes les loges. Seul, le grand maître reste inamovible.*

Réforme de l'histoire maçonnique : *publication dans les États du Grand Orient de 1777 du mémoire de Joseph Jérôme de Lalande sur l'histoire de la franc-maçonnerie.*

Réforme de l'Ordre : *toutes les loges de France doivent faire renouveler leurs constitutions sous peine d'irrégularité; les loges de mauvais renom ou mal composées sont écartées. Le G.O.D.F. interdit aux loges de tenir leurs réunions dans les cabarets et autres lieux publics.*

Réforme de la politique à l'égard des hauts grades : *tout en déclarant ne reconnaître que les trois premiers grades (3 septembre 1777), le G.O.D.F. conclut un traité d'alliance avec les trois directoires écossais de Lyon, Bordeaux et Strasbourg (avril 1776) qui travaillaient selon le système de la Stricte Observance (cf. 1756 et 1773). A défaut du contrôle de loges symboliques (apprenti, compagnon, maître) dépendant de l'obédience allemande, le G.O.D.F. obtenait un succès de prestige français; les directoires écossais recrutés avec précaution au sein du monde de la richesse et de la noblesse pourraient trouver dans cette alliance la source d'un nouvel essor.*

1777 (27 décembre). Les maîtres de loges ayant refusé la réforme de 1773 et la constitution du G.O.D.F. se donnent de nouveaux statuts où le gouvernement de l'Ordre est déclaré n'appartenir qu'aux maîtres de loges de Paris. L'influence des maçons de la Grande Loge (ou Orient de Clermont, du nom de l'ancien grand maître) semble diminuer sensiblement en France sauf à Paris.

1778 (7 avril). Voltaire est initié à la loge des Neuf Sœurs en présence de Benjamin Franklin et du vénérable Lalande. Le duc de Chartres reçoit Voltaire le 11 avril. (Novembre-décembre.) Willermoz réunit à Lyon quelques maçons français des directoires écossais : la filiation templière et le projet de restauration de l'ordre templier, par maçonnerie interposée, sont écartés au profit de l'ébauche d'un nouveau rite — Rite écossais rectifié — couronné par l'ultime grade de chevalier bienfaisant de la Cité sainte. Au centre du système élaboré par Willermoz, la franc-maçonnerie comme institution d'enseignement et de recherche ; la doctrine, le Temple qu'il faut bâtir, ou plutôt rebâtir, est le symbole de l'homme avant la chute, de l'homme en voie de réintégration vers le séjour de la gloire de l'Homme-Dieu qu'il était.

1781-1782. Années décisives pour les hauts grades.

La loge Saint-Jean d'Écosse du Contrat social (Paris), radiée par le G.O.D.F. (mai 1778) en raison de son nouveau titre de Mère Loge écossaise de France, ouvertement opposée aux hauts grades templiers de la Stricte Observance, conclut un traité d'union avec le G.O.D.F., le 5 novembre 1781 : la Mère Loge reconnaît la suprématie du G.O.D.F., renonce à constituer des loges sur le territoire français mais conserve le pouvoir d'établir partout des ateliers de hauts grades. C'est elle qui a entrepris depuis 1776, aux côtés d'autres loges (cf. 1761), un travail de synthèse des rites écossais et qui aboutira à la hiérarchie à trente-trois degrés du Rite écossais ancien et accepté (R.E.A.A.).

Mise en sommeil des empereurs d'Occident et des chevaliers d'Orient en 1782. Les grades contrôlés par ces deux conseils semblent avoir trouvé place dans le système préparé par la Mère Loge écossaise de France.

Au cours de l'été 1782, à Wilhelmsbad, en Allemagne, les maçons de la Stricte Observance (allemands, français) adoptent le Rite écossais rectifié de Willermoz (cf. 1778) et condamnent la pratique de l'alchimie par les francs-maçons. Mais la tentative d'unification de la maçonnerie sous la bannière « lyonnaise » du mysticisme et du christianisme échoue en raison de l'opposition des rationalistes. Commentaire de Joseph de Maistre : Toute assemblée d'hommes dont le Saint-Esprit ne se mêle pas, ne fait rien de bon ; on ne voit pas que celle de Wilhelmsbad ait produit rien d'utile, chacun s'en retourna avec ses préjugés [9].

1786. Conclusion d'un accord entre le G.O.D.F. et le Grand Chapitre général de France (Rose-Croix). A l'exception de quelques cercles d'initiés plus ou moins en marge de la maçonnerie, le G.O.D.F. semble avoir regroupé sous son influence tous les hauts grades en conservant intacte son autorité souveraine sur les loges symboliques.

1789 (9 novembre). Le G.O.D.F. invite les maçons à enseigner les devoirs nouveaux et tirer des événements la leçon qu'ils comportent. *Il demande aux loges de participer au don patriotique qui sera remis à l'Assemblée nationale au nom de l'Ordre. Trois mois plus tard, vingt-deux loges ont répondu. La majorité des ateliers sont en sommeil.*

1791-1792. L'abbé Lefranc dénonce, le premier, le complot fait par les loges contre la monarchie et la religion : Le voile levé pour les curieux, ou les secrets de la Révolution révélés à l'aide de la franc-maçonnerie. La conjuration contre la Religion catholique et les Souverains.

1793 (22 février). Philippe Égalité, grand maître de l'Ordre, annonce sa démission dans le Journal de Paris. *Citant une lettre expédiée par lui au G.O.D.F. le 5 janvier, il ajoute :* Je pense qu'il ne doit y avoir aucun mystère ni aucune assemblée secrète dans une République, surtout au commencement de son établissement [10].

(13 mai). La grande maîtrise est déclarée vacante.

1799-1877 :
La tentation
de l'État

Les loges reprennent timidement leurs travaux à partir de 1796. Le G.O.D.F. et le Grand Orient de Clermont ou Grande Loge de France (G.L.D.F.) se réveillent également.

1799 (mai). Le Grand Orient et la Grande Loge signent un concordat d'union perpétuelle. La haute aristocratie ne siège plus au G.O.D.F. et les bourgeois de Paris de la G.L.D.F. acceptent la suppression de leurs privilèges : inamovibilité et nomination des officiers des loges. Après cette nuit maçonnique du 4 août, il n'existe plus en France qu'un Ordre un et indivisible sous le titre de G.O.D.F... L'unité va durer cinq ans.

1801 (10 avril). Célébration par le G.O.D.F. de la fête de la paix.

1804 (octobre-novembre). Le comte de Grasse-Tilly, membre de la Mère Loge écossaise de France de 1783 à 1787 (cf. 1781-1782), émigré en Amérique, gendre de J.-B. Delahogue (cf. 1761), fondateur d'une loge à Charleston (Caroline du Sud, cf. 1761), de retour à Paris, établit la Grande Loge générale écossaise (Rite écossais ancien et accepté. R.E.A.A.). Le maréchal Kellermann est désigné comme grand administrateur. L'unité est donc menacée par la résurgence d'une vieille querelle entre G.O.D.F. et hauts grades, apparemment éteinte en 1789.

(3 décembre). Napoléon Bonaparte qui souhaite l'unité de la maçonnerie française exige la fusion immédiate : le Concordat d'union, voire d'intégration, entre les deux obédiences est adopté. Le G.O.D.F. travaillant depuis 1786 à sept grades, le R.E.A.A. à trente-trois, quelle peut être la répartition de l'autorité ?

1805-1806. Le R.E.A.A. constitue son suprême Conseil, le G.O.D.F. son Grand Directoire des Rites : le Concordat de 1804 est rompu (septembre 1805). Sous la pression napoléonienne, l'accord doit néanmoins se refaire très vite : les dix-huit premiers grades sous la surveillance du G.O.D.F., du dix-neuvième au trente-troisième sous celle du Suprême Conseil, et le tout sous le double et unique pouvoir du prince Cambacérès. L'expansion de l'Ordre à Paris, en province et dans l'armée ne s'interrompt pas pour autant.

1811. Les directoires écossais du Rite rectifié (cf. 1778) qui avaient reconnu Cambacérès (encore lui) pour

*grand maître s'allient au G.O.D.F. Ce rite va s'éteindre
en France en même temps que Willermoz (1824),
survivre en Suisse et resurgir en France au début du
XXᵉ siècle.*

*(9 août). Le G.O.D.F. décide que le refus d'admettre les
israélites est contraire aux statuts de l'Ordre.*

1814. *Le G.O.D.F. après avoir célébré le retour du roi
décide de laisser vacante la grande maîtrise. La
fonction sera assurée par les grands conservateurs.*

*Profitant du sommeil, c'est-à-dire des difficultés, du
Suprême Conseil, le G.O.D.F. déclare reprendre l'exercice de tous les droits qui lui appartiennent sur tous les
rites, donc le R.E.A.A. ; à ce titre, il crée un Conseil
Suprême des Rites en 1815 pour administrer tous
les ateliers au-dessus du symbolique (cf. 1805-
1806).*

1815. *Le G.O.D.F., à partir de cette date, multiplie les
circulaires rappelant à l'orthodoxie et à la régularité.
Autant de marques de bonne conduite données au
pouvoir royal qui incitent certains frères à ne pas
ménager leurs efforts. Ainsi, le maréchal Beurnonville,
faisant fonction de grand maître :* Le G.O.D.F. doit
toujours, comme le gouvernement français, considérer
comme sociétés secrètes, prohibées par les lois du
royaume, toutes celles qui ne suivent point nos rites, nos
statuts et nos règlements, qui ne sont pas constituées par
le G.O. ni réunies à ce centre commun par une
députation, affiliation ou correspondance [11].

*Parmi ces réprouvés figurent les partisans du rite de
Misraïm (Égypte, en hébreu) qui se fait connaître en
France par une circulaire de 1815 ; il comporte quatre-
vingt-dix grades dont les trois derniers sont réservés à
des chefs inconnus. Malgré son éclectisme, le rite
obtient quelque succès dans la capitale.*

1818. *Le ministre Decazes envoie aux préfets une circulaire, reprise par la presse, selon laquelle la franc-
maçonnerie n'est pas considérée par le roi comme une
société secrète.*

*1821 (1ᵉʳ janvier). Le Suprême Conseil (R.E.A.A.)
annonce à ses ateliers que ses travaux* longtemps
suspendus par l'effet de circonstances impérieuses, vont
enfin reprendre force et vigueur. *De projet de réconciliation en esquisse de concordat, les deux obédiences
vont continuer le combat. La distance que le R.E.A.A.
observe à l'égard du pouvoir, à la différence du
G.O.D.F., semble lui rallier les suffrages de l'aristocratie libérale sous la Restauration. Le comte de Ségur
(1822-1825) puis le duc de Choiseul (1825-1838) sont
successivement souverain grand commandeur du
Suprême Conseil.*

*1825. Nouveaux statuts du G.O.D.F. : le G.O.D.F. est une
assemblée souveraine composée par les officiers et par
tous les présidents d'ateliers ou leurs députés. Un
Grand Collège des Rites est établi (cf. 1814).*

*1830. En ordre chronologiquement dispersé, mais unani-
mement, les frères de province, le G.O.D.F. et le
Suprême Conseil célèbrent le frère La Fayette et les
Trois Glorieuses. Les deux obédiences réclament, chacune pour elle, la grande maîtrise de Louis-Philippe.*

  *Certains frères font connaître publiquement la par-
ticipation de francs-maçons à la Révolution; d'autres
s'interrogent sur la nécessité de maintenir l'Ordre
maçonnique alors que le monde profane devient conforme aux principes de l'Ordre.*

*1834. Le duc Decazes est installé à la tête du Suprême
Conseil.*

1838. Le G.O.D.F. institue des médailles de récompense en
faveur des ateliers et des maçons *qui par leurs actions
maçonniques ou profanes auront bien mérité de la
franc-maçonnerie.*

  *Cet arrêté n'apaise pas l'agitation qui règne dans les
loges du G.O.D.F. à propos de la liberté de publication
des travaux de frères, de la circulation de l'information
entre les loges (les congrès maçonniques régionaux sont
interdits en 1847), du droit de traiter, en atelier, de
questions profanes.*

1841. Accord entre le G.O.D.F. et le Suprême Conseil : les ateliers du G.O.D.F. peuvent recevoir comme visiteurs les frères des ateliers du Suprême Conseil. Les maçons du G.O.D.F. peuvent également visiter les ateliers du Suprême Conseil.

1843-1844. Le G.O.D.F. crée un bulletin trimestriel destiné à contenir un résumé des travaux du G.O., des morceaux d'architecture (des travaux) et la mention des faits importants ayant trait à la franc-maçonnerie française ou étrangère. Réponse timide aux préoccupations des frères? Le G.O.D.F. réaffirme cependant sa volonté de combattre le « malaise profond » qui ruine l'Ordre *et exige l'exécution des* prescriptions concernant les conditions d'admission aux mystères de la franc-maçonnerie.

1848 (5 mars). Des frères parisiens du R.E.A.A. (Suprême Conseil) rédigent un manifeste où ils condamnent les antagonismes d'obédiences et de rites, les hauts grades, les autorités souveraines (G.O.D.F. et Suprême Conseil); ils demandent l'indépendance des ateliers, la liberté d'expression en loge, celle d'imprimer les travaux et appellent à la formation d'une Grande Loge nationale. Reçus en délégation à l'Hôtel de Ville le 10 mars par Lamartine, ils constituent la nouvelle obédience au cours de l'année 1848. Recrutée au sein de l'artisanat et du petit peuple de Paris, la Grande Loge nationale de France inquiète le gouvernement. Le préfet l'interdit le 2 janvier 1851 en invoquant son irrégularité... maçonnique dénoncée par les deux obédiences reconnues par l'autorité politique.
(6 mars). Adresse du G.O.D.F. au gouvernement provisoire : la Maçonnerie française n'a pu contenir l'élan universel de ses sympathies pour le grand mouvement national et social qui vient de s'opérer. *Il promet le concours des quarante mille francs-maçons* pour achever heureusement l'œuvre de régénération si glorieusement commencée.

Le Suprême Conseil n'envoie pas de députation au

Gouvernement provisoire et suspend ses travaux provisoirement. Prudence ou attitude délibérée de frères liés au régime de Louis-Philippe?

1849 (10 août). Adoption par le G.O.D.F. de la Constitution de l'Ordre maçonnique en France. Article 1er : La franc-maçonnerie, institution essentiellement philanthropique, philosophique et progressive a pour base l'existence de Dieu et l'immortalité de l'âme; elle a pour objet : la bienfaisance, l'étude de la morale universelle, des sciences et des arts et la pratique de toutes les vertus. Sa devise a été de tout temps : « Liberté, Égalité, Fraternité. »

Le régime parlementaire maçonnique est défini par la Constitution de l'Ordre : le G.O.D.F. (cf. 1825) réunit tous les pouvoirs; il exerce le pouvoir législatif et délègue le pouvoir exécutif au grand maître assisté d'un Conseil.

1850 (30 octobre). Circulaire du ministre de l'Intérieur invitant les préfets à lui signaler les loges s'occupant de menées ou de discussions politiques pour les faire suspendre provisoirement par le G.O.D.F. Nombreuses fermetures d'ateliers, interdictions de fêtes, à Paris et en province.

1851 (10 décembre). Le G.O.D.F. suspend toutes les réunions maçonniques jusqu'à la fin de l'année.

1852 (9 janvier). Élection à l'unanimité par l'assemblée générale du G.O.D.F. du prince Lucien Murat comme grand maître. Montrons à tous, proclame-t-il, que l'Égalité, la charité et l'Amour existent surtout parmi nous.

1854. L'assemblée générale adopte la nouvelle Constitution de l'Ordre maçonnique en France. Selon l'article 31, le grand maître est le pouvoir exécutif, administratif et dirigeant; son autorité paraît donc renforcée par rapport à 1849, bien qu'il ne soit élu que pour sept ans et assisté d'un Conseil désigné par l'assemblée générale.

27   Le fait maçonnique

1856. De nombreux frères se plaignent de l'administration et de la direction de l'Ordre. Le G.O.D.F. crée un Institut dogmatique chargé de surveiller l'exercice des rites et l'activité des ateliers.

1860. Mort du duc Decazes. Viennet lui succède à la tête du Suprême Conseil : Viennet fut pair et ministre sous Louis-Philippe.

1861. Le prince Murat se représente à l'élection à la grande maîtrise du G.O.D.F., en concurrence avec le prince Jérôme Napoléon. Outre leur rivalité personnelle, les deux personnages s'opposent à propos du maintien du pouvoir temporel du pape — Murat y est favorable, Jérôme Napoléon y est hostile; c'est bien cette question peu maçonnique, qui semble partager les frères à tel point que le préfet de police interdit à tous les francs-maçons de se réunir pour l'élection du grand maître... dans l'intérêt de la tranquillité publique.

1862 (11 janvier). Décret de Napoléon III : Considérant les vœux manifestés par l'Ordre maçonnique de France de conserver une représentation centrale...

Article premier. Le grand maître de l'Ordre maçonnique de France jusqu'ici élu pour trois ans, en vertu des statuts de l'Ordre, est nommé directement par Nous pour cette même période.

Art. 2. S. Ex. Monsieur le maréchal Magnan est nommé grand maître du Grand Orient de France[12].

Magnan était profane : au cours d'une séance solennelle, on lui communiqua d'un coup les mytères des 33 grades.

(8 février). Lors de son installation, il exprime le regret que la maçonnerie ait été privée d'élire son chef, conformément à ses règles séculaires et déclare qu'il sera un grand maître très constitutionnel (!), bienveillant, affectueux pour tous, et, en un mot, un véritable maçon.

(22 mai). Magnan arguant du décret impérial du 11 janvier 1862 prend lui aussi un décret portant dissolution de tous les pouvoirs maçonniques non soumis à la seule et unique puissance maçonnique de France (la

sienne, celle du G.O.D.F.). *Le Suprême Conseil, parti-culièrement visé par cette initiative, répond par une lettre de Viennet, reproduite dans la presse* : Le décret impérial qui vous a nommé grand maître du G.O.D.F., c'est-à-dire d'un rite maçonnique qui existe seulement depuis 1772, ne vous a point soumis l'ancienne maçonnerie qui date de 1723. L'Empereur seul a le pouvoir de disposer de nous. *L'Empereur s'abstint d'intervenir.*

1863 (9 juin). *L'Assemblée législative rejette la proposition tendant à la reconnaissance de la maçonnerie comme établissement d'utilité publique (123 voix contre 64).*

1864. *L'Empereur rapporte son décret de 1862 nommant Magnan grand maître du G.O.D.F.... Le G.O.D.F. élit Magnan à cet office par 147 voix sur 150 votants.*
  Initiation d'Abd el-Kader à l'Orient d'Alexandrie.

1865 (29 mai). *Mort du maréchal Magnan. Son successeur à la grande maîtrise, le général Mellinet, est désigné le 9 juin.*
  (Juin.) *L'assemblée du G.O.D.F. ajoute aux principes de l'Ordre la liberté de conscience, comme un droit propre à chaque homme ; personne ne peut être exclu de l'Ordre pour sa croyance. La suppression des hauts grades, revendication égalitaire, est repoussée par 86 voix contre 83.*

1868. *Le Conseil de l'Ordre interdit l'initiation des femmes comme contraire à la Constitution, aux statuts généraux et à la tradition maçonnique. En 1869, l'Assemblée affirmera que l'humanité et la maçonnerie sont outragées lorsque la couleur, la race ou la religion suffisent pour interdire à un profane son entrée dans la grande famille maçonnique.*
  Sur une requête du général Mellinet dénonçant les abus de langage du curé de Dax contre les francs-maçons, Persigny, ministre de l'Intérieur, intervient auprès de l'évêque pour qu'il tempère l'humeur de ce prêtre qui se contentait de répéter les vieux textes pontificaux.

1870-1871. *Le Conseil de l'Ordre interrompt ses acti-*

vités entre le 22 août 1870 et le 19 juin 1871 (une réunion le 20 mars 1871).

(8 avril 1871). Des frères de Paris rédigent et font placarder sur les murs un Manifeste de la franc-maçonnerie *adressé au gouvernement, aux membres de l'assemblée et aux membres de la Commune :* La maçonnerie maudit toutes les guerres, elle ne saurait assez gémir sur les guerres civiles... Arrêtez l'effusion de ce sang précieux qui coule des deux côtés[13]. *La paix est encore à l'ordre du jour.*

(29 avril). Des francs-maçons parisiens du G.O.D.F. et du Suprême Conseil se rendent en délégation aux remparts de Paris. La manifestation est acclamée aux cris de Vive la Commune *et de* Vive la République. *Plusieurs frères font paraître dans la presse des articles favorables à la Commune : la présence de nombreux artisans et ouvriers dans certaines loges parisiennes explique ce soutien d'une fraction de la franc-maçonnerie à la Commune, fille de la Révolution sociale. La répression va donc priver l'Ordre des frères dont les opinions politiques étaient les plus audacieuses et laisser le champ libre aux zélateurs de la République laïque et positiviste, idée encore hardie mais suffisamment sage pour rallier à court terme cette couche sociale nouvelle (Gambetta) de petits entrepreneurs de négoce, d'industrie ou de boutique, de petits fonctionnaires, de petits employés, de petits avocats et médecins de province.*

(5 et 6 septembre 1871). Suppression de la grande maîtrise par l'assemblée générale du G.O.D.F. Celle-ci choisit désormais un président dans son sein.

1873. L'Assemblée générale du G.O.D.F., par 111 voix contre 99, supprime le droit de représentation des ateliers de hauts grades au sein des assemblées du G.O.D.F.

1875 (8 juillet). Initiation de Littré et de Jules Ferry par la loge de Clémente Amitié, du G.O.D.F.

(Septembre.) Convent à Lausanne des Suprêmes Con-

seils du *R.E.A.A. (11 Suprêmes Conseils sur 22 sont représentés).*

Le premier principe auquel se rallient les frères du Rite écossais ancien et accepté est le suivant : La franc-maçonnerie proclame, comme elle a proclamé dès son origine, l'existence d'un principe créateur, sous le nom de Grand Architecte de l'Univers. *Après une longue négociation avec les frères des îles Britanniques, de Grèce, de Suisse et d'Amérique, l'article fondamental devint en 1877* : La franc-maçonnerie proclame comme elle a proclamé dès son origine l'existence de Dieu, le Grand Architecte de l'Univers, et l'immortalité de l'âme. *Le Suprême Conseil de France fit sienne cette nouvelle rédaction*[14].

1877 (13 septembre). L'assemblée générale du G.O.D.F. supprime l'obligation pour les frères de travailler à la gloire du Grand Architecte de l'Univers; sont supprimées également les références à l'existence de Dieu et à l'immortalité de l'âme, bases de la franc-maçonnerie selon la Constitution du G.O.D.F. (cf. 1849). Le G.O.D.F. conserve pour devise celle de la République.

II

Statistique

Mesurer le fait maçonnique... Le nombre de frères est, à coup sûr, la meilleure toise, mais l'état des sources et des travaux rend toute comptabilité intenable. Il faudrait examiner les tableaux de chacun des ateliers — loges symboliques et ateliers supérieurs — séparer, pour chaque année, les anciens des nouveaux initiés, repérer les frères de passage déjà dénombrés dans un autre orient, en bref, réaliser le rêve de plusieurs ministres de la Police ou de l'Intérieur : l'établissement d'un fichier central des francs-maçons. Nous avons donc renoncé à une telle entreprise — tentée et réussie pour la ville de Paris [15] — et préféré nous en tenir aux évaluations raisonnables.

Si l'on multiplie le nombre de loges du G.O.D.F. existant dans le royaume en 1789 par le chiffre de 50, comme nous y invite D. Ligou [16], nous obtenons le chiffre de 35 000, auquel il convient d'ajouter l'effectif des frères dépendant des autres obédiences, soit un total de 50 000 francs-maçons. C'est peu en comparaison des chiffres avancés par certains auteurs soucieux de faire croire qu'« il y avait et qu'il y a des frères partout »; c'est beaucoup par rapport à la population où se recrutent les francs-maçons. En effet, les loges n'accueillent, en général, que des hommes de la ville et parmi ceux-ci, elles excluent pratiquement les ouvriers et les gens de basse souche; dans ces conditions, les 50 000 frères représentent 5 % de la population urbaine masculine non ouvrière du royaume. Un Français sur vingt citadins, susceptibles d'être admis, a fréquenté les temples maçonniques en 1789, un sur trente en tenant compte de l'ensemble de la population masculine urbaine; en 1962, un Français sur 350 habitants des villes était initié [17]. La performance de la franc-maçonnerie sous l'Ancien Régime est donc remarquable : aucune organisation ou groupement volontaire d'hommes n'a été capable, à l'exception des communautés religieuses, protestantes ou catholiques, de réunir autant de membres sur une base non lucrative et non professionnelle. Après un demi-siècle d'existence seulement, le fait maçonnique est devenu un fait de masse.

Dès le Consulat, la franc-maçonnerie retrouve son caractère de masse et le conserve, sans doute en l'accentuant, jusqu'à la chute de l'Empire. L'année 1815 marque le début d'une longue régression qu'interrompt l'Empire libéral, au cours des années 1860. La courbe que nous avons tracée ne doit cependant pas faire illusion : la croissance est régulière de 1862 à 1936, de 10 000 frères à 60 000, soit une augmentation de 500 % pour l'ensemble de la période [18], mais il faut attendre les années 1930 pour que le nombre des frères égale celui de 1789; légèrement dépassé à la veille de la Seconde Guerre mondiale, il semble être resté inaccessible depuis 1945. Le niveau atteint par les adhésions maçonniques à la veille de la Révolution française apparaît bien comme un seuil quasi infranchissable malgré, de 1789 à nos jours, l'augmentation de la population et la progression du secteur tertiaire.

Rapporter l'évolution de l'effectif des frères à d'autres évolutions risquait d'être vain dans la mesure où cet effectif n'était connu que tardivement ou approximativement. Le nombre des loges et ateliers fourni par les différents états, annuaires et calendriers maçonniques pouvait, au contraire, être suivi dans le temps long, représenté graphiquement avec une certaine précision et ainsi comparé à d'autres courbes. Des problèmes méthodologiques étaient posés par cette nouvelle statistique maçonnique : que fallait-il compter pour tracer un mouvement de longue durée? Nous avons accordé priorité, après 1773, aux ateliers du G.O.D.F., en raison de la série d'informations continue qu'il a laissée; parmi ces ateliers qui regroupaient les conseils et chapitres de hauts grades, les loges militaires dont la présence est mentionnée jusqu'aux années 1820 et les loges symboliques (apprenti, compagnon, maître) des territoires métropolitain et d'outre-mer, le choix s'est porté sur la représentation des données numériques qui correspondaient à des ensembles relativement homogènes de 1742 à 1935 : Paris/département de la Seine et la province plus ou moins dilatée par les acquisitions, les amputations et les récupérations territoriales que l'on sait; à cet égard, la poussée enregistrée entre 1806 et 1810 est à mettre au compte tant de la province « traditionnelle » que de la province élargie par les conquêtes napoléoniennes. Le nombre des loges et des ateliers, pendant près de deux siècles, est, malgré ces imperfections, un bon indicateur de la diffusion de la franc-maçonnerie en France.

1. LOGES DE LA GRANDE LOGE
DE FRANCE, 1742-1765

	Loges du Royaume	Loges de Paris	Loges de province	Loges militaires	Sources
1742		22			B.C.D.G.O., n° 3
1744	44	20	19	5	P. Chevallier, t. 1, p. 123
vers 1750			87		F. Weil (non représenté dans le graphique)
1762		75	44		P. Chevallier, t. 1, p. 123
1765	165	71	85		B.C.D.G.O., n° 3

2. LOGES DU G.O.D.F., 1773-1789
(Les hauts grades ne sont pas reconnus officiellement par le G.O.D.F.)

	Loges du Royaume	Loges de Paris	Loges de province	Loges militaires	Sources
1776	193	32	126	23	B.C.D.G.O., n° 5
1777	263	42	174	31	H. F. Marcy, t. 2, p. 238
1778	310	42	209	37	B.C.D.G.O., n° 5
1787	593				H. F. Marcy, t. 2, p. 244.
1789	635	60	448	68	B.C.D.G.O., n° 5

Quelques remarques pour lire le tableau n° 3 :
L'effectif des ateliers comprend, outre les chapitres * et conseils de hauts grades, toutes les loges soumises à l'autorité du G.O.D.F., c'est-à-dire les loges militaires, les loges constituées par des frères vivant à l'étranger et les

3. ATELIERS ET LOGES DU G.O.D.F., 1796-1935

	Ateliers	Loges	Loges de Paris	Banlieue-Seine	Loges de Province	Loges militaires	Sources [19].
1796		18	3		15		B.C.D.G.O., n° 5
1802	151	114	27		87		P. Chevallier, t.2, p. 12.
1804	300					43	P. Chevallier, t.2, p. 12.
1806	674	520	54		413	53	B.C.D.G.O., n° 5
1810	1 161					65	P. Chevallier, t.2, pp. 12 et 94
1811						69	P. Chevallier, t.2, p. 94
1814	1 219	905	94		738	73	B.C.D.G.O., n° 5
1819	520	367	68		266	2	B.C.D.G.O., n° 5
1823	479	323	73		223	4	B.C.D.G.O., n° 5
1830	300						P. Chevallier, t.2, p. 222
1832		278					P. Chevallier, t. 2, p. 381
1852	502	330	63		222		B.C.D.G.O., n° 6
1858	250	169	40		102		B.C.D.G.O., n° 6
1859		175					P. Chevallier, t.2, p. 381
1870-18(71)	400						P. Chevallier, t.3, p. 28
1873	326	270	50		174		B.C.D.G.O., n° 6
1879	301						P. Chevallier, t.3, p. 28
1900	391	326	65		214		B.C.D.G.O., n° 7
1913	563						P. Chevallier, t.3, p. 28
1914	571	470	93		281		B.C.D.G.O., n° 7
1922	520	410	86		248		B.C.D.G.O., n° 7
1932	587						P. Chevallier, t.3, p. 28
1935	589	451	105		262		B.C.D.G.O., n° 7

loges symboliques de France (colonies, départements réunis sous l'Empire, Savoie et Alsace-Lorraine en leur temps et les départements métropolitains).

L'effectif des loges (2ᵉ colonne) prend en compte toutes les loges symboliques dépendant du G.O.D.F. : celles de Paris, de sa banlieue et du département de la Seine (regroupées dans la 3ᵉ colonne), et celles des départements français, des colonies, de l'étranger et des orients* militaires.

L'effectif des loges de province (4ᵉ colonne) n'accueille que les loges des départements français et exclut celles des colonies et de l'étranger; le nombre des loges coloniales et étrangères peut être aisément calculé en mesurant la différence entre l'effectif global des loges (2ᵉ colonne) et le total des chiffres des colonnes 3, 4 et 5.

Ces courbes représentent jusqu'en 1765, le mouvement des constitutions de loges maçonniques par la Grande Loge de France; après 1773, elles ne traduisent que la seule puissance du G.O.D.F., l'information statistique sur les autres obédiences étant insuffisante. Mais le G.O.D.F., en raison du nombre de ses adhérents et de sa durable implantation, nous semble exprimer sûrement les tendances longues de l'évolution du nombre des ateliers français.

De 1744 à 1789, l'effectif des loges a considérablement augmenté de 44 à 635, de façon sans doute plus spectaculaire que ne l'indique la courbe puisque les temples de la Grande Loge reconstituée après 1773 n'ont pas été comptés. L'année 1765 est marquée par un événement capital : Paris perd définitivement sa prépondérance maçonnique au profit de la province; la fin du règne de Louis XV et les débuts de celui de Louis XVI ne sont pas heureux pour la maçonnerie parisienne qui tolère mal la mise en place de l'institution du G.O.D.F., adaptée à ce fait social national qu'est en train de devenir la franc-maçonnerie. Les maîtres de loges de Paris doivent désormais accepter de partager le pouvoir central avec les ateliers de province, ou conserver leur autorité dans l'Orient de Clermont (cf. chronologie, 1778) : tel est le

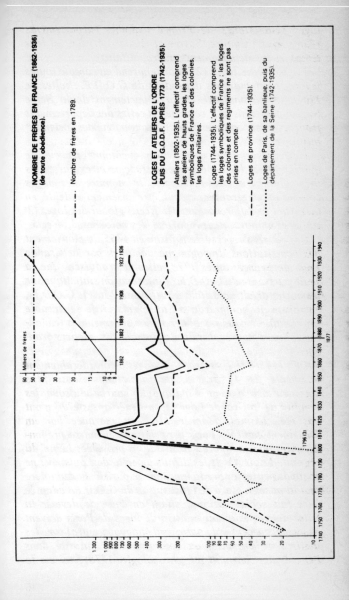

NOMBRE DE FRÈRES EN FRANCE (1862-1936) (de toute obédience).

–––––––––– Nombre de frères en 1789.

LOGES ET ATELIERS DE L'ORDRE PUIS DU G.O.D.F. APRÈS 1773 (1742-1935).

Ateliers (1802-1935). L'effectif comprend les ateliers de hauts grades, les loges symboliques de France et des colonies, les loges militaires.

Loges (1744-1935). L'effectif comprend les loges symboliques de France : les loges des colonies et des régiments ne sont pas prises en compte.

–––––––––– Loges de province (1744-1935).

.... Loges de Paris, de sa banlieue, puis du département de la Seine (1742-1935).

Milliers de frères

sens de la divergence des deux courbes entre 1765 et 1776.

La période consulaire et les premières années de l'Empire permettent au G.O.D.F. de retrouver rapidement la force qu'il avait acquise à la veille de la Révolution — 520 loges en 1806 ; en 1810-1814, la courbe des ateliers et des loges atteint un niveau qu'elle ne franchira plus. La croissance maçonnique à l'époque napoléonienne semble prolonger la longue poussée du XVIIIe siècle, à l'image de la courbe des prix. Mais la maçonnerie impériale et la maçonnerie d'Ancien Régime sont de natures tellement différentes qu'il est impossible de les associer malgré l'invitation du graphique.

Après l'âge d'or du Premier Empire, au cours duquel les frères ont fait de la plupart de leurs nombreux temples autant de lieux de culte de l'Empereur, l'influence du G.O.D.F. a décliné pendant plus d'un demi-siècle, avec deux temps forts dans la régression : le règne de Louis XVIII et la phase autoritaire du Second Empire, encadrant la stagnation de la monarchie de Juillet. Les loges sont suspectes au pouvoir d'État, parfois à juste titre, et les profanes hésitent à adhérer, notamment en province. Paris, en revanche, résiste relativement mieux à la récession maçonnique : la capitale ne retrouve sans doute pas la supériorité numérique qu'elle possédait sur la province avant 1765, mais la proportion de ses loges augmente notablement par rapport à celles de province ; en 1789 et en 1814, le nombre des loges parisiennes représente 13 % de celles installées en province, 33 % en 1823, 39 % en 1858. Toujours proche de 30 % sous la IIIe République, le rapport s'élève à 40 % en 1935. Le poids maçonnique de Paris, et de Paris tout court, va peser lourdement sur les préoccupations du G.O.D.F. depuis la Restauration jusqu'à nos jours : l'Ordre sera sans cesse à l'écoute, parfois en les amplifiant, des bruits politiques et culturels de la capitale, alors que le silence et la prudence, au-dessus de la mêlée, étaient la règle imposée par la province à l'époque de Louis XVI. Cette lutte sourde entre Paris et la province, entre la perversion *profane et la neutralité fraternelle, entre le mouvement et l'Ordre, dure encore...*

L'Empire libéral, après 1860, interrompt la tendance défavorable pour l'Ordre ; le nombre des ateliers et des loges croît régulièrement jusqu'à la fin de la IIIe République, à l'exception des deux décennies succédant aux guerres de 1870 et de 1914. Cette courbe ascendante est l'illustration du soutien apporté par le G.O.D.F. au régime républicain, de cette tentation de l'État évoquée dans la présentation chronologique. Installée dans la conjoncture politique, c'est-à-dire dans la croissance de la République, la statistique maçonnique des loges et des effectifs semble ignorer l'influence d'autres évolutions notamment économiques et sociales, sauf peut-être celle de la population urbaine, qu'elle suit assez fidèlement de 1860 aux années 1930, corrélation peu surprenante pour un fait social majoritairement urbain. D'ailleurs, l'examen de longue durée exige au moins deux corrections : la corrélation cesse d'être positive après 1945 ; le nombre des adhérents ne suivant plus la progression de la population urbaine ; de plus, lorsque au cours des années 1930, la courbe de l'effectif global des francs-maçons retrouve le niveau maximum de 1789, l'événement coïncide sans doute avec le franchissement du seuil des 50 % par la population urbaine, mais le record maçonnique de 1789 a été atteint quand 20 % seulement des Français vivaient dans les villes.

La comptabilité maçonnique témoigne en faveur d'une relative autonomie du fait maçonnique par rapport aux grands cycles de l'activité économique et de sa sensibilité aux secousses politiques — 1789, Restauration, coup d'État de 1851 — et aux rythmes longs des réformes et adaptations du pouvoir d'État — 1740-1789, 1815, 1860, IIIe République. L'examen plus fin de cette concordance rendait indispensable l'observation des zones d'implantation des loges au cours du siècle et demi étudié.

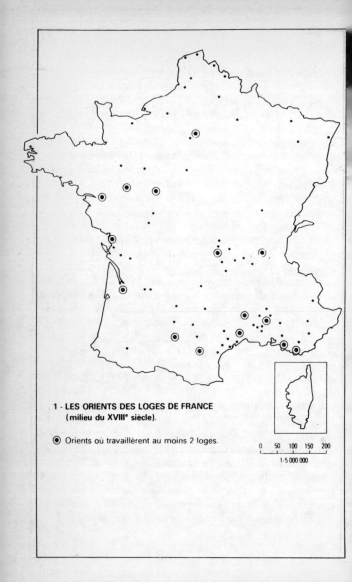

1 - LES ORIENTS DES LOGES DE FRANCE
(milieu du XVIIIᵉ siècle).

⊙ Orients où travaillèrent au moins 2 loges.

0   50 100 150 200

1·5 000 000

Source : F. WEIL, *Studies on Voltaire*, art. cit.

2 - ORIENTS DES LOGES DE FRANCE
(2ᵉ moitié du XVIIIᵉ siècle).

● Villes où plus de 10 loges furent en activité
au cours du XVIIIᵉ siècle.

0 50 100 150 200

1/5 000 000

Source : A. LE BIHAN, op. cit., *hors texte.*

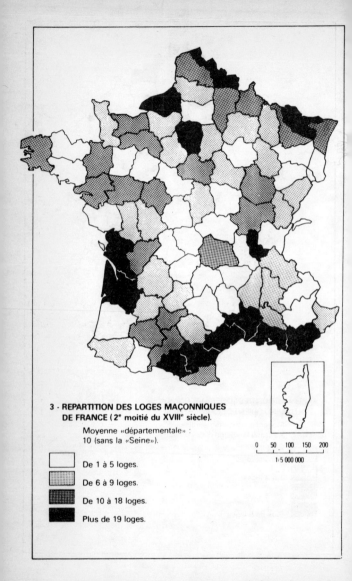

3 - REPARTITION DES LOGES MAÇONNIQUES DE FRANCE (2ᵉ moitié du XVIIIᵉ siècle).

Moyenne «départementale» :
10 (sans la «Seine»).

0   50   100 150 200

1/5 000 000

De 1 à 5 loges.

De 6 à 9 loges.

De 10 à 18 loges.

Plus de 19 loges.

Source : A. LE BIHAN, op. cit., p. 263-275.

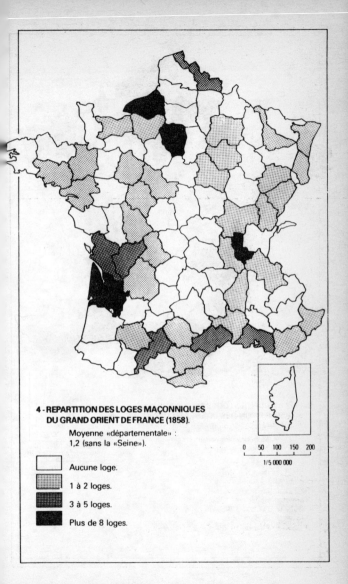

4 - REPARTITION DES LOGES MAÇONNIQUES DU GRAND ORIENT DE FRANCE (1858).

Moyenne «départementale» :
1,2 (sans la «Seine»).

	Aucune loge.
	1 à 2 loges.
	3 à 5 loges.
	Plus de 8 loges.

0   50   100   150   200

1/5 000 000

Source : BN., *FM imp. 16-58.*

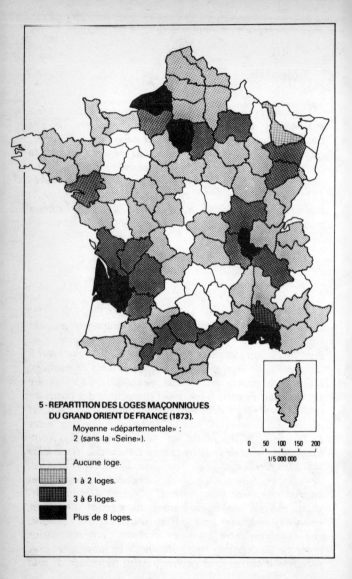

**5 - REPARTITION DES LOGES MAÇONNIQUES
DU GRAND ORIENT DE FRANCE (1873).**

Moyenne «départementale» :
2 (sans la «Seine»).

Aucune loge.

1 à 2 loges.

3 à 6 loges.

Plus de 8 loges.

0 50 100 150 200

1/5 000 000

Source : B.N., *FM imp. 16-73.*

III

Géographie

Les sources utilisées ont permis de cartographier le fait maçonnique à quatre moments ou périodes de son évolution : vers 1750, peu après la naissance de l'Ordre ; les cartes 2 et 3 représentent la répartition de la croissance de l'Ordre pendant la seconde moitié du XVIIIᵉ siècle jusqu'à 1789 ; le recul subi par le G.O.D.F. après 1815 a été saisi en 1858, au creux le plus profond de la dépression ; la carte 5 traduit, pour 1873, les reconquêtes partielles liées à la reprise depuis 1860.

**Sous l'Ancien
Régime :
la croissance**

Au milieu du XVIIIᵉ siècle, la franc-maçonnerie, après vingt-cinq ans d'existence, est déjà coupée en deux : au nord de la Loire et de Lyon, le désert est presque total à l'exception de Paris et de quelques orients frontaliers. L'Ordre ne couvre pas encore l'ensemble du territoire situé au sud de cette ligne, mais il a acquis des positions relativement fortes dans cinq régions : autour de Nantes et Angers, un demi-cercle qui va de Laval à Poitiers ; entre La Rochelle et Bordeaux, en Aunis, Angoumois, Saintonge et au nord de la Guyenne ; en Languedoc, les orients sont plus serrés autour de Toulouse, Montpellier et Alès ; de même en Provence avec le rayonnement de Marseille et de Toulon, villes auxquelles il convient d'ajouter Avignon, malgré son appartenance au comtat Venaissin, rattaché à la France sous la Révolution ; enfin le Lyonnais et l'Auvergne, entre Lyon et Clermont. Cette répartition porte sur des chiffres trop petits pour la rapprocher avec précision d'autres faits contemporains ou passés. Il faut pourtant constater que les zones de concentration maçonnique, vers 1750, sont surtout localisées parmi les communautés urbaines du Sud et du Sud-Ouest dont la résistance à l'emprise du pouvoir central a été trop longue et trop tenace pour être totalement oubliée. Sans doute, aucun texte ne permet d'affirmer que les créations de loges et les activités de l'Ordre ont été vécues par les frères méridionaux comme le prolongement de cette ancienne indiscipline à l'égard de la pratique absolutiste ; mais on peut penser que la forme de sociabilité représentée par la franc-maçonnerie à sa naissance — égalité, solidarité, fraternité — avait toute chance d'être favorablement accueillie, après que le modèle eut circulé, dans ces villes où le souvenir des formes de vie démocratique et des conduites de solidarité restait vif. La mémoire des formes de sociabilité du passé explique parfois l'adhésion à des groupements nouveaux mais formellement ressemblants, même si les comportements et les discours sont sensiblement différents ; Maurice Agulhon l'a bien montré pour les membres des confréries provençales de pénitents tentés par l'adhésion maçonnique [20]. Les bourgeois du Midi et du Sud-Ouest ont peut-être adopté avec empressement la mode de l'association maçonnique moins pour la modernité de son message que pour l'archaïsme délicieux de son organisation.

Les cartes 2 et 3 peuvent faire croire que les mêmes causes ont produit les mêmes effets dans les mêmes régions ; mais la croissance de la franc-maçonnerie s'étendant, au cours de la deuxième moitié du XVIIIe siècle, à l'ensemble du royaume, il est vain de continuer à lui assigner des causes locales ou provinciales. La répartition des orients montre en effet que l'Ordre s'est renforcé dans les zones d'implantation ancienne et qu'il a conquis en même temps toutes les villes de France, petites et moyennes, sauf celles de Bretagne intérieure, d'une partie du Massif central et des Alpes, et des franges orientales et occidentales du Bassin parisien. La carte 2 donne une image fidèle de la diffusion de la franc-maçonnerie, du défrichement rapide des zones vierges en 1750 — autour de Paris, l'Est, la Guyenne et les pays pyrénéens, le couloir rhodanien entre Avignon et Lyon; elle ne traduit pas exactement les différences régionales de puissance acquise par l'Ordre de 1750 à 1789, d'où l'établissement de la carte 3 qui représente la densité départementale des loges. Le choix du cadre géographique — le département — est bien sûr anachronique mais il paraît plus fin que celui de la province, et surtout il autorise à des comparaisons avec les répartitions du XIXᵉ siècle.

La franc-maçonnerie semble être encore un de ces phénomènes qui prospèrent à la périphérie du royaume; certes, il y a Paris et le Puy-de-Dôme, mais la situation centrale des zones de faible peuplement maçonnique repousse les régions à forte densité vers la mer ou vers les frontières nord et sud du pays — la frontière orientale accueillant l'Ordre avec quelque timidité; l'intensité de la circulation des hommes et des idées dans les ports, dans les places de commerce proches des Pays-Bas autrichiens et de l'Allemagne ou localisées sur les grands axes de communication — Rhône, Saône, Loire —, suffit peut-être à expliquer cette disposition excentrique sans qu'il soit nécessaire de généraliser l'interprétation retenue pour la carte de 1750. Il reste malgré tout à s'interroger sur cette répartition inégale de la croissance maçonnique en la confrontant à d'autres cartes [21].

Corrélations du XVIIIᵉ siècle

La première tentation est de rapporter la géographie maçonnique à celle de la densité du peuplement; les coïncidences sont encourageantes au nord-ouest de la France, dans la région proche de Paris, Lyon, Clermont et La Rochelle mais elles cessent en Guyenne, dans le Toulousain, le Midi méditerranéen et dans l'Est; de plus, le rapprochement d'un fait essentiellement urbain avec une population en majorité rurale est un peu artificiel. D'où le recours à des comparaisons avec des variables culturelles plus proches du comportement des francs-maçons comme l'alphabétisation : au nord de la ligne Saint-Malo-Genève, où se concentrent les régions de forte alphabétisation, on remarque une certaine concordance avec les zones d'implantation dense des loges maçonniques en Normandie, dans le Nord-Est, la région parisienne et la Bourgogne ; au sud de cette ligne, en revanche, les divergences sont trop nombreuses pour permettre de poursuivre la comparaison : maçonnerie et alphabétisation se retrouvent en Charente-Maritime, dans le Gard et le Rhône ; elles semblent se contredire en Gironde, en Haute-Garonne et entre Marseille et Toulon. Autre variable : le réseau tissé par ces groupements de notables urbains que furent les académies de province au XVIIIe siècle ; l'espoir de correspondance n'est pas déçu de Bordeaux à Marseille, en suivant la Garonne et le canal du Midi, ni même d'Arras à Nancy, le long de la frontière septentrionale ; hélas il doit être abandonné à l'ouest d'un grand arc joignant Bordeaux, Orléans, Paris et Rouen, là où les loges sont parfois nombreuses et où les académies sont souvent absentes. Autre tentative de rapprochement : la cartographie des serments prêtés en 1791 à la Constitution par les membres du clergé paroissial, catégorie socio-professionnelle où les loges n'ont pas hésité à recruter au cours du XVIIIe siècle. On connaît les zones d'acceptation majoritaire du serment : une toile d'araignée dont le centre est situé à Bourges et dont les axes les plus épais sont orientés vers le nord avec une nette interruption au-delà de la Somme et une branche annexe normande, vers le Sud-Ouest jusqu'à la Gironde, vers le Sud en direction des Pyrénées-Orientales, vers le Sud-Est alpin et méditerranéen et, enfin, vers l'Est sauf les régions d'Alsace et de Lorraine. Cette répartition se superpose difficilement à celle de la carte 3 : on n'y observe pas les densités maçonniques élevées du Nord, des pays de Loire et d'Ille-et-Vilaine, de l'Hérault et du Gard, du triangle entre Metz, Nancy et Strasbourg ; on y repère aussi trop d'exceptions, trop de zones où les loges sont rares et où les serments sont nombreux — Massif central, Alpes et l'Est de Troyes à Colmar, pour établir une relation de causalité *entre la France maçonnique et la France « révolutionnaire » de 1791.*

La France de 1793, où chaque camp s'affirme avec résolution, présente peut-être une certaine parenté avec la carte de l'Ordre en 1789; les régions de rébellion fédéraliste au sud de la Seine correspondent à peu près à des régions où le réseau des loges est dense. Sans faire l'hypothèse d'une nouvelle conspiration tramée dans les ateliers, on peut au moins remarquer que les francs-maçons de province ont montré, tout au long du XVIIIe siècle, un attachement sans faille à leurs prérogatives locales et une opposition véhémente à tout excès de centralisme de la part de l'autorité maçonnique siégeant à Paris. Nul doute que cette vieille réaction maçonnique de type fédéraliste n'ait apporté un peu de renfort à l'opposition au gouvernement révolutionnaire en juin 1793, ne serait-ce qu'en aidant les rebelles à justifier historiquement leur comportement de résistance au pouvoir central. Malheureusement on s'explique mal pourquoi la franc-maçonnerie des Charentes, de Bourgogne, de la région parisienne et de Dunkerque à Strasbourg n'a pas entraîné ces pays dans la tourmente contre-révolutionnaire, ou plutôt, on comprend de mieux en mieux l'inaptitude de l'Ordre à provoquer, à lui seul, un événement ou un mouvement pour lesquels il n'a pas été préparé; il paraît éclairer parfois certaines conduites culturelles et politiques, de longue durée — alphabétisation, diffusion des académies — ou instantanées (serments constitutionnels, fédéralisme); dans d'autres régions, il semble rester indifférent à ces phénomènes.

La géographie maçonnique est donc une géographie originale qui plaide, comme les courbes précédentes, pour l'indépendance du fait maçonnique au XVIIIe siècle par rapport à d'autres faits — Lumières ou processus révolutionnaire — qu'on s'acharne à lui associer; elle démontre, s'il en était encore besoin, que l'engagement des provinces dans la Révolution n'a pas dépendu du nombre de loges qui s'y étaient installées : une pièce supplémentaire à verser à l'anti-dossier du complot révolutionnaire d'origine maçonnique.

La tentation de l'État à laquelle succombe l'Ordre au XIXe siècle modifie-t-elle l'implantation régionale des loges du G.O.D.F.? La carte de 1858 — carte 4 — permet de découvrir une véritable désertification maçonnique de la France. La moyenne départementale des loges est de 1,2 sans compter, il est vrai, celles du Suprême Conseil du R.E.A.A.; elle s'élevait à 10 au cours de la deuxième moitié du XVIIIe siècle. Les solides bastions conquis sous l'Ancien Régime ont été partiellement sauvegardés : Gironde, Rhône, Paris/Seine et Seine-Maritime auxquels peuvent encore s'ajouter les Charentes, la Haute-Garonne, l'Hérault et les Bouches-du-Rhône, le Nord, mais que de pertes dans l'Ouest, le Sud-Ouest et surtout entre la Meuse, le Rhône et le Rhin. Quarante-six départements, plus de la moitié de la France, sont sans loge du G.O.D.F. Aucune corrélation ne peut être établie à partir d'un effectif aussi étriqué, sinon... avec les anciennes zones d'implantation maçonnique. Nous savons, par ailleurs, que des frères et des loges ont pris une part active aux Révolutions de 1830 et de 1848, à la résistance au coup d'État de 1851 et à la mise en place de l'Empire, mais ces interventions ne peuvent être observées cartographiquement. Ce qui reste mesurable est la réussite des gouvernements de 1815 à 1860 dans la dissuasion des profanes à l'égard de l'adhésion à une maçonnerie dont le discours dominant n'a pourtant jamais cessé de réaffirmer sa fidélité aux régimes politiques... et sa neutralité politique; en particulier, elle s'est longtemps défendue, au moins jusqu'en 1848, d'avoir contribué à la préparation de la Révolution française de 1789 pour rassurer le pouvoir et, peut-être, respecter le déroulement de l'histoire. En vain! D'Arras à Rodez, de Mont-de-Marsan à Gap, dans le Val-de-Loire et dans l'Est, les loges ne se réunissent plus ou ne se sont pas réveillées depuis 1814;

50

un long sommeil maçonnique provoqué par la répression sous la Restauration — rançon de l'euphorie de 1789 et de l'Empire — par les hésitations de Louis-Philippe, et par les initiatives trop hardies de quelques ateliers parisiens lors des Trois Glorieuses, des événements de 1848 et du 2 décembre 1851.

En 1873 — carte 5 — l'Ordre a regagné une partie du terrain perdu depuis 1789; dix-huit départements sont dépourvus de loges, au lieu de quarante-six en 1858, et la moyenne départementale est remontée à deux. Les départements de haute densité maçonnique, soit plus de huit loges, n'ont pas augmenté en nombre mais ils paraissent avoir essaimé dans les régions voisines, notamment dans le Bordelais, entre Toulouse et Marseille, autour de Lyon, de Rouen et de Paris en suivant, vers l'amont, la Seine et la Marne. L'Empire libéral et la « République » de Monsieur Thiers semblent avoir permis à l'Ordre de reconstituer — avec plus de modestie — certaines vieilles citadelles bâties sous l'Ancien Régime; certes, le Nord, et, évidemment, l'Est manquent dans la reconstruction mais on y retrouve la région nantaise, et une zone nouvelle — Vosges, Haute-Saône — vient même s'y ajouter. Cette reconquête de la France par la franc-maçonnerie est trop timide pour être comparée à la conquête de la République par les républicains lors des élections législatives d'octobre 1877 : l'espace maçonnique est beaucoup plus réduit que l'espace républicain et surtout, de nombreux départements où le réseau des loges est plus serré qu'ailleurs ne recueillent pas assez de suffrages républicains par rapport à la moyenne nationale pour conclure à une influence positive de l'Ordre : c'est le cas des Charentes, de la Dordogne, du Tarn, du Vaucluse, des Vosges, de la Marne, de la Seine-et-Marne et de l'Eure. Inversement, certaines régions, où l'implantation du G.O.D.F. est faible ou inexistante, obtiennent un pourcentage très élevé de voix en faveur de la République : sur le rebord sud-ouest du Massif central — Creuse, Haute-Vienne et Cantal —, sur la Côte d'Azur à l'est de Marseille, au nord de Lyon — Ain, Jura et Doubs — en Côte-d'Or, dans l'Yonne et *l'Aube et près de Paris — Aisne, Eure-et-Loir et Loir-et-Cher* [22].

L'Ordre aurait-il manqué la fondation de la IIIe République, comme il paraît avoir manqué l'établissement de la Ire République? La plus belle cartographie du monde ne peut donner que ce qu'elle a : la France maçonnique peut très bien ne pas recouvrir la France républicaine de 1877, malgré quelques concordances (Seine, Saône-et-Loire, Haute-Loire, Rhône, Isère et Bouches-du-Rhône); mais le décalage géographique n'interdit pas à l'idéologie maçonnique de jouer un rôle déterminant dans le processus politique qui conduit au triomphe de la République lors des élections de 1877, en particulier dans les lieux où, acceptée comme une idéologie laïque et démocratique, elle avait acquis, de longue date, une grande influence, à Paris, à Lyon et à Marseille : en 1873, deux loges de France sur cinq sont installées dans ces trois villes. Dans ces conditions, il est possible que l'Ordre ait puissamment contribué à la diffusion de l'opinion républicaine — cinquante loges travaillent dans le département de la Seine en 1873 et le siège du G.O.D.F. est à Paris — sans que la répartition des loges reflète immédiatement les effets de cette activité militante; on retrouve ainsi, à propos de la cartographie, l'interprétation suggérée par la meilleure tenue de la courbe des loges de la capitale, entre 1815 et 1860, par rapport à l'affaissement de la courbe des loges de province. Les frères de Paris, et peut-être ceux de Lyon et de Marseille, ont aidé à frayer son chemin à la République; après les années 1870, les frères de province suivront l'exemple et progressivement, l'espace maçonnique se confondra avec l'espace républicain, pour le meilleur et pour le pire.

Trois approches du fait maçonnique — chronologique, statistique et cartographique — ont permis de percer quelques secrets de la durée de l'Ordre et du nombre des frères. Les séries d'événements et de chiffres maçonniques enregistrent fidèlement ou distraitement l'écho d'événements et de chiffres profanes — politiques et sociaux : sous l'Ancien Régime, les loges semblent être autant de havres de grâce préservés des remous créés par la circulation des grands courants culturels qui traversent le corps social ; le rythme élevé de leur installation dans les quarante années qui précèdent la Révolution correspond moins à la hâte de précipiter la crise de 1789 qu'à la quête effrénée des frères d'un réconfort contre l'instabilité sociale et morale. Après 1800, certains ateliers de la capitale et d'autres grandes villes deviennent de plus en plus sensibles aux sirènes libérales et républicaines ; d'autres temples restent clos et refusent à leurs colonnes de résonner aux sons discordants des révolutions et des coups d'État.

Le fait maçonnique existe, nous l'avons rencontré... Mais les méthodes traditionnelles de l'investigation historique — datation et mesure des quantités — ne nous en livrent pas tous les mystères : Tu ne crois tout de même pas que la vraie franc-maçonnerie se donne toujours pour la franc-maçonnerie [23] ? Falk ne se moque ni de Ernst, ni de nous : il invite à poursuivre la découverte des cachotteries.

*Les textes fondamentaux de la franc-maçonnerie fran-
çaise ont pris des formes changeantes au cours de
l'histoire de l'Ordre. Diversité d'origine, d'abord : les
premiers textes furent écrits par des francs-maçons et
pour des francs-maçons; or, dès 1737-1738, l'État et
l'Église apportent leur contribution particulière — interdiction, surveillance, excommunication — à l'établissement du corpus. Avec des tonalités et des rythmes
différents, leurs interventions ne cesseront plus aux
XVIIIe et XIXe siècles, comme ne cesseront pas, évidemment, les publications des frères. La rédaction des textes
sur la maçonnerie a donc été très vite assurée par une
« équipe » composée par l'ensemble des frères et par les
représentants des autorités profanes — religieuse et
politique — une équipe jamais unie, sinon par le « souci »
de l'Ordre maçonnique.*

*Changement de nature, surtout : la plupart des textes
écrits jusqu'à 1738 portent l'annonciation du triomphe de
l'Ordre et sa condamnation définitive alors que le nombre
des frères est insignifiant. Ce sont eux qui néanmoins vont
constituer, dès leur parution et pour toujours, une somme,
la source intarissable des références futures pour la
construction ou pour la destruction du temple maçonnique. Ainsi, 1738 clôt une phase brève et intense d'écriture
des principes et ouvre la longue période des textes
fondamentaux sur les pratiques des francs-maçons. Au
cours des deux siècles et demi écoulés depuis, pour les
trois pouvoirs — politique, catholique et maçonnique —
il s'est agi moins de remettre le métier sur l'ouvrage
primitif — le corpus initial des textes de fondation et de*

*répression — que d'encourager, contrôler ou stigmatiser
les conduites et les discours des frères, selon les circonstances profanes et maçonniques. Force est de constater
que cet épuisement précoce de la réflexion théorique sur
la franc-maçonnerie a coïncidé avec la diffusion du fait
maçonnique comme fait social national, avec la dispersion de l'effort initiatique en autant d'efforts français,
allemand, italien, etc. Écoutons les messages universels
de l'Ordre avant leur nationalisation.*

I

Les textes
de fondation

*La présentation de ces textes originels exigerait le récit
détaillé de l'histoire de leur rédaction et de leur réception
en France ; ce volume n'y suffirait pas. Nous avons donc
choisi de les donner à lire ou à relire.*

Les Constitutions
d'Anderson (1723)

*Écrites collectivement à Londres entre 1721 et 1723,
elles sont considérées comme la charte universelle de la
maçonnerie spéculative : les loges anglaises qui accueil-
laient, jusque-là, surtout des maçons opératifs et acceptaient quelques non-professionnels, ouvrirent désormais
leurs portes à tous les hommes de bien, soucieux de
recevoir la lumière maçonnique et d'en conserver le secret.
L'anglomanie et sans doute les émigrés jacobites —
sectateurs des Stuarts détrônés en 1688 — favorisèrent la
venue de la bonne parole en France, vers 1725. Le frère La
Tierce traduisit les Constitutions en 1733 et les publia en
1742 à Francfort-sur-le-Main et en 1746 à Paris* [1].

Les obligations d'un franc-maçon

Extraites des anciennes Archives des Loges répandues
sur la surface de la Terre pour y être lues lorsqu'on fait un

nouveau Frère, ou quand le Maître * le juge à propos.

I. Touchant Dieu et la Religion.

Un Maçon est obligé, en vertu de son titre, d'obéir à la loi morale; et s'il entend bien l'Art, il ne sera jamais un athée stupide, ni un libertin sans religion. Dans les anciens temps, les Maçons étaient obligés, dans chaque pays, de professer la Religion de leur patrie ou nation, quelle qu'elle fût; mais aujourd'hui, laissant à eux-mêmes leurs opinions particulières, on trouve plus à propos de les obliger seulement à suivre la Religion sur laquelle tous les hommes sont d'accord. Elle consiste à être bons, sincères, modestes et gens d'honneur, par quelque dénomination ou croyance particulière qu'on puisse être distingué d'où il s'ensuit que la Maçonnerie est le Centre de l'Union, et le moyen de concilier une sincère amitié parmi les personnes qui n'auraient jamais pu sans cela se rendre familières entre elles.

II. Touchant le magistrat civil, suprême et subordonné.

Un Maçon est un paisible sujet des puissances civiles, en quelque endroit qu'il réside ou travaille. Il ne trempe jamais dans les complots et conspirations contraires à la Paix et au bien d'une Nation. Il est obéissant aux Magistrats inférieurs. Comme la guerre, l'effusion du sang et la confusion ont toujours fait tort à la Maçonnerie, les anciens Rois et Princes en ont été d'autant plus disposés à encourager ceux de cette profession, à cause de leur *humeur paisible* et de leur *fidélité*. C'est ainsi qu'ils répondent par leurs actions aux pointilles de leurs adversaires, et qu'ils accroissent chaque jour l'honneur de la Fraternité, qui a toujours fleuri dans la paix. C'est pourquoi, s'il arrivait à un Frère d'être rebelle à l'État, il ne devrait pas être soutenu dans sa rébellion. Cependant, on pourrait en avoir pitié comme d'un homme malheureux : et quoique la fidèle Fraternité doive désavouer sa rébellion, et ne donner pour l'avenir ni ombrage, ni le moindre sujet de jalousie politique au Gouvernement, néanmoins s'il n'était point convaincu d'aucun autre crime, il ne pourrait point être exclu de la Loge, et son rapport avec elle ne pourrait être annulé.

III. Touchant les Loges.

Une Loge est un endroit où les Maçons s'assemblent et travaillent; de là vient qu'une Assemblée ou Société de Maçons dûment organisée est appelée Loge. Chaque Frère doit absolument dépendre d'une telle Loge, et être sujet à ses propres statuts et aux Règlements Généraux. Elle est ou particulière ou générale, ce qui se comprendra mieux, en la fréquentant, et par les Règlements de la Grande Loge ci-après annexés. Anciennement, aucun Maître * ou Compagnon ne pouvait s'absenter de sa Loge particulière, quand il était averti d'y comparaître, sans encourir une sévère censure, à moins qu'il ne parût au Maître et aux Surveillants qu'il en avait été empêché par la pure nécessité.

Ceux qui sont admis à être Membres d'une Loge, doivent être des gens d'une bonne réputation, pleins d'honneur et de droiture, nés libres et d'un âge mur et discret. Ils ne doivent être ni esclaves, ni femmes, ni des hommes qui vivent sans morale ou d'une manière scandaleuse.

Le sens de ces trois articles célèbres n'est pas encore tout à fait élucidé. L'éviction de l'athée stupide et du libertin sans religion et la définition de la religion comme un ensemble de règles morales, en dehors de toutes les confessions, pouvaient et peuvent encore être interprétées au moins de deux façons : une déclaration de tolérance générale assortie peut-être de l'allusion à la liberté de conscience ou le rappel, banal pour l'époque, de la nécessité d'appartenir à la religion chrétienne et de se bien conduire.

**Le choix des francs-
maçons français**

En 1735, les frères du royaume de France rédigent le premier texte constitutionnel de la maçonnerie française;

ils reprennent, pour une large part, celui d'Anderson, et
ils n'hésitent pas à propos du premier devoir qui regarde
Dieu et la religion :

Un franc-maçon est obligé par son État de se conformer
à la Morale, et s'il entend bien l'Art, il ne sera jamais un
Athée, ni un Libertin sans religion. Dans les siècles passés
les Francs-Maçons étaient obligés de professer la Religion
Catholique, mais depuis quelque temps on n'examine pas
sur cela leurs sentiments particuliers, pourvu toutefois
qu'ils soient Chrétiens, fidèles à leur promesse et gens
d'honneur et de probité [2]...

La tolérance est donc bien à l'ordre du jour en France
maçonnique, mais dans le giron de la religion chrétienne,
ce qui annonce un progrès décisif depuis la Révocation de
l'édit de Nantes et la bulle Unigenitus. *Pourtant, la*
nouveauté des constitutions et du texte français de 1735
nous semble être ailleurs que dans l'élargissement du
recrutement de l'Ordre à l'ensemble de la communauté
des chrétiens; elle est à chercher au début même de
l'article premier, dans l'affirmation selon laquelle une
compréhension correcte de l'Art Royal amènera inévita-
blement l'initié à la rencontre de Dieu, la suite n'étant
qu'allusions à la situation religieuse de la France et de
l'Angleterre au début du XVIIIᵉ siècle. La franc-maçon-
nerie, à l'origine, ne propose rien moins qu'une révolution
spirituelle : une seconde voie d'accès à Dieu. La première,
tracée par les religions chrétiennes établies, n'est pas
désignée comme mauvaise, mais la voie de l'initiation
maçonnique est plus sûre, aussi royale que l'Art pratiqué
par le franc-maçon.
Premier mot d'ordre des frères : Dieu est dans nos
temples. Aussi, l'Effort accompli par le profane pour y
pénétrer ne peut être effacé par un acte de rébellion contre
le pouvoir d'État : la quête maçonnique de la divinité est
sainte, et une infraction, même grave, aux règles de
conduite politique du sujet ou du citoyen — complots
stuartistes, peut-être — ne risque pas de compromettre

durablement la nouvelle et pure nature acquise par l'initiation. C'est cette certitude de la fonction purificatrice de l'initiation qui glace d'effroi l'État et l'Église, car les textes maçonniques primitifs font surgir une force inconnue, immense, capable de produire le miracle d'un autre baptême qui permet de respirer mieux, et à jamais, le parfum de Dieu. Jusqu'à la fin du XVIIᵉ siècle, le domaine du surnaturel était réservé traditionnellement à l'Église, au roi et... à Satan; au cours des années 1720, une quatrième puissance — la franc-maçonnerie — proclame son aptitude à y intervenir efficacement au nom de l'initiation et des nombreux frères qui l'ont reçue. Concurrence d'autant plus intolérable, pour le pouvoir politique et la papauté, que cette nouvelle autorité prétend, elle aussi, à l'exercice universel; il est vrai que l'État et le pontife conservent l'ultime ressource de réduire et de confondre la force de l'Ordre avec la troisième force, celle de la malfaisance et de l'imposture. Mais avant de « découvrir » le caractère satanique de l'Art Royal, ils s'inquiètent, à juste raison, des formes prises par l'entreprise maçonnique.

**Second mot d'ordre :
  organisons-nous!**

La voie initiatique de la recherche de Dieu est une voie étroite. N'y entre pas qui veut et ceux qui la suivent avec persévérance dans les loges sont soumis à d'austères conditions d'avancement que fixent les Devoirs *de 1735.*

Le 4ᵉ regarde les Maîtres, les Surveillants, les experts et les apprentis :

Toute promotion entre Francs-Maçons est fondée sur le vrai mérite personnel, afin que chacun s'attache à son devoir, et que la société se soutienne avec distinction. On ne peut détailler ni expliquer ces choses par écrit, ainsi chaque Frère doit être à sa place et les apprendre d'une façon qui est particulière à cette Fraternité. Les Postulants doivent savoir qu'aucun Maître * ne peut recevoir un Apprenti sans avoir un Emploi à lui donner, et sans qu'il soit un homme exempt de défaut du Corps, qui peut le rendre incapable d'apprendre l'Art. Il faut aussi être descendu de Parents d'honneur et de probité, afin qu'étant d'ailleurs qualifié, il puisse parvenir à l'honneur d'être Surveillant, ensuite Maître de Loge. Grand Surveillant et peut-être enfin à la Charge de Grand Maître. Aucun Frère ne peut être Surveillant, sans dispense, jusqu'à ce qu'il ait fait fonction d'un Expert, ni être Maître de Loge sans avoir officié comme Surveillant, ni Grand Surveillant sans avoir été Expert avant son Élection, et sans être né d'une Condition distinguée ou un Gentilhomme, ou un homme de lettres, ou un Frère habile en Architecture ou en quelque autre Art, dont le mérite est connu des Loges.

Le Député Grand Maître qui doit être ou avoir été Maître de Loge, est revêtu du pouvoir du Grand Maître, à moins qu'il ne se réserve son droit par une lettre.

Conformément aux anciens Devoirs et Règlements de l'ancienne Loge, tous Officiers, Régisseurs et tous les Frères, chacun dans ses fonctions, doivent obéir aux ordres, qui leur sont donnés, avec Humilité, Vénération, Amitié et Gaîté [2].

Une sélection rigoureuse par le mérite et, à mots à peine couverts, par la condition sociale... Une allusion discrète au métier du bâtiment, la dernière peut-être dans les textes qui instaurent la maçonnerie spéculative. L'Ordre maçonnique est friand de nouvelles hiérarchies internes respectueuses de l'ordre social établi. Ordre encore, dans la conduite des frères en loge et hors de la loge, imposé par les 5ᵉ et 6ᵉ devoirs :

Le 5ᵉ regarde la manière de se comporter en travaillant :

Chaque Frère doit travailler de Cœur et d'Amitié, se soumettre promptement aux ordres de ses supérieurs et recevoir son salaire sans jalousie et sans murmure, selon les anciennes règles de la Fraternité, dont tous les Maîtres de Loge doivent être instruits.

Le 6ᵉ regarde leur maintien dans une loge formée :

1° Aucun Frère n'aura des entretiens secrets et particuliers avec un autre sans une permission expresse du Maître de la Loge, ni rien dire d'indécent ou d'injurieux sous quelque prétexte que ce soit, ni interrompre les Maîtres ou Surveillants, ni aucun Frère parlant au Maître, ni se comporter avec immodestie ou risée, parce qu'on doit être occupé des choses sérieuses et solennelles de la Loge. Il ne doit rien dire, qui ne soit digne de la haute qualité de Franc-Maçon. Il doit au contraire respecter ses supérieurs, aimer et donner bon exemple aux autres Confrères. On ne doit jamais porter les différends entre Frères en Justice réglée sans une nécessité absolue.

2° Quand la Loge est fermée, et qu'il y a des Frères qui restent, ils doivent jouir de la société les uns des autres avec joie innocente et une harmonie inaltérable, évitant tout excès, et écartant loin d'eux toutes piques, querelles et tout ce qui pourrait y donner lieu, particulièrement les disputes sur la Religion, l'État et la Politique.

3° Quand les Frères se rencontrent hors de la loge, ils doivent se saluer les uns les autres en confrères, selon les instructions qu'ils ont reçues, s'instruisant mutuellement sans être vus, ni entendus, et sans manquer au respect dû à chaque Frère s'il n'était pas Maçon, car quoique tous Francs-Maçons soient égaux comme Frères, néanmoins la Maçonnerie n'ôte pas les égards et les Déférences auparavant dues au Caractère ou à la naissance, elle oblige au contraire à les témoigner dans l'occasion.

4° Lorsque les Frères se trouvent avec des personnes qui ne sont pas Maçons, ils seront attentifs à se comporter et à parler de manière que ces personnes ne puissent pas découvrir ce qui ne leur convient pas de savoir, encore moins de pratiquer jusqu'à ce qu'ils soient initiés dans l'Ordre; mais il est nécessaire de mener prudemment la conversation pour qu'elle tourne à l'honneur de la Fraternité.

5° Si l'on se rencontre avec un Frère inconnu pour tel, on doit l'examiner avec beaucoup de prudence et de précaution, pour qu'un faux Frère ne puisse pas en imposer, et qu'on soit en état de le mépriser et de ne lui point donner les moindres indices de science, mais si l'on trouve qu'il soit un véritable Frère, on doit l'aimer comme tel et s'il était dans le besoin, on doit le secourir et l'aider [2].

Ces obligations restaurent deux anciennes règles de fonctionnement des associations : discrétion et discipline ; leur application garantit l'Ordre contre la curiosité excessive et les faux frères et, surtout, elle permet de maintenir amitié et fraternité, conditions nécessaires et suffisantes à un bon travail maçonnique.

« Cultiver une amitié fraternelle »

Finalement tous Francs-Maçons doivent exactement observer tous ces devoirs et tous ceux qui leur seront à l'avenir enjoints et communiqués. Ils doivent cultiver une amitié fraternelle entre eux, la Base et la Gloire de cette ancienne et respectable Fraternité. Ils doivent éviter toute discorde, médisance et calomnie et ne point même souffrir, qu'on médise ni qu'on calomnie aucun Frère, sans soutenir sa Cause, son Caractère et lui rendre tous les services qui dépendent d'eux. Si par malheur quelque Frère faisait une injure à un autre Frère, il faut qu'il s'adresse, pour en avoir satisfaction à sa loge ou à la sienne et de là faire un Appel à la Grande Loge, suivant l'ancien et louable usage de nos ancêtres dans tous les Pays. Il ne faut jamais les poursuivre en Justice ordinaire, à moins que l'affaire ne puisse être décidée autrement. Chaque Frère doit suivre en cela les avis du Maître, des surveillants et des autres Frères et s'arrêter à leur décision pour s'appliquer plus efficacement à l'affaire de la maçonnerie, et éteindre toute rancune et colère qu'il peut avoir eu contre son Confrère, afin de substituer à leur place une continuation et un renouvellement de son amitié fraternelle pour lui, et que le monde soit témoin de la force et de l'influence que la maçonnerie a sur le Cœur et l'Esprit de l'homme, ce que tous vrais francs-maçons ont éprouvé et éprouveront jusqu'à la fin des siècles.

AINSI SOIT-IL [2].

Des Constitutions *d'Anderson aux* Devoirs *de 1735, il est impossible de percevoir, à la simple lecture des textes, un autre projet que celui de la création en France, à l'image de l'Angleterre, d'une sociabilité nouvelle fondée sur les loges ouvertes à tous les mérites, revus et corrigés par la naissance et par l'initiation, et respectueuse des obligations en vigueur depuis 1723. Ses buts avoués — Chrétienté et Amitié — ne permettent pas d'évoquer la subversion de l'ordre social, encore moins la prise en charge par les ateliers français de la cause des Stuarts; il est vrai que de nombreux émigrés jacobites catholiques les fréquentent dans les années 1730, mais il est vrai aussi que les* Devoirs *des francs-maçons français de 1735 ressemblent fort à ceux rédigés à Londres par les pasteurs Anderson et Désaguliers. En fait, la vocation universelle de l'Ordre a cessé dès que les* Constitutions *dites d'Anderson ont commencé à être interprétées par les frères de chaque pays; les particularités nationales ou locales du recrutement des loges — à Paris, les bourgeois de la capitale côtoient des artisans d'art anglais et des nobles français ou étrangers, en Prusse ou à Saint-Pétersbourg, seule la noblesse éclairée est conviée aux travaux de l'Art Royal* [3] *— ont anéanti, dès les débuts de la diffusion de l'Ordre en Europe et en Amérique, le dessein d'une internationale maçonnique unissant, au-dessus des classes sociales, tous les partisans des Lumières. Il y a plus : la forme maçonnique de sociabilité ne pouvait être que remodelée par le système de sociabilité qui, dans chaque Etat, s'était lentement mis en place pour contrôler et ordonner la volonté de s'associer. A cet égard, la réforme maçonnique proposée par Ramsay est exemplaire.*

*Ramsay (1686-1743) est cet Écossais pensionné du roi
de France, ce protestant converti au catholicisme par des
piétistes hollandais et par Fénelon, ce franc-maçon initié
en Angleterre en 1730 et chargé des discours de réception
en 1736 dans la loge du grand maître, le très jacobite
lord Derwentwater. On a pu évoquer, à son propos, une
carrière d'aventurier religieux [3] ou l'itinéraire imprévu
d'un malade; le cheminement de Ramsay trouverait
peut-être sens si l'on se souciait de le suivre sur la carte de
la crise de la conscience européenne dessinée par Paul
Hazard, dans les zones de ferveurs où les âmes ardentes
travaillent à la conquête de la pieuse contagion et aux
progrès de la théologie du cœur [4] et luttent contre ces
Lumières qui s'éteignent devant le pur amour et qui
scintillent dès que recule l'influence de Dieu.*

*Ramsay est passionnément attaché à la franc-maçon-
nerie et son Discours qui circule, parmi les frères, depuis
la fin de l'année 1736, vise surtout à restaurer la
sublimité de l'Ordre en lui conférant force par l'histoire et
la protection du roi de France. Le 20 mars 1737, Ramsay
entame sa campagne de séduction auprès du cardinal
Fleury :*

Daignez, monseigneur, soutenir la société des *Free-
massons* dans les grandes vues qu'ils se proposent et (Votre
Éminence) rendra son nom bien plus glorieux par cette
protection, que Richelieu en fit le sien par la fondation de
l'Académie française... Comme je dois lire mon discours
demain dans une assemblée générale de l'Ordre et le
donner lundi matin aux examinateurs de la Chancellerie,
je supplie (Votre Éminence) de me le renvoyer demain
avant midi par un exprès [5].

*Malgré une réponse peu amène du cardinal, Ramsay
persiste et, le 22 mars, lui propose de « glisser » à la tête
de la franc-maçonnerie des personnalités choisies par le*

65   Les textes fondamentaux

ministre lui-même, et, ainsi, de mettre l'Ordre maçonni-
que aux ordres de la religion, de l'État et des lettres.
Fleury, on le sait, ne se laissa pas fléchir, d'Avignon, le
marquis de Caumont, qui connaissait tout de la vie
parisienne et maçonnique grâce à son réseau de corres-
pondants, pressentait, dès le 24 avril 1737, le sort réservé
par le pouvoir royal à l'entreprise de Ramsay :

M. de Ramsay vient de me faire un éloge magnifique de
la Société des *Free Maçons*. Il en parle avec enthousiasme,
il emploie les expressions les plus sublimes, le langage le
plus mystique pour me donner une juste idée des avantages
de ce nouvel établissement. Je doute cependant que le
gouvernement autorise leurs assemblées ou même qu'il
veuille les tolérer. *Cui bono?* et dans certains cas aisés à
prévoir il est hors de doute qu'on pourrait en abuser. Je
regarde cela comme un badinage qu'on a tort de vouloir
rendre sérieux à l'imitation des Anglais [6].

Le badinage est moins anodin qu'il n'y paraît : dans la
version résumée du discours confiée au marquis de
Caumont, Ramsay affirme, avec force, la nécessité de
veiller au recrutement de l'Ordre en France.

Sélectionner les frères

Ouy Monsieur on vous a trompé, si l'on vous a dit que les
devoirs de l'illustre ordre des Freemaçons se bornent aux
vertus civiles. Ils s'étendent bien plus loin et embrassent
toute la philosophie des sentiments et même toute la
théologie du cœur. Nous avons dans notre société trois
sortes de confrères; les novices ou les apprentifs; les
compagnons ou les profès; les maîtres ou les adeptes. Nos
symboles allégoriques, nos hieroglyphes plus anciens, et
nos mysteres sacrés apprennent trois sortes de devoirs à ces
trois différens degrés de nos Initiés. Aux premiers les
vertus morales et philanthropes; aux seconds les vertus
héroïques et intellectuelles; aux derniers les vertus surhu-
maines et divines. Autrefois on était trois mois postulant,

trois mois novice et trois mois compagnon avant que d'être admis à nos grands mystères et par là devenir homme nouveau pour ne plus vivre que de la vie du pur esprit. Depuis la dégradation de notre ordre on a trop précipité les réceptions, et les initiations, au grand regret de tous ceux qui connoissent la grandeur de notre vocation[7].

La croisade pour les vertus

Le texte du Discours, *version 1736, rappelle, dans son préambule, les trois qualités nécessaires à l'entrée dans l'Ordre des francs-maçons : la philanthropie, le secret inviolable et le goût des beaux-arts. En 1737, Ramsay corrige en hausse le nombre des vertus maçonniques et les ordonne ainsi : l'humanité — proche de la philanthropie de 1736 — la morale pure, le secret inviolable et le goût des beaux-arts; ces modifications, définitivement adoptées dans le* Discours *imprimé en 1738, sont autant de déclarations de bonnes intentions s'efforçant de dissiper l'inquiétude de l'un des principaux destinataires du texte : le pouvoir royal. L'humanité, première qualité du maçon, est évoquée moins comme le fondement de la tolérance universelle que comme une solidarité de principe entre les hommes :*

... Les Hommes ne se sont pas distingués essentiellement par la différence des Langues qu'ils parlent, des habits qu'ils portent, des pays qu'ils occupent, ni des dignités dont ils sont revêtus. Le monde entier n'est qu'une grande République dont chaque Nation est une famille et chaque Particulier un Enfant. C'est pour faire revivre et répandre ces essentielles maximes prises dans la nature de l'Homme, que notre Société fut d'abord établie. Nous voulons réunir tous les Hommes d'un esprit éclairé, de mœurs douces et d'une humeur agréable, non seulement par l'amour des Beaux Arts, mais encore plus par les grands principes de vertu, de science et de religion, où l'intérêt de la Confraternité devient celui du Genre humain tout entier, où toutes les Nations peuvent puiser des connaissances solides et où les Sujets de tous les Royaumes peuvent apprendre à se chérir mutuellement, sans renoncer à leur Patrie. Nos Ancêtres, les Croisés, rassemblés de toutes les Parties de la Chrétienté dans la Terre Sainte voulurent réunir ainsi dans une seule Confraternité les Particuliers de toutes les Nations. Quelle obligation n'a-t-on pas à ces Hommes supérieurs, qui, sans intérêt grossier, sans même écouter l'envie naturelle de dominer ont imaginé un établissement, dont l'unique but est la réunion des esprits et des cœurs, pour les rendre meilleurs, et former, dans la suite des temps, une Nation toute spirituelle, où, sans déroger aux divers devoirs que la différence des états exige, on créera un Peuple nouveau, qui, étant composé de plusieurs Nations, les cimentera toutes en quelque sorte par le lien de la vertu et de la science [8].

La confusion, typiquement maçonnique, entre la socia-
bilité, la pratique de la vertu et le plaisir inspire Ramsay
pour définir la seconde qualité des frères, la morale pure;
mais, pour la seconde fois, il appelle en renfort l'histoire
sainte de l'Eglise et des croisades :

La saine Morale est la seconde disposition requise dans notre Société. Les Ordres religieux furent établis pour rendre les hommes chrétiens parfaits; les Ordres militaires pour inspirer l'amour de la vraie gloire; et l'Ordre des francs-maçons pour former des Hommes et des hommes aimables, de bons Citoyens, de bons Sujets, inviolables dans leurs promesses, fidèles Adorateurs du Dieu de l'Amitié, plus amateurs de la vertu que des récompenses... Comme une Philosophie triste, sauvage et misanthrope dégoûte les Hommes de la vertu, nos Ancêtres les Croisés voulurent la rendre aimable par l'attrait des plaisirs innocents, d'une musique agréable, d'une joie pure et d'une gaieté raisonnable. Nos festins ne sont pas ce que le monde profane et l'ignorant Vulgaire s'imaginent. Tous les vices du cœur et de l'esprit en sont bannis et on a proscrit l'irreligion et le libertinage, l'incrédulité et la débauche [8].

Le secret : un code
d'autodéfense

Nous avons des secrets; ce sont des signes figuratifs et des paroles sacrées, qui composent un langage tantôt muet, tantôt très éloquent, pour le communiquer à la plus grande distance et pour reconnaître nos Confrères, de quelques langues qu'ils soient. C'étaient des mots de guerre que les Croisés se donnaient les uns aux autres, pour se garantir des surprises des Sarrasins, qui se glissaient souvent parmi eux, afin de les égorger. Ces signes et ces paroles rappellent le souvenir, ou de quelque partie de notre Science, ou de quelque vertu morale, ou de quelque mystère de la Foi. Il est arrivé chez nous ce qui n'est guère arrivé dans aucune autre Société. Nos Loges ont été établies et se sont répandues dans toutes les Nations policées, et cependant parmi une si nombreuse multitude d'Hommes jamais aucun Confrère n'a trahi nos secrets. Les esprits les plus légers, les plus indiscrets, les moins instruits à se taire, apprennent cette grande Science, en entrant dans notre Société. Tant l'idée de l'union fraternelle a d'empire sur les esprits! Ce secret inviolable contribue puissamment à lier les sujets de toutes les Nations et à rendre la communication des bienfaits, facile et mutuelle entre nous. Nous en avons plusieurs exemples dans les Annales de notre Ordre [8].

Le manquement à la promesse de secret provoque remords, honte et exclusion de l'Ordre; or, dans les temps anciens, en Grèce, Phénicie et Scythie, les fêtes qui avaient du rapport *aux fêtes maçonniques du* XVIIIe *siècle perdirent de leur candeur en raison de leur mixité.* C'est pour prévenir de tels abus que les Femmes sont exclues de notre Ordre. Nous ne sommes pas assez injustes pour regarder le Sexe comme incapable de secret. Mais sa présence pourrait altérer insensiblement la pureté de nos maximes et de nos mœurs [8]. *Les trois premières qualités exigées du franc-maçon ne le rendent donc ni malfaisant pour l'Etat de Louis XV, ni subversif pour la religion de Fleury, ni pernicieux pour les mœurs. Ramsay en ajoute une quatrième qui fera beaucoup parler d'elle puisque certains y ont vu l'un des fondements de l'entreprise encyclopédique.*

Au service des sciences et des arts

La quatrième qualité requise dans notre Ordre est le goût des Sciences utiles et des Arts libéraux. Ainsi l'Ordre exige de chacun de vous de contribuer par sa protection, par sa libéralité ou par son travail par un vaste ouvrage, auquel nulle Académie ne peut suffire, parce que toutes ces Sociétés étant composées d'un très petit nombre d'Hommes, leur travail ne peut embrasser un objet aussi étendu. Tous les Grands Maîtres en Allemagne, en Angleterre, en Italie, et ailleurs exhortent tous les Savants et tous les Artisans de la Confraternité de s'unir pour fournir les matériaux d'un Dictionnaire Universel des Arts libéraux et des Sciences utiles, la Théologie et la Politique seules exceptées. On a déjà commencé l'Ouvrage à Londres et par la réunion de nos Confrères, on pourra le porter à sa perfection dans peu d'Années. On y explique non seulement les mots techniques et leur étymologie, mais on y donne encore l'histoire de chaque Science et de chaque Art et la manière d'y travailler. Par là on réunira les lumières de toutes les Nations dans un seul Ouvrage, qui sera comme une Bibliothèque universelle de ce qu'il a de beau, de grand, de lumineux, de solide et d'utile dans toutes les Sciences et dans tous les Arts nobles. Cet ouvrage augmentera dans chaque siècle, selon l'augmentation des lumières, et il répandra partout l'émulation, et le goût des belles choses et des choses utiles [8].

L'exclusion de la théologie et de la politique permet d'écarter l'hypothèse de la paternité de Ramsay à propos du projet d'Encyclopédie de Diderot et de D'Alembert; mais ces exclusions indiquent implicitement ses nouveaux desseins. Dans la version de 1736, il limitait son discours

*sur les sciences à un banal éloge de l'architecture navale,
civile et militaire comme moyen de communication entre
les hommes et comme instrument de défense contre leur
férocité. En 1737, il a renoncé à l'analogie entre le travail
des architectes et celui des francs-maçons — la construction du temple; en s'efforçant de devancer les critiques du
gouvernement, il est conduit à s'interroger sur ce qui
pourrait lui plaire ou ne pas lui nuire et, en définitive, à
répondre à cette question : à quel titre l'Ordre maçonnique peut-il devenir un service public dans le royaume de
France?*

*Ramsay ne peut pas ne pas avoir éprouvé au cours de
ses voyages et de ses rencontres la discordance grandissante entre le vieil homme et l'homme nouveau [9], entre les
exigences fondamentales de la vie chrétienne et la
recherche quotidienne de la rationalité. Cette cause de
tension et de conflit déjà évoquée en 1736 est, à terme,
insupportable pour la société civile sous peine de troubles : aussi, en 1737, Ramsay croit-il devoir proposer au
pouvoir royal de prendre le contrôle de cette nouvelle
forme de sociabilité qui réunit provisoirement l'aristocratie et une fraction de la bourgeoisie à talents. Patronner la
franc-maçonnerie, assigner une tâche noble et mobilisa-
trice aux francs-maçons — le bilan des sciences utiles et
des arts libéraux — réserver les domaines de la théologie
et de la politique à l'autel et au trône, tel est le discours
programme soumis au gouvernement français. Il s'agit à
la fois de sauvegarder l'essentiel — Dieu et l'Etat — et
d'accorder quelque place à la modernité, en bref, de
favoriser, par cette intervention directe dans la vie
culturelle et dans l'appareil de sociabilité, l'adoption
d'un nouveau type de comportement; la pratique des
quatre vertus maçonniques n'a rien d'explosif mais elle
comporte suffisamment d'audace et d'attrait pour parer,
peut-être, au plus pressé de la crise de conscience. Le
franc-maçon est donc le modèle de cet homme qui prend
en charge à la fois la tradition chrétienne — humanité et
morale — et la nouveauté du siècle — secret et goût des
sciences; pour chanter son avènement, Ramsay devait
convoquer l'histoire.*

Le nom de franc-maçon ne doit donc pas être pris dans un sens littéral, grossier et matériel, comme si nos Instituteurs avaient été de simples Ouvriers en pierre, ou des Génies purement curieux, qui voulaient perfectionner les Arts. Ils étaient non seulement d'habiles Architectes, qui voulaient consacrer leurs talents et leurs biens à la construction des Temples extérieurs, mais aussi des Princes religieux et guerriers, qui voulurent éclairer, édifier et protéger les Temples vivants du Très-Haut. C'est ce que je vais montrer en vous développant l'Histoire ou plutôt le renouvellement de l'Ordre.

Chaque Famille, chaque République, chaque Empire, dont l'origine est perdue dans une antiquité obscure, a sa fable et sa vérité, sa légende et son histoire. Quelques-uns font remonter notre institution jusqu'aux temps de Salomon, d'autres jusqu'à Moïse, d'autres jusqu'à Abraham, quelques-uns jusqu'à Noé, et même jusqu'à Enoch qui bâtit la première Ville, ou jusqu'à Adam. Sans prétendre nier ces origines, je passe à des choses moins anciennes [8].

Par rapport à la première version de 1736, Ramsay a écarté un long développement sur les origines de la franc-maçonnerie. Selon les annales sacrées du législateur des juifs, ... ce fut Dieu même qui apprit au restaurateur du genre humain les proportions du bâtiment flottant qui devait conserver pendant le Déluge les animaux de toutes les espèces, pour repeupler notre globe quand il sortirait du sein des eaux. Noé, par conséquent, doit être regardé comme l'auteur et l'inventeur de l'architecture navale, aussy bien que le premier grand maître de notre Ordre [10]. *La science arcane fut transmise ensuite à Abraham et aux patriarches qui la portèrent en Egypte et dans le monde méditerranéen où elle se corrompit sauf parmy le peuple de Dieu. Moïse, Salomon, Hiram de Tyr, le grand Cyrus, l'oint du Seigneur, et Zorobabel participèrent successivement à la construction du temple. La discrétion observée*

en 1737 par Ramsay à propos de ces grands ancêtres de
l'Ancien Testament traduit la volonté d'enraciner la
généalogie religieuse de la franc-maçonnerie en terre
chrétienne et notamment celle des croisades, et aussi celle
de renoncer à la référence, toujours suspecte au pouvoir,
aux sources d'une religion primitive où Dieu semble
inspirer les hommes... sans l'intercession de l'Eglise.
Ramsay a donc raison : l'histoire qu'il enseigne équivaut à
un renouvellement de l'Ordre.

Du temps des croisades dans la Palestine, plusieurs
Princes, Seigneurs et Citoyens s'associèrent et firent vœu
de rétablir les Temples des Chrétiens dans la Terre Sainte
et de s'employer à ramener leur Architecture à sa première
institution. Ils convinrent de plusieurs signes anciens et de
mots symboliques tirés du fonds de la Religion, pour se
reconnaître entre eux d'avec les infidèles et les Sarrasins.
On ne communiquait ces signes et ces paroles qu'à ceux qui
promettaient solennellement, et souvent même au pied des
Autels, de ne les jamais révéler. Cette promesse sacrée
n'était donc pas un serment exécrable, comme on le débite,
mais un lien respectable pour unir les Chrétiens de toutes
les Nations dans une même Confraternité. Quelques temps
après, notre Ordre s'unit intimement avec les Chevaliers de
Saint-Jean de Jérusalem. Dès lors nos Loges portèrent
toutes le nom de Loges de Saint-Jean...

Notre Ordre par conséquent ne doit pas être considéré
comme un renouvellement des Bacchanales, mais comme
un Ordre moral fondé de toute antiquité, et renouvelé en
Terre Sainte par nos Ancêtres, pour rappeler le Souvenir
des vérités les plus sublimes au milieu des innocents plaisirs
de la Société. Les Rois, les Princes, et les Seigneurs au
retour de la Palestine dans leurs États, y fondèrent diverses
Loges [8].

Le récit des péripéties de l'Ordre, selon l'imagination de
Ramsay, se poursuit par la relation du déclin des loges
provoqué par les négligences des hommes; certes, l'Écosse
et l'Angleterre purent conserver le précieux trésor des lois

et des secrets de la franc-maçonnerie, mais les fatales discordes de Religion qui embarrassèrent et qui déchirèrent l'Europe dans le seizième siècle, firent dégénérer l'Ordre de la Noblesse de son origine. On changea, on déguisa, on supprima plusieurs de nos rits et usages qui étaient contraires aux préjugés du temps. C'est ainsi que plusieurs de nos Confrères oublièrent, comme les anciens Juifs, l'esprit de nos Lois et n'en retinrent que la Lettre et l'écorce. On a commencé à y apporter quelques remèdes. Il ne s'agit que de continuer et de ramener enfin tout à sa première institution [8].

L'historiographie maçonnique a retenu de ces propos sur la restauration de l'Ordre le détour par l'Écosse et par les croisades et on a souvent prétendu y découvrir le travail théorique préparatoire à l'établissement de l'écossisme et des hauts grades. La chronologie ne permet pas de faire un sort à cette interprétation puisque le rite écossais et les grades chevaleresques apparaîtront après 1738 et, de surcroît, aucun texte ne prouve la filiation entre la création de ceux-ci et l'inspiration de Ramsay. Mais il nous semble que les mots qu'il utilise méritent plus d'égards. Pour justifier son discours sur les origines de la franc-maçonnerie, il va convoquer successivement la catégorie floue des Princes religieux et guerriers *pour les distinguer des* simples Ouvriers en pierre, *puis plusieurs* Princes Seigneurs et Citoyens *qui, au temps des croisades, se groupèrent pour reconstruire les temples des chrétiens, enfin les* Rois, les Princes et les Seigneurs *qui fondèrent des loges au retour de la Palestine, conservant ainsi vivant le souvenir des ancêtres des francs-maçons, les croisés.*

La tactique de Ramsay est claire : en 1736, il avait cédé une seule fois à la tentation d'énoncer une hiérarchie profane; un an après, il y cède par trois fois toujours dans un ordre convenable, et sans doute pour être plus convaincant, il rappelle pour mémoire la noblesse de l'origine de l'Ordre. Dès lors, il peut affirmer, sans grand risque, que la franc-maçonnerie est un Ordre fondé de toute antiquité, comme l'est la noblesse, *selon Montes-*

74

quieu. *Comment d'ailleurs ne se ressembleraient-elles pas puisqu'elles ont enduré les mêmes épreuves, et qu'elles ont bénéficié du même commandement? L'histoire fabriquée par Ramsay prétend donc anoblir, à peu de frais, les origines de la maçonnerie française en la parant des vertus et du passé de la vieille aristocratie militaire. Certains frères osèrent interpréter ce clin d'œil à la noblesse comme le signe de la mise en place d'un dispositif de dissuasion à l'égard des profanes peu titrés ou peu talentueux, comme un coup d'arrêt au libéralisme qui présidait au recrutement des loges parisiennes. Ils ne se trompaient pas : Ramsay n'avait pas voulu écrire autre chose qu'un projet aristocratique pour l'Ordre, récupérant la nouveauté et rassurant pour le gouvernement et les vrais gentilshommes. Pour conclure, il ne pouvait qu'emboucher les trompettes de la renommée.*

Vive le Roi!
Vive Fleury!
Vive la France!

Cet ouvrage [*ramener la franc-maçonnerie à ses origines*] ne peut guère être difficile dans un État, où la Religion et le Gouvernement ne sauraient qu'être favorables à nos Lois.

Des Isles Britanniques l'Art Royal commence à repasser dans la France sous le règne du plus aimable des Rois, dont l'humanité anime toutes les vertus et sous le Ministère d'un Mentor, qui a réalisé tout ce qu'on avait imaginé de fabuleux. Dans ce temps heureux où l'amour de la paix est devenu la vertu des Héros, la Nation, une des plus spirituelles de l'Europe, deviendra le centre de l'Ordre. Elle répandra sur nos Ouvrages, nos Statuts et nos mœurs, les grâces, la délicatesse et le bon goût, qualités essentielles dans un Ordre dont la base est la Sagesse, la Force et la beauté du Génie. C'est dans nos Loges, à l'avenir, comme dans les Écoles publiques, que les Français verront sans voyager les caractères de toutes les Nations et que les Étrangers apprendront par expérience, que la France est la patrie de tous les Peuples, *Patria gentis humanae* [8].

Cet appel passionné en faveur de la fondation en France d'écoles pilotes où travaillent des frères enseignants respectueux de Dieu et de l'Etat, vertueux à l'excès et soigneusement sélectionnés — noblesse oblige —, met un terme, nous l'avons dit, à l'écriture des textes de fondation de l'Ordre. L'interruption est d'autant plus curieuse qu'en 1737, Ramsay présente les bases d'un compromis socio-culturel où la religion et la monarchie semblent trouver largement leur compte; sans doute sollicite-t-on d'elles la reconnaissance d'une forme de groupement dont la diffusion a échappé à leur contrôle mais l'histoire leur en restitue la paternité et, partant, l'autorité. Ce sont pourtant ces pouvoirs, placés par Ramsay en position avantageuse par rapport à la franc-maçonnerie, qui vont simultanément, sinon conjointement, intervenir contre elle, ouvrant ainsi la voie à la production d'un second genre de textes fondamentaux.

II

Les textes
de répression

Je suis bien fâché, mon cher frère, que la première marque de mon attention se réduise à vous envoyer une sentence qui ordonne la *dissolution,* la *discontinuité* et enfin la *séparation* de tous les membres d'un corps aussi distingué par son union que par la pureté de ses mœurs... Nous voilà pour jamais désunis, à moins que nous ne voulions directement déplaire au Gouvernement, ce qu'aucune personne sensée ne doit faire [11].

Ainsi parvient à Bertin du Rocheret, président de l'Election d'Epernay, reçu le 9 septembre 1737 à la loge du duc d'Aumont, la nouvelle de l'interdiction royale appliquée... le lendemain de son initiation.

Sentence de police

Qui deffend toutes sortes d'Associations, & notamment celle des Freys-Maçons, & à tous Traiteurs, Cabaretiers & autres de les recevoir. Et qui condamne le nommé Chapelot en mille livres d'amende, & à avoir son Cabaret muré pendant six mois, pour y avoir contrevenu.

Extrait des Registres du Greffe de l'Audience de la Chambre de Police du Chastelet de Paris.

Du samedy quatorze septembre mil sept cens trente-sept.

Sur le rapport à Nous fait à l'Audience de la Police par Maistre Jean Delespinay, conseiller du Roy, commissaire en ceste Cour; Qu'ayant esté informé qu'au préjudice & contre les dispositions précises des Ordonnances du Royaume, & des Arrests du Parlement, qui deffendent les Assemblées et toutes sortes d'Associations non autorisées, il se devoit tenir une Assemblée très nombreuse chez le nommé Chapelot, Marchand de Vin à la Rapée, à l'Enseigne de Saint Bonet, sous la dénomination de Société de Freys-Maçons, luy Commissaire se seroit transporté le dixième du présent mois sur les neuf heures et demie du soir avec le sieur Vieret, Exempt de Robe-courte, audit lieu de la Rapée chez ledit Chapelot; où, estant arrivé vis-à-vis la Porte de sa Maison, il auroit vû un très-grand nombre de personnes, la pluspart desquelles avoient tous des Tabliers de peau blanche devant eux, & un cordon de soye bleuë qui passoit dans le col, au bout duquel il y avoit attaché aux uns une Équerre, aux autres une Truelle, à d'autres un Compas & autres Outils servant à la Maçonnerie, une Table dressée dans un grans Salon, où il a remarqué de loin qu'il y avoit une très-grande quantité de Couverts, très grand nombre de Laquais et de Carosses, tant Bourgeois, de Remise, que de Place. Que s'estant adressé en premier lieu à quelques-unes desdites personnes ayant lesdits Tabliers, & luy Commissaire leur ayant fait entendre le sujet de son transport, & représenté que ces sortes d'Assemblées n'étoient pas permises, une d'elles à luy inconnuë lui auroit répondu que lui & ceux qui composoient laditte assemblée ne croyoient pas faire mal. Ayant ensuite fait avertir ledit Chapelot qui étoit dans sa cuisine de venir lui parler, & y étant venu, il lui auroit demandé le sujet pour lequel il recevoit chez lui une pareille Assemblée contre les loix du Royaume, les intentions de Sa Majesté & les Arrests du Parlement, & l'auroit interpellé de lui déclarer les noms & qualitez de ceux qui étoient de laditte Assemblée : à quoi il auroit répondu qu'un Particulier à lui inconnu étoit venu commander ledit Souper sans lui dire pour qui, qu'il y avoit dans son Sallon de dressé pour eux une table de cinquante couverts, qu'il ne sçavoit les noms, ni les qualitez des personnes qui étoient chez lui, qui composoient laditte Assemblée, & qu'elles fussent deffenduës : que si cela avoit été à sa connoissance, il se seroit bien donné de garde de les recevoir.

Le 14 septembre, Chapelot, cité à comparaître, ne s'est pas présenté, encouragé sans doute par les frères qui lui promettent le remboursement de son amende et le dédommagement de l'interruption de son commerce. Hérault, le lieutenant de police, n'en a cure et prononce sa sentence :

[Nous] disons que les Arrests du Parlement, Sentences & Reglemens de Police seront exécutez selon leur forme & teneur : & en conséquence faisons deffenses à toutes personnes de tel estat, qualité & condition qu'elles soient, de s'assembler, ni de former aucune Association, sous quelque prétexte et sous quelque dénomination que ce soit, & notamment sous celle de Freys-Maçons, & ce sous les peines portées par lesdits Arrests & Règlements. Faisons pareillement très-expresses inhibitions & deffenses à tous Traiteurs, Cabaretiers, Aubergistes & autres de recevoir lesdites Assemblées de Frey-Maçons, à peine de mille livres d'amende & de fermeture de leur boutique pour la première contravention, & d'être poursuivis extraordinairement en cas de Récidive. Et pour ledit Chapelot avoir reçù dans sa Maison une Compagnie de Freys-Maçons, le condamnons en mille livres d'amende envers le Roy; disons que son Cabaret sera fermé & muré pendant six mois, ce qui sera exécuté à la requeste du Procureur du Roy, poursuite & diligence du Receveur des amendes, dont exécutoire lui sera délivré [12].

La sentence de Hérault n'a pas la prétention théorique du discours de Ramsay mais elle a le mérite de rendre compte de la forme prise par le premier acte officiel de répression exercée par le pouvoir politique. Louis XV n'a fait arrêter personne, pas même Chapelot; il a sanctionné ce dernier comme propriétaire d'un lieu où s'est tenue, de façon illicite, une assemblée de francs-maçons. On pouvait s'attendre à plus de rigueur de la part d'un gouvernement qui ne badinait pas avec la raison d'État.

**Les dessous d'une
opération de police**

Nous ferons un bout de chemin aux côtés de D. Ligou qui a enquêté sur cette affaire [13]; selon lui, le fil à suivre est celui de la politique extérieure du cardinal Fleury. Entre 1715 et 1740, la France renonce à soutenir les prétentions des Stuarts au trône d'Angleterre; plus encore, elle s'accorde avec l'Angleterre des Hanovre et de Walpole pour maintenir la paix en Europe continentale envers et contre tous, singulièrement contre une Espagne qui refuse l'amoindrissement de son rôle imposé par l'entente cordiale franco-anglaise, et, à l'intérieur, contre les défenseurs acharnés de la cause espagnole parmi lesquels se distingue Chauvelin, secrétaire d'État aux Affaires étrangères. Pour parvenir à ses fins, ce dernier est prêt à hâter la rupture avec l'Angleterre, ce pays qui a exporté la mode de l'association maçonnique en France. Nous sommes maintenant au bout du fil et nous retrouvons la franc-maçonnerie parisienne avec ses partisans stuartistes... et les autres.

Les activités des loges de la capitale ont-elles pu

amener Fleury à soupçonner que l'Ordre fonctionnait dangereusement comme une cabale anti-hanovrienne, hostile à l'Entente cordiale, comme une faction pro-espagnole à la recherche de la déstabilisation en Europe? Il est vrai, du moins d'Argenson le prétend-il dans ses Mémoires, que le vieux ministre était enclin à repérer, dans toute critique de sa politique, une manœuvre janséniste, chauveliniste ou franc-maçonne. Si l'on s'en tient aux faits, la crainte des complots paraît avoir entraîné de la part du cardinal une riposte graduée: Chauvelin est exilé au début de l'année 1737 et, peu après, un commissaire suivi par un exempt de robe courte exécute une perquisition chez un traiteur où des francs-maçons se sont réunis. Coïncidence troublante ou, tout simplement, deux poids, deux mesures. En décembre 1736, Derwentwater, un fervent jacobite, avait été élu grand maître de l'Ordre; les vers que lui dédia un frère — vers sans doute connus de Fleury — permettent d'apprécier la force acquise dans les loges par le projet de conspiration stuartiste et par la stratégie de Chauvelin:

Placet à millord Dam Watter,
pour estre receu dans l'Ordre

Francs massons beuvés la santé
De l'illustre et digne grand maîstre
Qui sous ses loyx va faire naistre
Les vertus et la vollupté.
En France comme en Engletterre
Son nom doit estre respecté;
Il donne un exemple à la terre
D'un héros de la véritté.
Si pour estre vostre confrère
Je pouvois obtenir des vois,
Milord, je jure de me taire
Quand mesme une jeune bergère
Viendroit me presser quelque fois
De lui découvrir ce mistère.
Ah, si le sort moins inhumain
Renversoit le trone incertain

Qui sur l'usurpation se fonde,
Cher Milord, soyés en certain,
L'espée et le vère à la main
Je vous suivrois au bout du monde[14]

Le placet laisse rêveur sur la combativité des francs-maçons. Fleury n'a pas pu croire aux probables forfaits d'une internationale maçonnique au service de la guerre contre l'Angleterre des Hanovre; en outre, il était suffisamment informé des choses de l'Ordre pour savoir que la clientèle de Chauvelin n'avait pas pris le contrôle des loges parisiennes. S'il avait eu vent, un seul instant, du moindre péril, un grand nombre de frères auraient pu former rapidement une loge à la Bastille. Ses préoccupations de politique extérieure ne suffisent donc pas pour résoudre l'énigme de l'opération de police et il nous faut reprendre des pistes moins prestigieuses, celles qui conduisent à l'intérieur du royaume de France.

A travers les Devoirs de 1735 — version française des Constitutions d'Anderson de 1723 — et les Discours de Ramsay de 1736 et 1737, court la même interrogation à propos de la religion chrétienne : ses fondements ne sont pas mis en cause, ni les institutions, ni les textes sacrés; bien au contraire, il s'agit de les renforcer en mettant à leur service de nombreux militants à la fois intransigeants sur la tradition et attentifs à la mode. La réussite de l'entreprise exige une transformation de l'appareil de sociabilité de la France d'Ancien Régime et, au sein de ces nouvelles assemblées, l'autorisation d'un nouveau style de relations entre les hommes, le style égalitaire, qui peut parfaitement coexister avec l'inégalité dominante.

Le mal français : les « assemblées étendues »

Fleury doit affronter, au cours des années 1730, deux fièvres associatives qui semblent atteindre en même temps la population de Paris : partie du cimetière de Saint-Médard, la première fièvre s'est emparée des jansénistes *de la capitale — bourgeois, nobles et robins —, et évolue dangereusement vers les convulsions de groupes où l'autorité revient à l'ensemble des fidèles, selon la tradition richériste. La seconde fièvre est venue des loges maçonniques; importée d'Angleterre, elle a gagné rapidement, à Paris, les différentes catégories sociales en provoquant un goût immodéré pour la fraternisation et pour le fonctionnement démocratique des réunions. Pour le cardinal, sous la forme janséniste ou sous la forme maçonnique, le richérisme ne pouvait pas passer.*

... Ce nouvel Ordre semblait se consolider par son si haut crédit. Malheureusement pour lui, notre Cour est fort prompte, et avant qu'il soit arrivé à sa perfection, on a pensé à le détruire. En effet on a aussitôt exposé dans le Conseil du Roi : comme les assemblées étendues n'ont jamais été compatibles avec un État, mais au contraire préjudiciables, si innocentes qu'elles puissent être, par suite des conséquences qui en résultent[15]...

Ce correspondant français d'une gazette allemande traduit, dès 1736, l'inquiétude du gouvernement français, même si la source de son information est peu sûre. Le caractère interclassiste d'un nombre grandissant d'assemblées parisiennes — la petite bourgeoisie parisienne aux côtés de la magistrature et de la noblesse — voilà le symptôme de l'extension du mal richériste; la préoccupation religieuse explicitement ou implicitement affirmée dans les conventicules jansénistes ou dans les ateliers maçonniques, voilà qui justifie, comme pour les conspirations de l'extérieur, une répression à deux degrés : les prisons pour les propagandistes des miracles de Saint-Médard et les perquisitions pour les zélateurs de l'initiation maçonnique. Mais pour les deux mouvements... et les autres, Fleury et son lieutenant de police sont avant tout amenés à redire, par voie d'affiche, l'un des principes fondamentaux de la monarchie : l'interdiction de la liberté de s'assembler, en dehors des règles admises ou fixées par l'État. Le fait même de s'assembler sans

préséance et dans des lieux imprévus reste considéré
comme subversif par le pouvoir politique parce qu'il
constitue une infraction grave au code général de l'espace
social et de l'espace associatif à la campagne et surtout à
la ville. Les frères de la loge parisienne présidée par le duc
de Villeroy ne s'y sont pas trompés :

Ce jourd'huy 24 mars 1737 il a été tenue Loge régulière
convoquée extraordinairement pour la réception des frères
cy dessous
le frère Jeliote
le frère Feuillas ont été admis et recus avec les
obligations et cérémonies nécessaires notre vénérable
maître gousteau [Coustos] a reçu une lettre du très s g m
milord [Derwentwater] par laquelle il propose de remettre
l'assemblée de la grande loge vu certaines conjonctures qui
ne seront pas deduittes — il suffit de dire que les maçons
libres sont menacés de n'avoir plus la liberté de s'assembler [16].

L'excommunication
de 1738

La bulle de Clément XII prononçant l'excommunica-
tion des francs-maçons ne fut pas proposée à l'enregis-
trement du Parlement de Paris : elle a donc eu, en France
gallicane, l'effet d'une circulaire inapplicable auprès des
clercs et de tous les Français. Le pape, qui n'ignorait rien
de l'accueil de sa sentence, a néanmoins persisté, pour le
salut de l'Église. On a tenté d'expliquer sa décision par le
noyautage des loges romaines et florentines par des
francs-maçons fidèles à la dynastie des Hanovre et
hostiles au catholicisme... Mais Clément XII prohibait
d'un coup toutes les associations maçonniques, jacobites
et anglaises. En fait, ce qu'il ne pouvait tolérer dans la
franc-maçonnerie, c'était autant le mélange des religions
chrétiennes et le secret des loges que l'affirmation de jour
en jour, des centres, réunions, groupements, agrégations ou
conventicules. Un pontife, aussi éclairé qu'il fût, ne

pouvait que stigmatiser l'indiscipline associative dans la mesure où, comme les États, il avait hérité du contrôle d'un système de sociabilité apparemment à toute épreuve pour la diffusion des normes sociales, politiques et religieuses.

Condamnation de la Société ou des Conventicules vulgairement nommés *Liberi Muratori* ou *Francs Massons* — sous peine d'excommunication de plein droit dont l'absolution, sauf à l'article de la mort, est réservée aux souverains pontifes...

Nous avons appris, et la rumeur publique ne nous a pas permis d'en douter que s'étaient formés et qu'ils s'affirmaient de jour en jour, des centres, réunions, groupements, agrégations ou conventicules sous le nom de *Liberi Muratori* ou *Francs Massons* ou sous une appellation équivalente, suivant la diversité des langues, dans lesquels sont admises indifféremment des personnes de toute religion et de toute secte qui, sous les dehors affectés d'une probité naturelle qu'on y exige et dont on se contente, se sont établis certaines lois, certains statuts qui les lient les uns aux autres et qui, en particulier, les obligent, sous les plus graves peines, en vertu d'un serment prêté sur les Saintes Écritures, de garder un secret inviolable sur tout ce qui se passe dans leurs assemblées...

Comme ils se cachent, ils font le mal et nombre de princes ont déjà proscrit ces sociétés comme dangereuses pour la sûreté publique dans leurs États.

Ayant donc mûrement réfléchi sur les grands maux qui naissent pour l'ordinaire de ces associations, toujours nuisibles à la tranquillité de l'État et au salut des âmes et qui, à ce titre ne peuvent s'accorder avec les lois civiles et canoniques, instruit d'ailleurs par la parole de Dieu même qu'en qualité de serviteur prudent et fidèle, choisi pour gouverner le troupeau du Seigneur, nous devons être continuellement en garde contre les gens de ce caractère, de peur qu'à l'exemple des voleurs, ils ne percent la maison et à celui des renards, ils ne se jettent dans la vigne, et ne portent partout la désolation, c'est-à-dire de peur qu'ils ne séduisent les simples et ne blessent en secret de leurs flèches les cœurs des simples et des innocents.

Enfin voulant arrêter le cours de cette perversion et interdire une voie qui donnerait lieu de se laisser aller impunément à bien des iniquités, et pour plusieurs autres raisons à nous connues et qui sont également justes et raisonnables, après en avoir délibéré avec nos Vénérables Frères les cardinaux de la Sainte Église romaine et de leur avis, et même aussi de notre propre mouvement et connaissance certaine et de toute la plénitude de notre puissance apostolique, nous avons résolu de condamner et de défendre, comme de fait, nous condamnons et défendons, les susdits centres, réunions, groupements, agrégations ou conventicules de *Liberi Muratori* ou *Francs Massons* ou quel que soit leur autre nom, par la présente constitution, valable à perpétuité.

Défense, donc, aux fidèles et aux clercs de favoriser l'épidémie associative en assistant aux réunions, en y exhortant autrui, en les facilitant, sous peine d'excommunication dont ils ne pourront être absous qu'à l'article de la mort.

Voulons de plus et ordonnons que les évêques, prélats supérieurs et autres ordinaires des lieux, de même que les inquisiteurs procèdent contre les contrevenants, de quelque grade, condition, ordre, dignité et prééminence qu'ils soient, qu'ils travaillent à les réprimer et qu'ils les punissent des peines qu'ils méritent à titre de gens véhémentement suspects d'hérésie.

A cet effet, nous donnons à tous, et à chacun d'eux le pouvoir de les poursuivre et de les punir selon les voies de droit et d'avoir recours, s'il en est besoin, au Bras Séculier [17].

Benoît XIV, treize ans plus tard, précisa le danger que représentait, pour l'Église, l'Ordre maçonnique : Il se réunit des hommes de toute religion et de toute secte, d'où il est évident quel mal peut en résulter pour la pureté de la Religion catholique[18]. *Le mal dénoncé par le pape et par ses successeurs est bien la tenue anarchique d'assemblées, ce mal premier d'où viennent inévitablement les autres maux; le désordre de la vie associative, voilà l'impureté à rejeter du corps social!*

En 1738, tout était dit pour l'Ordre et contre l'Ordre; les bienfaits possibles et les crimes probables des francs-maçons étaient proclamés par les frères, par l'Église et par l'État. Il restait aux francs-maçons français à écrire pour établir leur renommée.

III

Les textes de réputation

Les frères de moins en moins inquiétés par le pouvoir et confiants dans leur salut, préservés qu'ils étaient des foudres pontificales, vont désormais s'employer à faire connaître les mérites de l'initiation maçonnique, en province et à Paris; plus précisément, les textes auxquels iront leur préférence traitent moins du savoir maçonnique que des conditions de transmission de ce savoir. Ils traduisent, chacun à leur façon, des préoccupations d'ordre institutionnel, comme si, après la percée réalisée anarchiquement par l'Art Royal dans les années 1720-1730, il s'était agi de faire sérieux auprès des futurs adhérents. Or faire sérieux dans la sociabilité d'Ancien Régime c'est d'abord publier des statuts qui définissent la répartition et l'exercice du pouvoir dans l'association. Pour la franc-maçonnerie française s'ouvre donc l'ère des règlements et des obédiences, ou, ce qui est la même chose, l'ère des disputes entre frères pour le partage de la réputation de l'Ordre.

*On ne sait d'où ils sont venus mais on sait qu'ils ne sont
pas venus d'Écosse. Au début des années 1740, les frères
travaillaient selon les trois grades symboliques —
apprenti, compagnon et maître — sans la moindre
tentation d'ajouter un autre grade à la hiérarchie traditionnelle; il est probable que le discours de Ramsay,
notamment dans sa partie historique où est évoquée la
conservation en Ecosse des mystères maçonniques prati-
qués par les chevaliers revenus de la croisade, a excité
suffisamment d'imaginations nobles et bourgeoises dans
un domaine où tout était à inventer. Le sanctuaire écossais
permettait aux frères épris de promotion, à défaut de
connaissance initiatique, de faire valoir leur droit au
contrôle des francs-maçons.*

Comme il appert que certains frères se sont annoncés
récemment comme Maître Écossais, réclamant des prérogatives particulières dans les Loges, et s'attribuant des
privilèges dont il n'a pu être trouvé trace dans les archives
et les usages des Loges répandues sur le globe entier, la
Grande Loge, pour cimenter l'union et l'harmonie qui
doivent régner dans la Franc-Maçonnerie, a décidé que ces
Maîtres Écossais, à moins qu'ils ne soient Officiers de la
Grande Loge ou d'une Loge particulière, ne seront pas plus
considérés par les Frères que les autres Apprentis ou
Compagnons et qu'ils ne doivent porter quelque signe
distinctif que ce soit [19].

Cet article 20 des Règlements *de 1743 marque le début
de la bataille des hauts grades. Admis, voire recherchés
par certains au nom du perfectionnement nécessaire de
l'Art Royal ou en raison d'une passion inavouable pour
les privilèges, inadmissibles pour d'autres frères qui
jugeaient suspecte et peu fraternelle cette volonté de se
distinguer de la plèbe maçonnique, les hauts grades vont,*

malgré ces résistances, gagner rapidement la partie. L'acquisition d'un grade supérieur à celui de maître conférait au récipiendaire plus de prestige en loge et plus d'autorité sur les francs-maçons de base; l'écossisme, à l'origine, a peut-être été la revanche silencieuse des frustrés.

Les maîtres écossais seront les surintendants des travaux, seuls en pourront corriger les défauts. Ils auront la liberté de parole, celle d'être toujours armés et couverts et ne pourront être redressés s'ils tombent en faute, que par des Écossais [20].

Ainsi, l'article 42 des Statuts de 1755 *annule le texte précédent, et instaure la puissance des détenteurs de grades écossais. Avant que l'occasion nous soit offerte de revenir sur les prétentions et sur le savoir initiatique des hauts grades, il convient de réexaminer les causes de leur création et de leur croissance : la recherche de la promotion individuelle, interdite ou périlleuse dans le monde profane du XVIII siècle, ne peut suffire à expliquer le succès durable de l'écossisme; si l'ascension des frères écossais était toujours irrésistible, elle restait néanmoins toute symbolique et, tôt ou tard, cela a dû se savoir. Pourquoi alors conserver l'appartenance maçonnique et, plus encore, continuer à être le prosélyte d'une quête apparemment sans réussite? Nul doute que l'intérêt grandissant pour les doctrines mystiques et occultistes, véhiculées par l'enseignement écossais, a conduit vers la franc-maçonnerie certains de ces croyants et de ces illuminés qui* vivaient et survivaient, au moins depuis la condamnation de Fénelon, dans une France qui n'était plus celle de leur rêve et où leur génie n'avait plus ou n'avait pas encore d'emploi. *Les hauts grades leur ont permis de s'embaucher massivement au service des « contre-Lumières », cette puissante entreprise qui a réuni au XVIII siècle les théosophes, les* mainteneurs de la pensée théocratique *et les partisans des pratiques théurgiques* [21].

Au service des « contre-Lumières » ! L'expression peut étonner ceux qui ont appris, par les travaux anciens et nouveaux, que les ateliers maçonniques auraient été, au cours du XVIIIᵉ siècle, l'un des instruments de la diffusion de la philosophie des Lumières et l'un des lieux de la sociabilité politique où se serait élaborée l'idée de l'appropriation de la volonté populaire²². Nous avons eu beau lire et relire les textes écossais, nous n'y avons pas trouvé les traces d'un discours qui s'habille de la volonté du peuple, à la mode future des jacobins. Les frères les plus titrés ne parlent pas au nom de tous, ni même au nom de tout le peuple maçonnique ; ils prennent la parole pour proclamer sans détour les mérites de la hiérarchie des grades, pour rappeler l'impossibilité de vivre dans les loges à égalité de condition maçonnique. La nécessité absolue d'une organisation en strates où les uns commandent et les autres obéissent est affirmée avec son échelle de signes de prestige et de préséances, avec sa cascade de mépris, en toute fraternité. Les règlements généraux des chapitres écossais adoptés par la loge parisienne du Contrat social, en 1777, témoignent de cet effort des francs-maçons pour accommoder au goût du jour les vieux adages de la société d'ordres.

« De l'ordre en toutes choses »

Cette formule de Loyseau²³ pourrait illustrer l'organisation des chapitres * écossais — État, provinces, orients — et le bon sens de leurs relations — selon la voie hiérarchique. Les frères dévoilent sans pudeur leurs intentions :

De l'observation rigoureuse de cette hiérarchie dépendent l'union et l'intelligence qui doivent régner entre tous les maçons de rite écossais...
Titre 7. Article 3. Chaque chapitre sera chargé de la discipline maçonnique des loges [qui lui] seront rattachées.

89   Les textes fondamentaux

Article 4. Les chapitres prépareront et détermineront dans leur intérieur les élections des officiers des loges générales; ils feront toujours occuper les premières places par des écossais; ils ne perdront jamais de vue que leur choix doit se faire sans cabale et sans égard au rang ni à la fortune et qu'il ne doit tomber sur les sujets les plus dignes et les plus en état de procurer la gloire et l'avantage de l'ordre.

Article 5. Les chapitres prépareront les délibérations importantes et qui seraient de nature à faire naître des difficultés et des contestations dans les loges générales.

Article 6. Tout chapitre écossais prononcera sur l'admission des maçons écossais proposés au-dessus de la maîtrise. (Ils ne pourront être reçus) que lorsqu'ils auront été admis par le Chapitre qui les passera particulièrement au scrutin...

Article 8. Le Chapitre gardera le secret le plus inviolable sur toutes les opérations en ce qui concernera l'administration des loges générales; il doit les gouverner avec tant de prudence, de modération et de sagesse, qu'elles ne puissent s'apercevoir qu'une main supérieure et éclairée les dirige; il doit éviter tout ce qui pourrait la faire soupçonner de domination et de despotisme [24].

La réhabilitation, dans un langage neuf et au sein d'une forme moderne de groupement, des thèses traditionnelles sur les hiérarchies nécessaires entre les hommes peut expliquer l'engouement des profanes pour la franc-maçonnerie; au moment où le corps social est secoué par les réformes politiques et la croissance économique, il devait être rassurant pour certains de tenir des assemblées soumises à des normes éprouvées au long des siècles. Les désirs d'ordre et de régénération de l'Ordre maçonnique, c'est-à-dire d'un retour aux sources — le discours de Ramsay y invite — étaient d'ailleurs partagés par la bourgeoisie parisienne qui adopte les Statuts de 1755 *sous l'autorité du comte de Clermont.*

1... Dieu étant notre chef, nous l'invoquerons sans cesse pour demander son assistance et nous ne profanerons jamais son Saint Nom...

6... Le Maçon... souffrira patiemment les adversités de ce monde afin d'être dédommagé dans l'autre.

11... Vous n'admettrez que des gens d'une naissance honnête, de bonne vie et mœurs, craignant Dieu et ayant le Baptême...

15... Vous vous assemblerez régulièrement tous les mois, jours de fête ou de dimanche, les offices divins étant finis, et cela, parce que les jours ouvrables, vous devez vous attacher aux devoirs de votre état.

29... Le jour de Saint-Jean tous les Maçons iront à la messe en habits décens, gants et bouquets blancs...

30... Le lendemain de la Fête Saint-Jean, le nouveau Maître fera célébrer un service des morts pour le repos des âmes des Maçons décédés, auquel tous les frères assisteront en habit noir...

37... Un frère atteint et convaincu malheureusement de quelque crime contre la religion et la loy de la nature... sera exclu à perpétuité, son nom biffé de tous les registres et brûlé de la manière accoutumée...

40... On ne délivrera des certificats qu'aux frères qui se seront bien comportés et tout visiteur qui n'en aura pas sera censé un sujet suspect, car d'être Maçon dans le cœur, comme bien des gens répondent, cela ne suffit pas. Il faut donner des preuves qu'on est enfant d'une lumière légitime [25]...

La franc-maçonnerie française, au milieu du XVIIIe siècle, paraît avoir abandonné ses références à la religion primitive de Noé : en effet, elle ne se contente plus de condamner, selon les Constitutions d'Anderson, *l'athée stupide et le libertin; elle puise les sources de sa réflexion disciplinaire dans la religion du royaume, peut-être même dans la doctrine jansénist?, parentés sur lesquelles nous reviendrons lors de l'étude des pratiques maçonniques. Il est certain que ces textes inspirés partiellement par la constitution sociale et par la religion d'Etat ont assuré quelque réputation à l'Ordre... et quelque sécurité. Les temps devenaient favorables à l'établissement du droit maçonnique.*

*L'affirmation du loyalisme monarchique et religieux
comme loi fondamentale de l'Ordre, conduisait inévitablement les frères à définir les relations de pouvoir au sein
de la franc-maçonnerie en des termes familiers à ceux qui
étaient attachés au statut de l'Etat monarchique; mais ils
pouvaient difficilement éviter le recours aux textes
fondateurs où avaient été fixées, pour l'éternité, les
conditions d'entrée dans ces nouvelles communautés
appelées loges maçonniques. La rédaction de la Constitution de l'Ordre au XVIIIe siècle va s'efforcer de prendre
en charge ces deux systèmes de légitimité, l'ancien fondé
sur la conception traditionnelle du pouvoir souverain et le
nouveau reconnaissant la promotion des mérites et des
talents.*

*Le premier compromis, élaboré en 1763, sous la forme
habituelle de statuts et règlements, fait reculer la
toute-puissance du grand maître au profit de la Grande
Loge composée désormais de tous les maîtres* des loges
de France et non plus des seuls maîtres* des loges de
Paris : les grands officiers seront élus par cette Grande
Loge, échappant ainsi à la nomination autoritaire du
grand maître ou de son substitut. En revanche, l'autorité
des hauts grades est préservée, sans pour autant être
proclamée, par l'article 35 :* La subordination maçonnique
étant de toute obligation, les Apprentis obéiront aux
Compagnons, tous les deux aux Maîtres et ainsi de grade
en grade. Le respect et l'Obéissance envers les supérieurs
tant en Grade qu'en dignités étant la marque distinctive du
bon Maçon [26]. *Plus encore, la Grande Loge, après avoir
tenté, en 1765, une expérience de décentralisation de
Loges Mères en province y renonce l'année suivante :
l'Ordre n'avait pas l'intention de galvauder le pouvoir de
contrôler les communautés maçonniques, à l'image d'un
roi qui conservait jalousement le droit de reconnaître les
nouveaux corps dans la société.*

Après les avatars de la Grande Loge qui conduisent à la

suspension des travaux (cf. chronologie), le pouvoir maçonnique reprend son activité sous la férule du duc de Montmorency-Luxembourg et, de 1771 à 1773, consacre tous ses efforts à la rédaction des Statuts de l'ordre royal de la franc-maçonnerie en France, *véritable acte de naissance du Grand Orient de France.*

Chapitre premier. *Constitution de l'Ordre.*

Section première. *Du Corps Maçonnique de France.*

Article premier. Le Corps de l'Ordre Royal de la franc-maçonnerie, sous le titre distinctif de *Corps maçonnique de France*, sera composé des seuls Maçons Réguliers, reconnus pour tels par le Grand Orient.

Art. II. Le Grand Orient de France ne reconnoîtra désormais, pour *Maçons Réguliers*, que les seuls Membres des Loges Régulières.

Art. III. Le Grand Orient de France ne reconnoîtra désormais pour *Loges Régulières*, que celles qui seront pourvues de Constitutions accordées ou renouvellées par lui; & il aura seul le droit d'en délivrer.

Art. IV. Le Grand Orient de France ne reconnoîtra désormais pour *Vénérable de Loge*, que le Maître élevé à cette dignité par le choix libre des Membres de sa Loge.

Art. V. Le *Corps maçonnique de France* sera représenté au Grand Orient par tous les Vénérables en exercice, ou Députés des Loges.

Section II. *Du Grand Orient de France.*

Article premier. Le Grand Orient sera composé de la Grande Loge, & de tous les Vénérables en exercice, ou Députés des Loges, tant de *Paris,* que des *Provinces,* qui pourraient s'y trouver lors de ses Assemblées.

Art. II. Le *Grand Orient de France* sera toujours invariablement fixé à l'Orient de Paris [27].

Les expressions mises en italique par les rédacteurs du texte soulignent les innovations par rapport à la réforme de 1763 : à l'égalité des droits pour les loges et les frères de Paris et des provinces s'ajoute le principe de l'élection du vénérable par les membres de chaque loge ce qui signifie l'abolition — sans rachat — des privilèges des vénérables parisiens jusque-là inamovibles et assurés du droit de vote et de l'éligibilité dans l'ancien gouvernement maçonnique. Désormais, les vénérables sont représentatifs de leur loge et, ensemble, ils représentent au Grand Orient le Corps maçonnique de France, c'est-à-dire la multitude des micro-compagnies que sont les ateliers du royaume. Curieuse configuration de la société maçonnique où la nouvelle organisation démocratique fondée sur un peuple de frères égaux est définie, autre fonction des italiques, avec les mots qui ont toujours été mis au service de la vieille société d'Ancien Régime constituée en corps. La recherche du compromis entre l'ancien et le nouveau, manifeste jusque dans les caractères d'imprimerie, porte donc sur les mots et, à travers eux, sur les deux appareils de sociabilité politique qu'Augustin Cochin et François Furet ont opportunément restaurés, mais trop facilement opposés dans l'analyse de la crise sociale française de la seconde moitié du XVIIIe siècle.

Deux sociabilités politiques avant 1789 ?

« Une sociabilité politique : j'entends par là un mode organisé de relations entre les citoyens (ou les sujets) et le pouvoir, aussi bien qu'entre les citoyens (ou les sujets) eux-mêmes à propos du pouvoir. La monarchie « absolue » suppose et comporte un type de sociabilité politique, par lequel toute la société est rangée concentriquement et hiérarchiquement autour d'elle, qui est le centre organisateur de la vie sociale. Elle est au sommet d'un ensemble hiérarchique de corps et de communautés dont elle garantit les droits et par l'intermédiaire desquels circule de haut en bas l'autorité et de bas en haut l'obéissance (mâtinée de doléances, de représentations et de négocia-

tions). Or les circuits de cette sociabilité politique sont de plus en plus vidés, au XVIII siècle, de leur signification traditionnelle et de leur contenu symbolique; la monarchie administrative a mis les rangs et les corps à l'encan, en les asservissant au fisc. Elle s'accroche, à la fin de son existence, à une image de la société qu'elle n'a cessé de détruire, et rien de cette société théorique ne lui permet plus de communiquer avec la société réelle : tout, à commencer par la Cour, y est devenu écran.*

Or, la société réelle a reconstruit autrement, ailleurs, en dehors de la monarchie, un monde de la sociabilité politique. Monde nouveau, structuré à partir de l'individu, et non plus sur ses groupes institutionnels, monde fondé sur cette chose confuse qui s'appelle l'opinion et qui se produit dans les cafés, dans les salons, dans les loges et dans les « sociétés ». On peut l'appeler sociabilité démocratique, même s'il n'étend pas son réseau au peuple tout entier, pour exprimer l'idée que les lignes de communication s'en forment « en bas » et horizontalement, au niveau d'une société désagrégée où un homme égale un autre homme, entre les individus de cette société [28]. »

Les deux sociabilités sont présentées comme résolument étrangères l'une à l'autre, comme deux ensembles ne comportant pas la moindre intersection : l'une se vide, l'autre fait le plein; l'une s'appuie sur les groupes hiérarchiques traditionnels d'une société théorique, l'autre sur les individus égaux de la société réelle; l'une reste attachée à la verticalité, l'autre se constitue dans l'horizontalité. Autant d'oppositions qui auraient commencé vers le milieu du siècle et duré jusqu'en 1788, moment où, selon Cochin, s'achèverait la première phase d'incubation des nouvelles valeurs — démocratie, idéal égalitaire — chez les intellectuels, dans les sociétés de pensée et dans les loges maçonniques.

La thèse est belle mais sa force doit être mesurée à la toise des textes et des pratiques maçonniques. Première épreuve, celle du temps : affirmer l'incommunicabilité entre les deux systèmes de relations commandés par les deux sociabilités revient à leur ôter toute possibilité,

pendant plus de quarante ans, d'une guerre de tranchées.
L'image des parallèles qui, comme d'habitude, ne se
rencontrent jamais, permet de mieux figer encore chaque
sociabilité dans sa forme démocratique ou hiérarchique,
nouvelle ou désuète, et ainsi, de leur interdire à court et
moyen terme toute trêve et tout compromis. Cette immo-
bilité du front nous semble avoir un rôle considérable
dans l'argumentation de Cochin : du côté de l'Ancien
Régime, des réserves de sociabilité qui s'épuisent, des
groupements qui perdent leurs troupes; du côté de l'avenir
démocratique, des sociétés qui prospèrent et recrutent, de
l'opinion qui ne cesse de circuler et de s'accumuler avant
de se déverser en torrent en 1789. L'étanchéité entre les
deux systèmes est la condition nécessaire et suffisante
pour pouvoir penser ou imaginer l'écoulement impétueux
de l'idéologie démocratique à l'époque révolutionnaire.

Or, la chronologie du fait maçonnique n'autorise pas à
accorder aussi facilement à la franc-maçonnerie une place
réservée dans l'appareil de la nouvelle sociabilité : la
surveillance puis la bienveillance du pouvoir royal, le
despotisme administratif du G.O.D.F. qui soumet les
loges à l'impôt et à l'autorisation préalable, la terrible
hiérarchie des hauts grades que le Centre commun
parvient à ordonner vers 1786, sont autant d'indices de la
constitution par les frères d'un centre organisateur de la
société maçonnique et de la recherche d'une conformité
avec les normes en vigueur pour les associations. Dans ces
conditions, il ne faut pas s'étonner que les loges emprun-
tent sans vergogne, entre 1725 et 1789, leurs formes
d'organisation à la sociabilité d'Ancien Régime. Celle-ci
traduit donc, malgré sa faiblesse, une aptitude à résister,
à s'adapter, voire à s'infiltrer dans les zones occupées par
la sociabilité démocratique. N'en déplaise à Cochin, la
frontière qu'il a décidé de tracer entre un monde moribond
et un monde jeune résiste mal à l'épreuve du temps
maçonnique : les formes associatives de l'Ordre ne cesse-
ront de s'inspirer de l'ancien et du nouveau monde.
L'interférence est telle que les francs-maçons seront
incapables de reconnaître le terrain révolutionnaire

comme leur pays de cocagne. Habitués de longue date aux sages compromis, ils assisteront, pour la plupart, interdits, sans voix ou hostiles à la formidable invasion de la démocratie en 1789.

Et pourtant le but des sociétés de pensée du type philosophique n'était-il pas d'opiner, de fabriquer du consensus entre les membres, de préparer ainsi l'avènement de la nouvelle religion de la volonté générale? Il est sûr que les francs-maçons ont participé à l'invention d'une nouvelle manière de « causer » au XVIII ⁱ siècle; mais il est impossible d'en rester avec Augustin Cochin à ce « tout petit fait... si banal, si menu : causer » [29]*. Causer de quoi, avec qui et pendant combien de temps? D'où les autres expertises à imposer aux loges maçonniques du siècle des Lumières, celle de l'analyse des discours prononcés dans les ateliers et celle de la composition sociale des assemblées qui les ont écoutés. L'examen est périlleux, sinon pour l'Art Royal, du moins pour ceux qui considéraient celui-ci comme une des machines politiques à produire du consensus : l'étude des pratiques maçonniques révèle une fraternité profondément divisée entre la noblesse et la bourgeoisie sur le recrutement, partagée à propos de la nature divine du Christ et du péché originel, déchirée entre un Grand Orient contrôlé par l'aristocratie et une Grande Loge dominée par les bourgeois de Paris. Autre surprise : la ligne de démarcation ne passe pas là où certains espéraient la rencontrer; les nobles du Grand Orient tentent d'imposer aux frères un nouveau régime démocratique en recourant à des méthodes louis-quatorziennes et les bourgeois de la Grande Loge refusent de renoncer à leurs privilèges... au nom de la Liberté et de la Fraternité. Dans ce combat, dès mars 1773, la nouvelle sociabilité maçonnique du G.O.D.F. perd une fraction de ses troupes bourgeoises qui passe dans le camp de la sociabilité... d'Ancien Régime.*

Halte au consensus!

Nous a dit que les troubles et les changements arrivés depuis 1767 et dans la Grande Loge ont jetté les provinces dans la plus grande incertitude et y ont excité la fermentation la plus dangereuse, que les différentes opérations qui se sont succédé rapidement depuis cette époque présentent des contradictions qui annoncent peu de conformité aux principes; que singulièrement depuis quelques mois il paraist que quelques maîtres ont formé le plan de détruire le régime ancien de la maçonnerie et d'y substituer un arbitraire; que parce qu'on a pu découvrir du nouveau plan qui a déjà été annoncé on voit que son exécution priverait les (Maîtres) * de Loge de leurs droits de concours et les maçons de cette précieuse Liberté, caractère particulier et baze de notre ordre, qu'au gouvernement fraternel fruit du concours de tous les représentants des Loges on veut faire succéder un gouvernement impérieux et d'autant plus à craindre que la puissance en serait concentrée dans un petit nombre de (frères) qui n'auraient que leur volonté pour Règle; que cette entreprise sur la liberté des maçons a été concertée par des (frères) auxquels la Grande Loge avait confié des pouvoirs limités et pour le temps et pour les opérations dont ils n'étaient chargés que de digérer des plans et les présenter en une assemblée générale pour y être soumis à l'examen et y recevoir la sanction légale s'il y avait lieu; que cette entreprise a même été exécutée par quelques-uns de ces commissaires dont l'ambition s'est distribué les offices créés par eux-mêmes pour ce nouveau et dangereux plan d'administration...; que pour éluder les réclamations qu'un système si destructeur ne pouvait manquer d'exciter dans l'assemblée des (Maîtres) de Paris et des députés des Loges de province en laquelle réside de droit la plénitude du pouvoir, ils ont cessé d'assembler (ces derniers) [30]...

La fonction de la sociabilité maçonnique est donc moins simple qu'il n'y paraît, surtout si l'on ne se contente pas d'un rapide survol des textes fondamentaux; elle touche à la fois au profane et au sacré, à l'éthique des Lumières et à la foi chrétienne, à la politique démocratique et à la recherche du plaisir de s'associer entre initiés, autant de pratiques où la tradition fait bon ou mauvais ménage avec

*l'innovation. Or, l'analyse de la franc-maçonnerie, selon
la méthode de Cochin, conduit à ne prêter attention
qu'aux dispositifs politiques de l'Art Royal censés préparer l'arsenal égalitaire du jacobinisme; partant, elle
renonce à prendre sur le fait les loges maçonniques dans
leurs contradictions sociales et idéologiques, et les frères
à la recherche d'un compromis dans la société civile, pour
la plus grande gloire de l'Ordre et de l'ordre établi.
L'examen des activités des frères avant 1789 montre que
les ateliers n'ont guère servi de laboratoires pour l'expérimentation de la démocratie; les francs-maçons feront
beaucoup mieux la prochaine fois, au XIXᵉ siècle... après
que la Révolution aura eu lieu.*

IV

Les textes
de déviation
(Brumaire an VIII
— 1877)

*En 1805, dans une loge de province, un frère rédige le
procès-verbal de l'entrée du buste de Napoléon 1ᵉʳ :*

Il a traversé la voûte d'acier tandis que celle du temple
retentissait des acclamations... sans cesse renaissantes,
témoignages non équivoques de l'attachement et de la
fidélité de tous les frères envers le chef de l'Empire et le
protecteur de l'Ordre royal... Le Maître des cérémonies
s'est exprimé en ces termes :
« Il vient dans votre sein protégeant vos mystères
    Partager vos travaux et rendre heureux ses frères. »

... Le vénérable a répondu :
« Placé par son génie au-dessus des mortels
    Nous devons dans nos cœurs lui dresser des autels. »

99 Les textes fondamentaux

Le vénérable revêtit l'Empereur des attributs maçonniques... et le plaça sur une colonne de marbre d'Italie... aux acclamations de Vivat Napoléon, vivat le libérateur de la France, vivat le protecteur de la maçonnerie [31].

*Jamais un frère n'aurait rimé ainsi dans une loge d'Ancien Régime; jamais Napoléon Bonaparte, depuis le coup d'Etat de l'an VIII, n'a commandé aux francs-maçons un tel panégyrique en sa faveur. Ce sont donc bien les frères ayant adhéré à l'Ordre sous le Consulat et l'Empire qui sont à l'origine de la déviation politique des textes maçonniques par rapport à la tradition. Les raisons qui les ont poussés à se conduire comme des partisans actifs de l'ordre nouveau et non comme des serviteurs dociles sont faciles à comprendre : elles vont de la gratitude pour le Concordat qui sanctionne la coexistence entre les habitudes chrétiennes et les souvenirs des cultes révolutionnaires à la reconnaissance de dette à l'égard du pouvoir — confirmation de l'acquisition des biens nationaux, reprise des affaires, création de postes de fonctionnaires. Pour participer à ce vaste mouvement d'approbation les francs-maçons n'hésitent pas à accueillir dans leurs discours ce mélange d'autorité et de nationalité qui caractérise le bonapartisme [32]; ils collaborent fidèlement, parce qu'ils sont enthousiastes, à la « profanation » de leur langage et de leurs pratiques initiatiques. Au début du XIX*e* siècle, on peut évoquer, sans risque, l'invasion des loges par la politique, une invasion discutée et acceptée démocratiquement.*

*L'événement est considérable pour l'Ordre : d'une part, il n'avait jamais eu lieu auparavant, et surtout, il met fin pour toujours à l'illusion de la clôture du temple. Après 1800, les frères écrivent leurs textes fondamentaux avec des mots et des soucis qui auraient paru bien étranges au XVIII*e* siècle.*

L'État ne va plus cesser de s'intéresser à la franc-maçonnerie comme la franc-maçonnerie ne va plus cesser de s'intéresser à l'État. En 1807, le ministre des cultes Portalis résume les projets de Bonaparte et de Napoléon pour l'Ordre; il définit aussi une politique qui, peu ou prou, sera suivie par les gouvernements qui se succéderont jusqu'à la IIIᵉ République.

... Il serait impossible, en France, de détruire les réunions d'hommes et de femmes connues sous le nom général de Loges maçonniques. En les traitant comme des réunions suspectes, on ne réussirait qu'à les rendre dangereuses. A certaines époques, dans certains pays, elles étaient plutôt formées pour la politique que pour le plaisir. Chez les Français, toujours disposés à faire gaiement les choses sérieuses, et à traiter sérieusement les choses frivoles, l'amour du plaisir a eu plus d'influence que la politique sur les établissements qui peuvent occuper l'oisive opulence et satisfaire les petites ambitions de coterie et de société.

Aussi pendant la Révolution, toutes les Loges de Francs-Maçons avaient disparu, elles avaient été remplacées par les Sociétés populaires. Avec le retour au calme, on a vu renaître ces loges. Il a été infiniment sage de les diriger, puisqu'on ne pouvait pas les proscrire. Le vrai moyen de les empêcher de dégénérer en assemblées illicites et funestes, a été de leur accorder une protection tacite, en les laissant présider par les premiers dignitaires de l'État. Votre Majesté, dont le génie embrasse tout, a donné par là à ces établissements une impulsion invisible, qui était seule capable de prévenir tous les dangers et tous les abus.

Instruit de ce qui se passe dans la capitale, j'ai cru devoir répondre à M. l'Évêque de Liège que les ministres des cultes doivent présumer le bien quand le mal n'est pas prouvé, qu'ils manqueraient à la prudence évangélique s'ils condamnaient ce qu'ils ne connaissent pas, qu'ils s'exposeraient à troubler les consciences et la paix entre les citoyens s'ils déclamaient indiscrètement contre les réunions que la police connaît et qu'elle ne prohibe pas [33].

Les préceptes de Portalis étaient simples : protéger pour contrôler, éventuellement pour diriger, une stratégie qui permet à l'État de disposer, avec les loges, d'autant de relais locaux pour l'exercice de son pouvoir. L'efficacité d'un tel dispositif est garantie si l'on a des hommes à soi dans la place, non pas de ces agents plus ou moins stipendiés mais de ces sujets ou citoyens qui partagent librement l'essentiel des projets de la classe dirigeante et du pouvoir établi. Le maréchal de Beurnonville, faisant fonction, en 1817, de grand maître du G.O.D.F., fut l'un de ceux-ci.

... Je dois être à lui [*au G.O.D.F.*] toutes les fois qu'il s'agira du bien de l'Ordre.

« Le G∴O∴ de France doit toujours, comme le gouvernement français, considérer comme sociétés secrètes, prohibées par les lois du royaume, toutes celles qui ne suivent point nos rits, nos statuts et nos règlements, qui ne sont pas constituées par le G∴O∴ ni réunies à ce centre commun par une députation, affiliation ou correspondance.

Le G∴O∴ ne doit rien négliger pour obtenir par les LL∴ de sa correspondance l'état de ces ateliers irréguliers *, presque toujours dangereux, et qui déshonorent la maçonnerie française par les dupes qu'ils font, par le mauvais exemple qu'ils donnent. Ces ateliers, qui professent des soi-disant rits auxquels ils donnent toujours une origine ancienne et illustre, ne professent réellement que les inventions ridicules de quelques imaginations exaltées qui ne vivent qu'en faisant des victimes.

Le prétendu rit de *Mizraïm* [*cf. chronologie*] doit être rangé dans cette classe; en Angleterre comme en France on ne professe que la franche maçonnerie qui ne s'occupe qu'à présenter des modèles de vertus à l'État, cette maçonnerie aussi ancienne que le monde, et que ces deux gouvernements n'ont pas cessé de protéger.

---

* Je soumettrai au ministère du Roi ces États, et j'appellerai toute son attention sur ces sociétés.

Le G∴O∴ de France connaît ma profession de foi (et mes) observations... sur la nécessité de réviser ses statuts et règlements, pour les mettre en harmonie avec cette ancienne franche Maçonnerie et les épurer de toutes innovations qui ne tendraient qu'à la défigurer, et pour nous faire assimiler à toutes ces sociétés secrètes et ridicules qui n'ont d'autre point d'appui que la cupidité, et que le gouvernement a intérêt de détruire partout où elles se forment [34].

Sans doute ce texte est-il marqué par la Terreur blanche au cours de laquelle il faisait bon d'être prudent pour les partisans de l'Empire qui avaient monopolisé les loges maçonniques depuis près de quinze ans; d'où l'appel à la délation et la prescription d'une politique maçonnique conforme à celle de Louis XVIII. Mais, dans la longue durée, la référence constante des francs-maçons au pouvoir d'Etat — que pense-t-il de nous? — signifie plus que la sagesse acquise dans l'inquiétude ou dans la menace de persécution. Après 1815, des frères, de plus en plus nombreux, se mettent à considérer l'Ordre comme une base d'intervention vers des terrains idéologiques profanes où la bourgeoisie n'a pas encore le pied très sûr, notamment le terrain de l'éducation. En d'autres termes, l'Etat cherche à mettre l'appareil maçonnique à son service et, en retour, les francs-maçons se prennent à rêver souvent d'assurer leur hégémonie sur certains secteurs de l'appareil d'Etat. Le rêve peut devenir réalité à condition, pour la majorité des frères, de renoncer à leur croyance en la coupure radicale entre le monde profane et le monde initiatique. Sans le vouloir, le pouvoir politique va les y aider par son empressement à contrôler tous les domaines de la vie maçonnique, en particulier le domaine de haute sécurité des rites dont les frères pensaient avoir le monopole de la surveillance.

Napoléon Ier avait déjà tenté de trancher la question, à sa manière : comme tout ce qui était national était sien, il avait contraint, en 1804, les obédiences maçonniques de France — G.O.D.F. et R.E.A.A. — à céder à la mode des concordats. La rupture de l'accord dès 1805 ne le gêna pas outre mesure et ni Louis XVIII, ni Charles X, ni Louis-Philippe ne se préoccupèrent de le rétablir. Mais Napoléon III, soucieux de tracer une voie moyenne entre les classes les plus nombreuses et les classes les plus élevées [35] buta à nouveau sur la querelle des rites qui freinait, selon lui, la marche vers la réconciliation des classes sociales. En 1862, pour mettre fin à cette situation, il décida de nommer à la grande maîtrise de l'Ordre maçonnique de France le maréchal Magnan comme grand maître du G.O.D.F. L'empereur avait été trop vite en besogne : si le coup de force était réussi pour le G.O.D.F., il ratait son but de réunification puisque l'Ordre maçonnique de France n'existait pas. Magnan, croyant bien faire, en fit trop et décréta la dissolution du Suprême Conseil du R.E.A.A.

Paris, le 25 mai 1862

Monsieur le Maréchal,

Vous me sommez pour la troisième fois, de reconnaître votre autorité maçonnique et cette dernière sommation est accompagnée d'un décret qui prétend dissoudre le Suprême Conseil du Rite Écos∴ anc∴ et acc∴ (R.E.A.A.). Je vous déclare que je ne me rendrai pas à votre appel et que je regarde votre arrêté comme non avenu.

Le décret impérial qui vous a nommé Grand Maître du Grand Orient de France, c'est-à-dire d'un rite qui existe seulement depuis 1772, ne vous a point soumis l'ancienne Maçonn∴ qui date de 1723. Vous n'êtes pas, en un mot, comme vous le prétendez, le Gr∴ Maître de l'Or∴ maçonnique en France et vous n'avez aucun pouvoir à exercer à l'égard du Sup∴ Cons∴ que j'ai l'honneur de présider ; l'indépendance des L∴ de mon obédience a été ouvertement tolérée même depuis le décret dont vous vous étayez sans en avoir le droit.

L'Empereur seul a le pouvoir de disposer de nous. Si Sa Majesté croit devoir nous dissoudre, je me soumettrai sans protestation ; mais comme aucune loi ne nous oblige d'être Maç∴ malgré nous, je me permettrai de me soustraire, pour mon compte, à votre domination.

Je n'en suis pas moins, de votre dignité, Monsieur le Maréchal, Le très humble et très obéissant serviteur.

Signé : Viennet [36].

La lettre de Viennet peut être lue comme une manifestation de fierté et un épisode supplémentaire de l'histoire d'un antique conflit ; mais Magnan qui pense être investi d'une mission par l'Etat, et Viennet prêt à s'y soumettre, si celle-ci est fondée en droit, se livrent à autre chose qu'à un vieux jeu. Tous deux rédigent l'acte de reconnaissance aux termes duquel le politique peut disposer de l'Ordre, acte libérateur pour la conscience maçonnique malheureuse, écartelée depuis 1815 entre la conservation du sacré et la tentation de l'action profane. Si l'Etat a prise sur l'Ordre, l'Ordre, désormais, peut entrer ouvertement en politique.

La « voie substituée »

En reprenant cette expression [37], nous ne portons aucune condamnation des orientations choisies par les frères ; mais elle nous semble désigner parfaitement, au XIXe siècle, le recul de la fonction initiatique de la franc-maçonnerie au profit de la recherche d'intervention et d'influence dans la société civile et politique. En 1868, Jean Macé définit avec audace la voie substituée :

[La franc-maçonnerie] ne traîne pas le boulet des révélation surnaturelles, et peut évoluer librement hors du cercle des cérémonies, des formules et des symboles que lui a légués le passé. Ce n'est pas là qu'elle est, c'est dans sa doctrine, dans le dévouement fraternel au progrès humain dont elle a fait une loi à ses adeptes. Qu'on appelle cela une religion ou qu'on choisisse un autre mot, si l'on en trouve un qui soit bon, elle restera toujours une croyance avec l'obligation des actes à l'appui, et c'est par là que je la vois appelée à remplir la place que commencent à laisser vide les croyances qui s'en vont [38]...

Le projet politique de Jean Macé ne consiste donc en

rien moins qu'à substituer un système de croyances dominé par l'Ordre à l'ancien système contrôlé par l'Église catholique, avec, à l'appui, l'image conquérante du plein et du vide. Le promoteur de la Ligue de l'Enseignement ne savait peut-être pas qu'il sonnait ainsi le glas de la maçonnerie traditionnelle; il y a plus : en affirmant la puissance du système de croyances, il mettait en cause l'approche purement organisationnelle de la domination idéologique — un appareil contre un autre, une obédience contre une autre. Il s'agissait, en réalité, de transformer chaque frère en agent actif de la diffusion des nouvelles croyances, de faire en sorte que chaque frère se sente détenteur d'un formidable pouvoir, celui de guider, en parole et en acte, le monde profane vers le progrès et la modernité.

Témoigner pour le progrès dans les loges et hors des loges, une tâche écrasante à laquelle certains frères s'étaient pourtant préparés après une longue période d'hésitation ou de sommeil entre 1815 et les années 1840. La mise en forme du programme maçonnique va donc demander autant de temps que celle du programme républicain, avec les mêmes périodes de difficultés pour l'inspiration — fin de la IIe République et Empire autoritaire. Les discours prononcés par quelques francs-maçons de province indiquent le sens de l'évolution souhaitée : le temple, portes ouvertes.

Populariser
l'initiation moderne

De nos jours, les sciences que les initiés possédaient seuls sont enseignées publiquement, et l'accès en est ouvert à tous. Mais ce que l'on n'enseigne pas dans le monde, c'est la science de l'homme, c'est la pratique des vertus sociales, et c'est cette branche si importante de la philosophie que l'initiation moderne doit prendre pour base de son enseignement.

... C'est par la pratique qu'on pourra populariser l'initiation et la rendre accessible aux classes populaires qui ont tant besoin d'instruction. Il est encore un point sur

lequel il faut que les vieilles idées s'effacent. Il ne faut plus
craindre pour la Maçonnerie le contact avec le monde
profane. Le temps n'est plus où les Maçons devaient
ensevelir dans le secret leurs principes d'égalité et de
fraternité ; ces principes doivent être publiés au grand jour,
et la Maçonnerie ne pourrait qu'y gagner. C'est ce qu'on a
compris dans d'autres contrées, en Angleterre, et surtout
aux États-Unis, où les Maçons assistent aux cérémonies
publiques revêtus de leurs insignes [39].

*Cet appel, lancé en 1843 à Rouen par le frère
Desseaux, fut entendu avec plus de ferveur que n'en
souhaitait peut-être l'auteur. En mars 1848, les francs-
maçons parisiens, de plus en plus enclins à se montrer à
visage découvert, sortirent de leurs ateliers, avec rubans et
tabliers, pour apporter leur soutien au gouvernement
provisoire de la IIe République ; en avril 1871, de nom-*

*breux frères, toutes obédiences confondues et toutes
bannières déployées, se rendirent au point de Neuilly pour
exiger le cessez-le-feu des Versaillais mais les cris
favorables à la Commune et à la République qui avaient
retenti parmi les spectateurs au long de leur cortège
suffirent à les discréditer auprès de Monsieur Thiers. Ces
deux événements firent beaucoup pour la réputation de
l'Ordre ; ils provoquèrent aussi, au début des années 1870,
un engagement plus actif des francs-maçons partisans de
la voie substituée.*

« Maçons et citoyens à la fois »

La Maçonnerie doit s'associer à l'émotion profane, et les
problèmes politiques et sociaux qui agitent le monde
profane doivent aussi trouver une place dans nos temples...

Maçons et citoyens à la fois, nous professons les idées du
siècle et nous avons les aspirations de notre temps, je me
trompe, nos idées et nos aspirations sont encore plus
élevées.

... Pour la base de son action, mes FF.˙., la Franc-

Maçonnerie consacre le travail, gage de la production et du bien-être moral et physique... seule base du progrès physique et moral.

Il est impossible que la Franc-Maçonnerie ne s'occupe pas du problème social; car c'est, avec le problème politique, le plus vaste et le plus difficile champ de ses méditations, et son souci le plus grand doit être de rechercher une formule scientifique de l'état politique des nations telle que les hommes puissent enfin trouver le repos, le bonheur et la prospérité.

Comme institution, la Franc-Maçonnerie ne professe aucune religion, laissant à cet égard pleine et entière liberté à tous ses membres; mais, en proclamant le règne incontesté de la Raison et de la Science, elle regarde comme dangereuse et nuisible au progrès de l'humanité toute religion acceptant le surnaturel et le miracle, c'est-à-dire la négation absolue de la Science et de la Raison.

La Franc-Maçonnerie aime la lumière, elle la répand à profusion autour d'elle, elle demande qu'elle soit encore répandue avec la plus grande libéralité; il faut que l'instruction soit mise à la portée de tous; l'enfant lui-même doit être mis dans l'obligation d'aller chercher gratuitement dans les écoles civiles une instruction qui sera, avec la nourriture de son esprit, la sauvegarde la plus certaine de la liberté et de la morale publique; mais cette instruction doit être purement laïque; par ce mot, je ne veux pas, non pas seulement qu'elle soit donnée par des laïques, mais qu'elle soit donnée sans aucune ingérence des idées religieuses. L'éducation religieuse regarde les familles et n'a rien à faire avec l'école proprement dite [40].

Le changement de sens de la discipline maçonnique est indiqué avec précision: selon le serment qu'il prêtait depuis plus d'un siècle, le frère n'était qu'un paisible sujet ou citoyen de son pays. Désormais, la double appartenance frère/citoyen crée l'obligation de professer, voire de devancer les idées du siècle. L'entrée dans le siècle est devenue, en quelques années, la seule voie possible pour

les Francs-Maçons, sous peine de mettre en péril l'avè-
nement de la raison et de la science. Lorsque chacun sera
prêt, l'ordre d'assaut pourra être donné...

La lutte pour l'école

Non, le pouvoir de la phalange noire ne fera pas reculer
la pensée du monde moderne, ne la remettra pas sous le
joug monacal, n'éteindra pas la grande lumière dont nous
portons un des flambeaux. Mais sans les efforts dévoués,
sans l'union dans une résistance vigoureuse des profanes
qui se disent libéraux, il est à craindre que les héritiers de
l'inquisition ne parviennent à ralentir la marche en avant
de l'intelligence humaine. C'est là le danger, il faut sans
perdre de temps, le combattre et le vaincre.

Nos adversaires ont choisi et préparé le terrain de la
lutte, l'enseignement. Certaines circonstances leur ont
permis de s'y fortifier [41].

L'enjeu du combat est considérable : mettre à la place
du système scolaire régi par l'Eglise un autre appareil
dominé par les profanes libéraux et les francs-maçons
progressistes ; plus exactement, changer les dispositifs de
contrôle et d'autorité, changer les places, mais conserver
l'appareil d'instruction publique comme institution d'en-
cadrement des citoyens. L'école est libératrice, c'est bien
connu, mais elle doit être aussi une assurance tout risque
contre l'insécurité sociale.

... Il n'y a de progrès, comme d'égalité réelle que par
l'instruction et l'instruction est la sauvegarde réelle de la
liberté.

Comme l'a dit l'un des nôtres : tout ignorant dans une
société est tour à tour une victime et un danger, suivant les
circonstances. Victime dans les temps de calme, parce que
l'ignorance lui crée sur tous les points une multitude
d'infériorités qui le condamnent à la misère, à la souffrance ; un danger, dans les moments d'effervescence,
parce qu'il ne sait pas choisir entre les idées applicables et

les utopies insensées, parce qu'il est pressé d'échapper à la situation dont il souffre, parce que, enfin, la misère produit trop souvent l'envie et la haine [42].

Dans les limites que les frères assignent à leur engagement, on peut identifier l'un de ces rééquilibrages pacifiques des moyens de direction intellectuelle et morale de la bourgeoisie républicaine sur la société française, rééquilibrage nécessaire à la consolidation d'un pouvoir politique menacé, dans les années 1870, par les zélateurs de l'« ordre moral ». Ceux-ci ont en commun la même image d'une France où l'Église exercerait une magistrature d'influence et où sa préséance serait reconnue ; l'Évangile [y serait] principe directeur des sociétés et Dieu le maître de l'histoire [43]. Pour que les francs-maçons se pensent sinon comme militants du parti de la bourgeoisie républicaine, libérale ou libre penseuse, du moins comme l'avant d'une des forces les plus efficientes de l'État dans la société civile [44], il leur fallait, de toute urgence, régler le compte du Grand Architecte de l'Univers. Les extraits des Constitutions de l'Ordre *publiés dans les calendriers du G.O.D.F. de 1858 et de 1873 permettent de mesurer le chemin parcouru entre l'Empire autoritaire et la démission de Thiers.*

1858 :
la sauvegarde des
anciens principes

L'ordre des Francs-Maçons a pour objet la bienfaisance, l'étude de la morale universelle et la pratique de toutes les vertus.

Il a pour base l'existence de Dieu, l'immortalité de l'âme et l'amour de l'humanité.

Il est composé d'hommes libres qui soumis aux lois se réunissent en Société régie par des Statuts généraux et particuliers (Art. premier).

La Franc-Maçonnerie ne s'occupe ni des diverses religions répandues dans le monde, ni des constitutions des

États. Dans la sphère élevée où elle se place, la Franc-Maçonnerie respecte la foi religieuse et les sympathies politiques de chacun de ses membres. Aussi dans ses réunions toute discussion à ce sujet est formellement interdite (Art. 2).

La Maçonnerie conserve toujours son ancienne devise : « Liberté, Égalité, Fraternité »; mais elle rappelle à ses adeptes que travaillant dans le domaine des idées, un de leurs premiers devoirs comme Maçons et comme citoyens est de respecter et d'observer les lois des pays qu'ils habitent (Art. 3).

La Franc-Maçonnerie considère l'obligation au travail comme une des lois impérieuses de l'humanité; elle impose à chacun suivant ses forces, et proscrit en conséquence l'oisiveté volontaire (Art. 4).

Nul ne peut devenir Maçon et jouir des droits attachés à ce titre :

1° S'il n'est âgé de vingt et un an accomplis.

2° S'il n'est de réputation et de mœurs irréprochables.

3° S'il n'a une profession libre et honorable et s'il ne justifie de moyens suffisants d'existence...

5° S'il ne possède assez d'instruction pour comprendre et apprécier les vérités maçonniques (Art. 9).

Au sein des réunions maçonniques, tous les Maçons sont placés sous le niveau de l'égalité la plus parfaite; il n'existe entre eux d'autres distinctions que celles de la vertu, du savoir et de la hiérarchie des offices (Art. 11) [45].

**1873 :
une « institution
progressive »**

La Franc-Maçonnerie, institution essentiellement philanthropique, philosophique et progressive a pour objet la recherche de la vérité, l'étude de la morale universelle, des sciences et des arts, et l'exercice de la bienfaisance.

Elle a pour principes l'existence de Dieu, l'immortalité de l'âme et la solidarité humaine. Elle regarde la liberté de conscience comme un droit propre à chaque homme et n'exclut personne pour ses croyances. Elle a pour devise « Liberté, Égalité, Fraternité » (Art. premier).

Dans la sphère élevée où elle se place, la Franc-Maçonnerie respecte la voie religieuse et les opinions politiques de chacun de ses membres; mais elle interdit formellement à ses assemblées toute discussion en matière religieuse ou politique qui aurait pour objet soit la controverse sur les différentes religions, soit la critique des actes de l'autorité civile et des diverses formes de gouvernement. Elle rappelle à tous ses adeptes qu'un de leurs premiers devoirs, comme Maçons et comme citoyens, est de respecter les lois des pays qu'ils habitent (Art. 2).

[*L'Art. 3 reproduit fidèlement l'Art. 4 de 1858*]

Nul ne peut devenir Maçon s'il n'est... (*suivent les trois premières conditions déjà exigées en 1858*).

4° S'il ne possède au moins l'instruction primaire, indispensable pour comprendre et apprécier les vérités maçonniques.

5° S'il n'est domicilié ou résidant depuis six mois au moins dans le département où est située la Loge ou dans un rayon de cent kilomètres (Art. 11).

Au sein des réunions maçonniques, tous les Maçons sont placés sous le niveau de l'égalité la plus parfaite; il n'existe entre eux d'autre distinction que celle de la hiérarchie des offices (Art. 12) [46].

Le G.A.D.L.U.* est toujours là, mais le droit à la liberté de conscience, proclamé en 1873, met en péril sa conservation dans les textes maçonniques; de plus, l'exigence d'un niveau d'instruction primaire pour les futurs frères est, pour lui, un mauvais présage dans la mesure où la majorité des frères souhaitent précisément le bannir de l'enseignement. Dès 1875, les francs-maçons du Rite écossais ancien et accepté qui se doutaient du sort réservé au G.A.D.L.U. par leurs frères du G.O.D.F., tentèrent de freiner la force d'attraction de la « voie substituée ». La déclaration de principes adoptée au Convent de Lausanne, tout en acceptant l'ouverture aux préoccupations d'ordre *politique, éducatif et social, rappelait avec la force du désespoir la prééminence du G.A.D.L.U.*

Le G.A.D.L.U.
n'est pas mort

La Franc-Maçonnerie proclame, comme elle a proclamé dès son origine, l'existence d'un principe créateur, sous le nom de Grand Architecte de l'Univers.

Elle n'impose aucune limite à la recherche de la vérité, et c'est pour garantir à tous cette liberté qu'elle exige de tous la tolérance.

La Franc-Maçonnerie est donc ouverte aux hommes de toute nationalité, de toute race, de toute croyance.

Elle interdit dans les ateliers toute discussion politique et religieuse; elle accueille tout profane, quelles que soient ses opinions en politique et en religion, dont elle n'a pas à se préoccuper, pourvu qu'il soit libre et de bonnes mœurs.

... Pour relever l'homme à ses propres yeux, pour le rendre digne de sa mission sur la terre, la Maçonnerie pose comme principe que le Créateur suprême a donné à l'homme, comme bien le plus précieux, la liberté; la liberté, patrimoine de l'humanité tout entière, rayon d'en haut qu'aucun pouvoir n'a le droit d'éteindre ni d'amortir et qui est la source des sentiments d'honneur et de dignité.

... Aux hommes pour qui la religion est la consolation suprême, la Maçonnerie dit : Cultivez votre religion sans obstacle, suivez les inspirations de votre conscience; la Franc-Maçonnerie n'est pas une religion, elle n'a pas un culte; aussi elle veut l'instruction laïque, sa doctrine est tout entière dans cette belle prescription : Aime ton prochain [47].

Ce compromis entre la tradition écrite par Anderson au XVIIIe siècle et l'idéologie scientiste et laïque du XIXe siècle ne pouvait supporter longtemps l'épreuve des tumultes de la IIIe République; quelques années plus tard, le R.E.A.A. allait, lui aussi, devoir compter avec l'« hérésie ». *Quant aux « nouvelles couches » du G.O.D.F., entraînées de longue date, elles étaient prêtes à franchir le pas : aussi, lorsqu'en 1877, il s'est agi de se défendre contre les anciennes classes dirigeantes et contre l'Eglise catholique, leur façon de répondre présent à l'appel de la lutte politique et sociale a été l'abandon de toute référence à cette religion coupable, selon elles, depuis 1789, de faux et d'usage de faux contre le progrès et les Lumières. La nouvelle rédaction de l'article premier de la Constitution du G.O.D.F., adoptée le 13 septembre 1877, est peut-être le premier succès de masse remporté, sur le terrain idéologique et politique, par le parti républicain.*

La Franc-Maçonnerie, Institution essentiellement philanthropique, philosophique et progressive, a pour objet la recherche de la vérité, l'étude de la morale universelle, des sciences et des arts et l'exercice de la bienfaisance.

Elle a pour principe la Liberté absolue de conscience et la solidarité humaine.

Elle n'exclut personne pour ses croyances.

Elle a pour devise : Liberté, Égalité, Fraternité [48].

Rien, dans les textes fondamentaux du XVIIIe siècle, ne laissait présager cette entrée de l'Ordre en politique, puis en République. Joseph de Maistre, qui savait tout sur les francs-maçons, prophétisait pourtant dès 1782 : Tout annonce cependant que la franc-maçonnerie vulgaire est une branche détachée et peut-être corrompue d'une tige ancienne et respectable [49]. *La prophétie qui vise sans doute moins les textes officiels que les pratiques des frères invite à réexaminer les* cachotteries *du siècle des Lumières.*

3

La rage
de s'associer

> Nous sommes organisés pour vivre
> en société comme les perdrix pour
> vivre en compagnie [1].

... Là règnent les doux loisirs, les nobles amusements; là le mérite est aimable et complaisant; là les talents sont civilisés; là règne le goût exquis préférable à la science grossière, l'esprit y jouit des droits de la souveraineté, la politesse en tempère l'empire, mais la sagesse embellie par l'enjouement, ennemie des apparences fastueuses, des airs étudiés; là préside enfin la raison, non ce fantôme qu'on prend si souvent pour elle, mais la *raison humanisée*... La mélancolie m'obsède, le chagrin me dévore : où trouver le secours que je cherche? Sera-ce dans la raison? Hélas! on cesserait de souffrir, si l'on cessait de penser; c'est à vous seules, sociétés charmantes, que je dois m'adresser. A peine la douce consolation chez vous m'a-t-elle fait entendre sa voix, à l'instant même j'oublie mes disgrâces, ma langueur diminue jusque dans le sein de l'adversité, malgré moi-même, mon âme abattue, consternée, ressent les atteintes d'une joie secrète, dont elle s'efforçait en vain d'empêcher les effets [2].

Cet hymne à la sociabilité, entonné par l'abbé Marquet devant l'Académie française en 1735, exprime avec quelque emphase, un mouvement qui, l'étonnement passé, a emporté la noblesse et les gens des villes vers une société mondaine plus chaleureuse qu'au siècle de Louis XIV; comme si la Régence avait eu des effets à retardement sur l'honnête homme de province et de Paris. Non plus cet honnête homme, produit solitaire d'une culture, d'un minutieux apprentissage et d'une élaboration de soi toujours possible dans la retraite, mais celui qui s'efforce de se trouver sur ces carrefours enfiévrés où les êtres se cherchent, se charment, s'entraident les uns les autres, font provision de bonheur. *A l'origine de cette envie de se grouper, l'art de plaire; comme moyen de plaire, la conversation — écouter et parler — qui réalise ce* « prodige (de) faire naturellement de nous ce que les autres exigent que nous soyons, (d)'effacer toute dissonance entre notre âme profonde et notre rôle social[3] ». *Ainsi, après nous avoir fait participer au plaisir du feu d'artifice tiré par l'abbé Marquet, R. Mauzi nous ramène, texte à l'appui, sur le terrain des luttes et des contraintes sociales :*

Il n'y a point de société qui pût s'entretenir, si les hommes se montrent toujours tels qu'ils sont : il n'est permis de s'abandonner à son naturel que quand ce naturel s'accorde avec les usages et les vertus qui lient la société[4].

Le naturel qui s'abandonne dans les limites fixées par les rapports sociaux, voilà la puissance inquiétante et la frontière infranchissable de la rage de s'associer. Karl Barth, historien et théologien, circonscrit avec plus de précision, le risque et le champ de la contagion : le XVIIIe siècle, prenant ses distances avec la culture forcée de la communauté naturelle — *la société de corps et d'ordres* — *découvre que l'on peut* faire des communautés, *ou plutôt, qu'à l'intérieur des communautés traditionnelles, il est possible de donner forme à des communautés nouvelles où l'on trouve temporairement refuge pour s'aimer les uns les autres, éventuellement, pour faire face à Dieu[5]. Inventer de nouvelles associations, c'est, en effet, ce qui a d'abord passionné les honnêtes hommes au lendemain de la Régence. En temps utile, ils feront une place à Dieu et à la tradition.*

I

« Faire des communautés »

La rage de s'associer manifesta ses premiers effets dans les années 1720-1725 : à Montpellier s'établit l'Ordre de la Boisson, une société de notables... qui s'assemblaient pour manger et pour boire; à Verdun, fut fondé l'Ordre de la Chevalerie sociale de l'aimable commerce pour savoir vivre avec le monde, s'aider les uns les autres et s'aimer tous comme des frères. Bertin du Rocheret, président de l'élection d'Epernay s'y fait recevoir en 1726[6]. Cet amateur passionné de sociabilité « nouveau style » est l'un des meilleurs guides pour « pénétrer » le réseau des associations.

Un itinéraire

En 1737, il ne résiste pas à la tentation de l'initiation maçonnique; pour y succomber, il faut, à l'époque, monter à Paris.

6 septembre 1737

Je viens d'apprendre, Monsieur, que les frères de notre Société s'assembloient aujourd'huy pour se mettre en état de vous recevoir lundy prochain; j'aurais fort souhaité pouvoir m'y trouver, mais je pars pour Versailles et je doute d'obtenir la permission de m'en absenter. Je vous laisse à voir M. de Gonor, sous-brigadier de nostre compagnie, qui se chargera de vostre présentation. Il seroit à propos, que vous fussiez demain avant dix heures chez luy, Hotel des Ambassadeurs. Vous luy remetterés l'argent de votre réception pour qu'il le donne au trésorier, je l'ay prié de faire le reste pour vous, ainsy vous n'aurez aucun soin à prendre d'icy à lundy. Je suis faché que vostre départ soit si précipité, cette fraternité m'auroit mis souvent à portée de boire avec vous et de vous renouveler l'estime et la considération parfaitte avec laquelle je seray tou-

jours, Monsieur, votre très humble et très obéissant serviteur.

Castagnet

Du 9 septembre 1737 : loge du duc d'Aumont. (Frère)
Maître : de Colins, en la maison du frère secrétaire de
Raucourt; frère Artaud et d'Annonnaix, surveillans.

Présenté par le frère de Gonor, frère de Raucourt, cloître
Saint-Nicolas-du-Louvre, loge rue d'Orléans, derrière le
jardin du Roy [7].

*Il devient donc franc-maçon le 9 septembre 1737 dans
la loge du duc d'Aumont, aux côtés de l'aumônier et des
officiers des gardes du corps de la compagnie de Villeroy,
parmi lesquels Castagnet, l'auteur de l'invitation adressée à Bertin. Peu après, la police perquisitionne et
s'efforce d'interdire les assemblées maçonniques. A Luné-
ville, en terre lorraine sous contrôle français, les frères
inquiets projettent aussitôt d'établir le nouvel Ordre de la
Vérité sur les débris de la Société des Francs-Maçons.
Notre fervent président d'Epernay ne veut surtout pas être
en reste et, le 17 mars 1738, il exprime son empressement
à seconder (ce) glorieux dessein.*

Je ne vous entretiendrai que de vos bienfaits et du zèle
que j'eus toujours pour l'ancienne société (*la franc-
maçonnerie?*), zèle à l'épreuve que les revers et les
contradictions n'ont pû rallentir et que vous augmenteriez
encore, s'il pouvoit l'être, par la grandeur d'âme que vous
m'inspirez en soutenant avec courage et intrépidité, l'honneur d'un ordre qui devroit faire la félicité des hommes s'ils
en connoissoient toute la dignité. Je ne souhaitte rien avec
tant d'ardeur que de vous aller assurer en personne de tous
ces sentimens et de vous rendre mon hommage, comme à la
plus belle et la plus prétieuse partie que l'envie et la
malignité du temps nous ait laissé.

Soutenez, Messieurs, un ouvrage digne de vos grands
cœurs et de l'Immortalité à laquelle vous courez. Ce ne
sont pas toujours les travaux de Mars qui nous y font
parvenir. On a sçu dans les siècles épurez, allier la candeur

à la bravoure et les vertus pacifiques ne sont plus incompatibles avec les héroïques. Tous les temps en avoient fourny des exemples, mais ils étoient rarement suivis. Il vous étoit réservé, Messieurs, de les rassembler et de montrer aux yeux du vulgaire étonné, un héros de la paix et de la guerre dans chaque membre de votre illustre société. Vous habitez un climat où l'intégrité trouve un azyle assuré et où l'Ordre Social avoit déjà répandu... l'inestimable semence des hautes vertus que vous avez acquises et que vous vous efforcez de communiquer à tous les hommes. Je ne vous suivray que de loin dans cette brillante carrière, mais quel qu'en soit l'ecclat, je suis sur au moins de ne pas vous perdre de vue. Un attachement réel de cœur et d'esprit, une fidélité inviolable, soutiendront mes efforts jusqu'au terme que vous vous proposez [8]...

Quelles sont les raisons qui amènent Bertin du Rocheret à prôner la réconciliation des vertus héroïques et des vertus pacifiques? Comme membre de la meilleure noblesse, il n'ignore pas que le métier des armes a cessé, depuis la guerre de Succession d'Espagne, d'entretenir la seule gloire de la noblesse militaire; la diplomatie et les milices roturières des journaliers des campagnes et des artisans des villes décident de plus en plus du sort des batailles. L'héroïsme traditionnel, celui du duc de Nemours devant l'amour ou celui de Turenne devant la mort, recule même dans les romans, au profit de la débrouillardise de Gil Blas, de Jacob, le paysan parvenu, ou de Manon Lescaut. Situation périlleuse pour les valeurs nobiliaires traditionnelles? Peut-être, toujours est-il que Bertin et d'autres s'acharnent, au sein de leurs associations, à inventer ou à diffuser des nouveaux langages où le style épique est réhabilité. A titre d'exemple, cette lettre de 1746:

En rade, ce 20 May 1746.

Monsieur et sublime chef d'Escadre,
Depuis qu'il a plû à vôtre sublimité et au redoutable scrutin de nos frères, chevaliers, Patrons salés, sœurs et

Patrones respectables, qui composent votre sublime Escadre, de mettre mon vaisseau à l'eau, — après l'avoir appareillé bien et dûment et conformément aux statuts de l'Ordre, voguant sur la coste de l'isle fortunée, j'ai aperçu une troupe de profanes à qui j'ai donné la chasse, et sans revirer de bord que pour les mieux attaquer en flanc, je suis sorti sur eux le boutefeux au grapin de tribord, et avec l'avant-main je les ai forcé à faire pavillon blanc et leur ay fait rendre le bord, après avoir pointé plusieurs vaisseaux de ces pirates à démâter à l'abordage [9].

Le chef d'escadre dans l'ordre de la Félicité auquel s'adresse un patron d'eau douce pour dénoncer des profanes coupables de galvauder les secrets de l'association, c'est encore Bertin. Le discours peut prêter à rire mais nous avons fini par le prendre au sérieux : nombre de nobles, de bourgeois et d'ecclésiastiques le pratiquent, et surtout, ils l'assortissent de propos très réfléchis sur la paix sociale.

Notre chef d'escadre, recevant l'abbé Buffet au grade de mousse, en présence d'une patronne et d'un patron salé, précise le sens qu'il donne à l'alliance entre la candeur et la bravoure :

En rade d'Ay, le 6. May 1746.

Vous aspirez à la félicité et vous la cherchez loin de vous, tandis que les principes qui la font naître sont en vous.

Vous nous demandez ce trésor, comme si c'étoit un bien dont nous puissions disposer; il n'y a que celuy qui est au-dessus de nos testes qui puisse le donner.

Nous pouvons bien vous communiquer celuy dont nous jouissons, mais c'est à vous à vous le rendre propre.

Le profane vulgaire, dont vous vous séparez pour vous unir à nous, en jouiroit comme nous, si en se dégageant des ténèbres qui l'environnent, il se laissoit guider à l'astre qui nous éclaire. Quel est-il, ce brillant fanal? Où est-il? Il est dans votre esprit, il est dans votre cœur. Ses principaux rayons sont : l'agrément de l'esprit, la douceur du caractère et la candeur des sentiments.

Voilà l'étoile polaire, n'en cherchez point d'autre; voilà le fondement de la société, voilà la source du vray bonheur.

L'Ordre de la Félicité est un essaim d'élus et une société d'amis qui, sur ces sublimes principes, ne tendent qu'à faire réciproquement leur bonheur. On fait son bonheur quand on cherche à procurer celuy de son frère; l'union et l'ardeur à saisir les occasions d'obliger sont la baze de l'Ordre de la Félicité.

On se rend heureux dans les moindres actions de la vie comme dans les plus intéressantes, quand on ne jette point des yeux de jalousie sur ce qui est au-dessus de soy et qu'on ne regarde point avec mépris ce qui est au-dessous de soy.

Soyez le frère et l'amy de tout le monde, vous serez bientôt le nôtre et vous serez heureux.

Nous ne cherchons point à faire un peuple, n'y à former des colonies nombreuses pour peupler un nouveau monde; nous abandonnons aux profanes ces pays incultes et barbares où les tigres, les ours et les bêtes féroces s'entredéchirent.

Ces pays sont habitez par les esprits doubles, les cœurs faux, les mauvais caractères, les gens de cabales et d'intrigues, les gens vains et impertinens, les tapagistes, les formalistes, les calomniateurs et les médisans. C'est là le profane vulgaire dont il faut vous séparer pour vous unir à nous...

Nous voulons des mœurs, des sentiments, des cœurs nobles, des âmes sans reproche...

Ne craignez rien de notre stoïcité : notre sagesse n'est point austère mais nous savons diriger nos plaisirs sur la probité et nous les assaisonnons de la quiétude que la candeur produit dans les âmes [10].

Bertin du Rocheret, chevalier de l'Ordre social, franc-maçon et chef d'escadre dans l'Ordre de la Félicité, voulait tout connaître de cette ardeur associative qui semblait contraindre les hommes au bonheur; ses pérégrinations d'un Ordre à l'autre illustrent bien cette quête

121   La rage de s'associer

agitée et joyeuse des aires de repos pour hommes aimables. Bertin méritait donc amplement le titre de protecteur de tous les ordres fondés pour conserver l'armonie dans les bonnes sociétés et y faire régner le bon goût [11]. *Partout en France, le* bon goût *était en train de gagner du terrain.*

**A Toulouse :
« trois sortes
d'assemblées »...**

Le 21 mars 1742, La Roche-Aymon, archevêque de Toulouse, sonne l'alarme auprès du cardinal Fleury :

Je crois ne devoir point laisser à votre Éminence que deux anglois nommés Barnaval freres du célèbre médecin de ce nom ont fait depuis quelque temps dans cette ville un établissement de franmassons. Leurs assemblées sont frequentes et nombreuses, les gens qui les composent sont de tout état, de tout age et de toute condition, et le secret en est impénétrable.

Il s'est formé en même temps deux autres sociétés dont l'une est connue sous le nom de franche amitié et l'autre n'a point de nom. Elles sont aussy fort nombreuses et l'on prétent que dans l'une surtout il se passe des chauses horribles contre les mœurs. Je suis exactement instruit des maisons ou ces trois sortes d'assemblées se tiennent, mais je n'ay pas pû encore parvenir a penetrer le secret des unes ny des autres. J'y travaille et je pourray y reussir.

Je ne scay pas si vous croirez devoir fermer les yeux sur ces sortes d'associations, quand même elle seroient innocentes; dans un pays où les génies sont aussy vifs qu'en celuy-cy cella peut avoir des suites qu'il seroit bon de prevenir.

Je prens la liberté de suplier Vôtre Éminence de ne point me citer à ce sujet [12]...

L'archevêque de Toulouse ne réserve pas un sort particulier à la franc-maçonnerie; il la regarde comme

*une nouvelle association parmi d'autres, semblant ignorer
complètement la sentence de police de septembre 1737 et
la bulle pontificale de 1738. Au début du mois d'avril
1742, Fleury, toujours aux aguets, charge le président
Maniban d'éclaircir l'affaire; la réponse de celui-ci,
malgré un style apprêté, montre que les Toulousains
s'amusent comme des fous.*

Toulouse 18 avril 1742

Monseigneur, j'ai veu par la lettre que Votre Eminence
me fait l'honneur de m'ecrire le 6 de ce mois de la part du
Roy que Sa Majesté a esté informée qu'il y a des franc
maçons en cette ville et qu'on y a établi d'autres ordres et
que Sa Majesté désire scavoir en quoy ils consistent et
qu'ils soient dissipés...

J'ay esté informé, Monseigneur, qu'on parle en cette
ville d'un ordre nommé les francs cordonniers qui n'est
qu'une plaisanterie imaginée à ce qu'on m'a dit l'année
dernière par quelques dames de ce pays cy pour opposer à
la pretendue ancieneté des franc maçons en leur disant que
les cordonniers estoient bien aussi anciens que les maçons,
c'est tout ce que je scay de cette plaisanterie qu'on l'a
assuré je crois avec vérité ne consister que dans le discours
que j'ay prié les dames qui l'ont tenu de laisser tomber.

Il a esté établi le huit de ce mois par un souper de
quelques dames et quelques hommes d'un age mur un
ordre qu'on vouloit d'abord nommer de la franche amitié
mais à qui on a donné le nom de Preux Chevaliers, cet
ordre qui doit je croy encore estre regardé comme une
plaisanterie n'avait esté étably, Monseigneur, que pour
opposer à celuy des francs-maçons dont on ignore le secret
et dans lequel on n'admet point de femmes, j'ay prié celles
des dames qui ont eu part à cette nouvelle plaisanterie de la
laisser tomber et de ne plus la continüer... Ces dames m'ont
promis le sacrifice de ce badinage, elles m'ont tenu parole
jusques a present [13].

Quant aux francs-maçons eux-mêmes, le président du

Parlement annonçait à Fleury sa décision de leur interdire l'accès de leur ancienne salle de réunion et la prière qu'il avait faite aux officiers du Parlement de ne pas adhérer à l'Ordre. Il ne pouvait pas faire moins... Le cardinal ministre, toujours prudent, félicite Maniban pour le zèle qu'il emploie à arrêter le progrès [des différentes sociétés] parce qu'il est certain que ces sortes d'associations ne peuvent avoir que des suites dangereuses si on les toléroit, et l'intention du Roy est que [Maniban continue] de déclarer que Sa Majesté ne pourroit s'empecher de punir ceux qui contreviendroient à ses ordres sur ce sujet [14].

Ne pas pouvoir s'empêcher de punir quoi? La misogynie, le secret ou la prétention à l'ancienneté de l'Ordre maçonnique que Toulousains et Toulousaines ont pris pour cible? Les aimables plaisanteries? A deux reprises, le président du Parlement de Toulouse a conseillé aux adeptes des nouvelles sociétés de « laisser tomber »; Fleury, observant les faits de Versailles, juge qu'il est opportun d'aller plus loin: arrêter le progrès associatif parce qu'il risque de subvertir l'ordre établi.

II

Prévenir la rage

Lors de la présentation des textes de répression, nous avions eu l'occasion d'évoquer les différentes interprétations de la politique de l'État et de l'Église à l'égard de l'Ordre. Le moment est venu d'observer les pratiques maçonniques, les grands et les petits travaux des frères qui, entre le ministère de Fleury et celui de Choiseul, ont provoqué la naissance, la croissance et la régression de cette nouvelle peur de l'époque moderne, la peur de la sociabilité maçonnique.

*C'est le premier motif d'inquiétude du pouvoir politi-
que et de l'autorité ecclésiastique. Comment d'ailleurs
auraient-ils pu y échapper en lisant la littérature maçonnique du temps :*

Ramener les hommes à leur égalité primitive par le
retranchement des distinctions que la naissance, le rang,
les emplois ont apporté parmi nous. Tout maçon en loge est
gentilhomme [15].
... Le prince et le sujet, le gentilhomme et l'artisan, le
riche et le pauvre confondus, rien ne les distingue, rien ne
les sépare, la vertu les rend égaux [16]...
Ils initient sans distinction les grands et les petits, ils se
mesurent tous au même niveau [17].

*Peu importe que ces discours égalitaires traduisent
moins la réalité qu'un projet de recrutement; le pape et ses
évêques, le roi et son ministre, les contrôleurs de l'harmonie sociale de robe longue ou de robe courte traquent et
dénoncent tout ce qui peut ressembler à la confusion des
conditions. Ainsi ce procureur du roi à Orléans qui, en
1744, fait part de ses tourments à Joly de Fleury,
procureur général au Parlement de Paris :*

Ils forment entre eux un corps composé de gens de
différents états et conditions, unis entre eux par des liens
d'une confraternité réciproque, qui ne leur permet plus que
de s'appeler du nom de frères; le noble et le roturier,
l'officier et l'artisan, honteusement confondus, jouissent
ensemble des mêmes prérogatives. La qualité d'homme
qu'ils envisagent seuls les uns dans les autres, qui les rend
tous égaux, leur fait oublier toute distinction de rang et de
naissance, et même de religion, puisqu'ils ne feraient aucun
scrupule de s'associer l'hérétique, l'infidèle, l'idolâtre; je le
sais d'un franc-maçon étranger qui m'en est convenu, et je
craindrais fort que cette occasion ne fut un jour préjudi-
ciable à la religion, si elle ne l'est aussi à l'État, puisqu'il

est difficile de porter des coups à la religion, que l'État, par un contre-coup inévitable, ne s'en ressente aussi, et, si je ne me trompe, dans l'idée que je me fais des maximes, quoiqu'austères en apparence, qui servent, selon eux, de fondement à leur association et qu'ils doivent s'étudier à réduire en pratique, je n'y aperçois rien que de propre à former l'honnête homme payen; je n'y trouve point le chrétien et le catholique [18].

Le magistrat orléanais évoque au conditionnel les dangers pour la religion catholique et pour l'État; dans l'immédiat, c'est le fait même de la pratique d'assemblée qui le préoccupe, cette pratique qui consiste à regrouper des gens en dehors de leur corps « naturel ». Les commissaires de police de Paris entendent le même son de cloche de leurs indicateurs qui leur signalent des loges où se côtoient des boulangers et des bouchers, un horloger et un commis à la volaille : on admet leur émotion lorsqu'on sait l'attachement des habitants de la capitale pour la hiérarchie corporative. En revanche, les traces de la honteuse confusion entre la roture et la noblesse sont minces, les aristocrates tenant loge et proclamant les vertus de l'égalité entre eux. Voilà qui pourrait rassurer les inquiets mais le chancelier d'Aguesseau ne renonce pas à lancer un cri d'alerte :

Par les différents avis qui me parviennent des provinces, je vois que le mystère ou la folie des francs-maçons se répand dans beaucoup d'endroits, et que c'est une maladie qui devient contagieuse. Toute association, de quelque genre qu'elle soit, est toujours dangereuse dans un État, et surtout, quand on y mêle un secret et une apparence de religion, qui pourrait bien cacher beaucoup de libertinage [19].

Ces informations recueillies par le cardinal Fleury, en provenance de Paris et de la province, permettent de mieux comprendre la genèse de l'obsession associative qui se traduit par les sentences de police de 1744 et 1745 renouvelant les défenses de s'assembler. Depuis 1725 et

Engrav'd by John Pine in Aldersgate street London

1 / Frontispice de l'édition des *Constitutions* d'Anderson, 1723. L'acte de naissance de la franc-maçonnerie.

Tous les documents sans mention proviennent de la Bibliothèque nationale, département des manuscrits. *(Fonds F.M.)*

2/ La plus ancienne gravure d'un franc-maçon, le représentant en tenue (1735);
saisie par la police dans une loge parisienne.

3/ Convocation à une réunion de loge en 1768 : il y sera « pris des arrangements p
bon ordre et l'utilité de la Loge ».

4/ Chaque loge se dote d'un sceau; les frères discrets de Charleville choisissent pour symbole la tête de mort et le temple : on n'entrait dans celui-ci qu'en mourant à la vie profane.

5/ Constitution de la Loge des frères discrets, « séant à l'Orient de Charleville », 1762. Entre les deux colonnes, le tétragramme inscrit en lettres hébraïques.

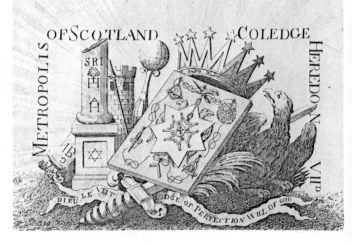

6/ Certificat attestant l'appartenance maçonnique d'une sœur de la Loge d'adoption, Lorient, 1792. La condition de sœur ne change rien à celle de la mère... (*Roger-Viollet.*)

7/ Tableau des allégories de la maçonnerie écossaise. « Ce poignard sur une pa... emblème d'une guerre éternelle, est un affreux symbole de prêtres conjurés con... raison et la paix du genre humain. » Mirabeau, *De la monarchie prussienne.* (*nat. Impr./Photo Gallimard.*)

8

NAPOLÉON PROTECTEUR DE LA MAÇONNERIE.

9

8/ Philippe Égalité avec les attributs de Grand Maître, charge qu'il abandonnera en 1793. *(Photo N.D./Roger-Viollet.)*

9/ On ignore si le protecteur a été initié, mais les francs-maçons furent les plus ardents à vanter sa gloire. *(Coll. Roger-Viollet.)*

10/ En-tête d'une circulaire du Grand Orient de France, 1810. L'aigle impériale t une place inespérée entre l'équerre et le compas. *(Charleville, Archives Loge.)*

11/ Restauration oblige : les fleurs de lys remplacent l'aigle. *(Charleville, Archives Loge.)*

12

13

14

La rencontre historique entre les francs-maçons et Lamartine, mars 1848. Le discours du poète révèle aux frères la responsabilité de l'Ordre dans la préparation de la Révolution française.

Après le 2 décembre, les membres du Grand Orient chez le prince Napoléon Bonaparte. Il fallait se soumettre, mais la conviction va bientôt faire défaut.

1871 : une délégation maçonnique sort de la porte Maillot pour réclamer un cessez-le-feu aux Versaillais. *(Bibl. nat. Est./Photo Bibl. nat.)*

15/ La République libère l'homme et le guide sur les chemins de la fraternité, symbo
par le niveau maçonnique. *(Coll. Harlingue-Viollet.)*

16/ L'athlète à la truelle, emblème de l'amour fraternel, terrasse un prêtre pour que vivent les droits de l'homme. *(Archives Chris Marker.)*

Prière Socialiste
pour les Enfants

Mon Dieu, qui avez fait tous les hommes pour être heureux, délivrez-nous de la misère et de la tyrannie, apprenez-nous à nous aimer et à nous respecter les uns les autres, que tous vos enfants vivent entre eux comme des frères, qu'ils soient tous égaux, qu'ils soient tous libres.

Mon Dieu, protégez la République française qui doit sauver le monde. Prenez parti sur toute la terre pour tous les opprimés contre tous les oppresseurs. Faites que la vérité et la justice dominent en tout lieu, et accordez-moi l'honneur de servir un jour à leur triomphe.

17

17/ Prière socialiste pour les enfants, de Jean Macé. Pour la décorer, on n'a pas hé
associer l'urne du suffrage universel, les tables de la Constitution, l'équer
perpendiculaire et le delta lumineux. *(Bibl. nat. Impr./Photo Gallimard.)*

18/ Sous quelle bannière se place Jean Macé? Celle de la ligue de l'Enseigneme
celle de la franc-maçonnerie? Peu importe, puisqu'il invitait les deux associati
fusionner. *(Bibl. nat. Est. Photo Bibl. nat.)*

19/ Buste de la République maçonnique adopté par le Grand Orient de France.

18

19

20

20/ Grade d'apprenti : sa marche est rectiligne parce qu'il a été mis sur la voie
mais elle est difficile — pieds en équerre — car il n'est pas au bout de ses pein...
bavette de son tablier est relevée pour le protéger de ses émotions. Le récipiend...
présente en position d'humilité : genou découvert, sein gauche nu et
bandés.

21/ Selon le mythe, Hiram fut frappé par trois compagnons armés respectivement
règle, d'un maillet et d'une équerre. Si l'on en juge par cette gravure, influenc...
les exécutions révolutionnaires, leur châtiment fut exemplaire.

22/ En-tête de lettre, 1807. Les trois vertus du grade de Rose-Croix : foi, espéra...
charité. *(Charleville, Archives de la Loge.)*

23/ Décor d'un des grades écossais les plus prestigieux du XVIIIe siècle : Rose-
d'Hérédom de Kilwinning. Tablier, sautoir, jarretières et crachat.

22

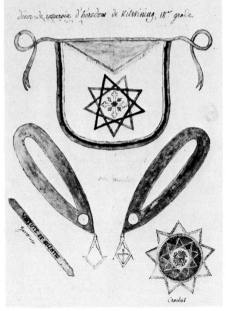

23

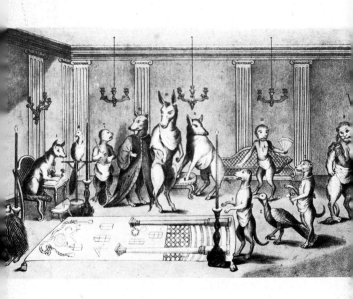

24/ Assemblée de francs-maçons pour la réception des maîtres. Les maîtres pointent leur épée vers le récipiendaire, l'aidant ainsi à recevoir la lumière. Au cours de la cérémonie, les frères ont, selon leurs titres, chacun un rôle à jouer dans l'espace et dans le temps, y compris les trois récipiendaires qui attendent l'initiation.

25/ Où l'on retrouve le genou découvert, le sein nu et les yeux bandés, au cours de la cérémonie d'initiation au grade d'apprenti. La discipline maçonnique met en ordre la Loge et les frères.

26/ Caricature d'une réception d'apprenti. Le volatile placé entre les deux chiens est le récipiendaire; le cheval est médecin, le porc est financier et le singe à l'éventail est... abbé.

27/ Splendeur du temple décoré pour travailler au grade d'apprenti. Les deux colon
et B sont les bornes du monde créé. J et B de Jakin et Booz, noms désigna
colonnes érigées à l'entrée du temple de Salomon.

surtout depuis les années 1730, la noblesse et la bourgeoisie, chacune de son côté, sont attirées par la même organisation; en second lieu, des groupements bourgeois interprofessionnels se sont constitués dans les loges maçonniques notamment à Paris; enfin, l'apparence de religion s'y est installée et menace de détourner les fidèles de la vraie religion. Prises une à une, les pièces du dossier, qui doivent autant à la vérité historique qu'aux phantasmes des agents de renseignements, ne méritent pas grande attention; mais si des hommes d'État et des magistrats d'humeur chagrine se prennent à associer les deux premières, ils risquent d'imaginer une Fronde et, s'ils y ajoutent la dernière, c'est le retour d'une Ligue qui peut les hanter.

Fleury et les maîtres d'œuvre du siècle de Louis XV savaient que le danger n'était pas aussi meurtrier. Néanmoins, ils restaient convaincus que la consolidation du régime, après la crise de la Régence et l'agitation janséniste et gallicane, exigeait une société en ordre et une religion en repos. Passait encore la frivolité des nobles qui, dans leurs châteaux ou leurs hôtels particuliers, se paraient d'insignes identiques à ceux que revêtaient les bourgeois de Paris dans leurs cabarets habituels; mais que des aristocrates, des artisans et des boutiquiers, dans le secret de leurs loges respectives, se plussent, de nouveau, à parler de Dieu sans le moindre contrôle de la sainte Église ni du Roi Très Chrétien, voilà l'entreprise à la limite du tolérable pour ceux qui étaient encore sûrs que la société est constituée par l'arrangement que Dieu fait des personnes [20]. L'Apologie de l'Ancienne, Noble et Vénérable Société des Freys-Maçons rédigée par Bertin du Rocheret en 1737 pour le « beau sexe », permet de mesurer le préjudice que les frères portaient à la religion.

Le franc-maçon : un « Épicure chrétien »

Désabusez-vous, Madame, de la mauvaise idée qu'on vous a donnée de la noble Maçonnerie, au sujet de l'hommage que tout galant homme doit au beau sexe et que tout franc-maçon fait profession particulière de luy rendre. C'est une misérable calomnie qui ne procedde que de l'imagination vague de ces gens inquiets qui cherchent à pénétrer un mistère où ils n'osent se faire admettre. Ce n'est pas la seule illusion où l'ignorance et la malice précipitent les curieux et les envieux.

Dieu, le Roy et l'honneur sont d'abord les trois pivots sur lesquels cette ancienne société tourne depuis près de sept siècles. Une confédération d'honnêtes gens distinguez dans tous les États, qui ne cherchent qu'à se divertir philoso-phiquement dans le commerce des beaux sentimens, des belles lettres et des beaux arts de toute espèce, en forme le nœud. Et, comme les dames s'occupent rarement de ces sortes de choses, que celles mêmes qui seroient dans ce goust détourneroient bientôt la conversation et les occu-pations de la Compagnie, soit par l'ennuy que pourroit leur causer une trop grande uniformité, soit par la complai-sance naturelle qu'auroient pour elles la plus part des frères, vous sentez d'abord, Madame, un des motifs non de l'exclusion, mais de l'inadmission.

Les vertus capitales sont de tout sexe, *concède Bertin, mais les dames ne supportent pas l'égalité de condition et de rang; plus encore leur beauté et leurs grâces* aiguil-lonnent la plus vive de toutes les passions *alors que l'Amour est incompatible avec la philosophie. Il n'en finit pas, tout au long de son discours, d'adorer les femmes et de les frapper d'interdit de séjour maçonnique en raison, précisément, de... cette adoration; mais, au détour d'une phrase, il se prend à parler de la religion chrétienne, cette religion qui obsède les hommes du siècle des Lumiè-res.*

Rien n'est si aimable dans le Monde, Madame, et je parle d'après vous, que la sagesse en débauche : l'une arrête le dérèglement de l'autre qui tempère en même temps la stoïcité de la première. *Citant l'exemple célèbre du duc de Savoie, Amédée VIII, qui, au XV* siècle, quitta*

sa cour pour un ermitage doré, il évoque l'établissement,
dans cette retraite, d'une règle de vie sur les principes d'un
épicurisme subtilizé et philtré par les loix du christianisme.
Que faisoit-on dans cet hermitage que ce que nous faisons
dans nos Loges? Les femmes comme chez nous n'y étoient
point admises et les hermites de Ripaille eussent été des
francs-maçons parfaits, s'ils n'eussent point recherché avec
trop de sensualité la délicatesse et l'exquisité des metz.

L'innocence des frères est éclatante pour Bertin du
Rocheret; aussi déplore-t-il que le pape, … dans le chagrin
où il est de ne pouvoir percer un mistère qui se dérobe à la
sagacité de ses recherches, tâche de se persuader que les
loges ne sont que des assemblées de Quiétistes et de
Molinistes. Il faut être dans un plus éminent degré pour
penser plus sûrement des choses que l'on ne connoit pas.
D'où vient que Clément XII, craignant de donner atteinte
à la sainteté de Félix V et à la vénération qu'il a pour la
mémoire de ce saint prédécesseur, dont il voit infailliblement que la profession n'étoit autre que celle de la plus
franche maçonnerie, ne feint point de déclarer que le Bref
qu'il écrit (à l'archevêque de Florence) « que les francs-
maçons sont des gens qui se mettent autant qu'il est
possible au-dessus des idées populaires », ce qui est
exactement vray dans le premier sens que présente cette
décision, d'où Sa Sainteté conclud que c'est un rafinement
d'épicurisme, ce qui est encore vray dès que l'on ne nous
attribuera que les maximes d'un Epicure chrétien qui sait
allier les devoirs de sa religion et de son état avec les
satisfactions permises; ce qui est réellement et honnête
homme selon Dieu et selon le Monde en suprimant, en
anéantissant toutes les passions tumultueuses qui s'oposent
à l'heureuse sécurité dont nous cherchons à joüir. Voilà
toute notre philosophie et notre science qui devroit être
celle de tout le genre humain, si le cagotisme et les préjugés
n'apportoient obstacle à cet état de perfection auquel nous
nous efforçons d'atteindre [21].

Face aux attaques de plus en plus nombreuses contre la

*morale chrétienne, les autorités ecclésiastiques se tenaient
sur la défensive; même les tentatives d'auteurs chrétiens
pour présenter une religion plus* aimable *accordant* les
devoirs de l'honnête homme avec ceux du chrétien [22] *ne
trouvaient pas grâce à leurs yeux. Aussi étaient-elles
enclines à condamner toute démarche semblable, surtout
quand elle s'accompagnait de la pratique d'assemblées
illicites. La recherche de synthèse entre le plaisir et la
vertu, décrite par Bertin, s'apparentait trop à ce genre de
quête, avec le vieux style libertin érudit en plus* [23], *pour ne
pas provoquer la répulsion des grands clercs. La folklo-
risation sage du christianisme ou la sagesse en débauche
qui font irruption dans les loges maçonniques françaises,
au cours du second quart du XVIII* siècle, ont été l'une
des voies suivies par nombre d'aristocrates pour cesser
d'être ces militants ennuyeux de la foi et devenir ceux qui
regardent la religion comme une* sensualité à faire le
bien [24]. *Mais d'autres frères semblent avoir attendu plus
de la pratique de l'Art Royal : si la bulle d'excommunication de 1738 a vite découragé les molinistes, il restait
encore, à la porte du temple, les quiétistes et surtout les
jansénistes.*

**« Prendre
le jansénisme
sur le fait »?**

La recherche à laquelle invite M. Vovelle [25] *est difficile
à mener dans les loges maçonniques, à l'époque de Fleury,
pour cause de silence des jansénistes. Toutefois, certains
couplets chantés à Paris, dans les années 1730, où l'on se
moque du lieutenant de police Hérault (voir chap. 2),
montrent que la « secte » et les frères partagent déjà, pour
les chansonniers, le même sort.*

> Certes, c'est jouer trop gros jeu,
> Petit lieutenant de police
> Mal prend à qui s'en prend à Dieu;
> Certes, c'est jouer trop gros jeu :

La honte ici, là-bas le feu
De tes pareils est le supplice.
Certes, c'est jouer trop gros jeu,
Petit lieutenant de police.

*Plus précis sur la fermeture du cimetière Saint-Médard
en 1732 :*

Le beau projet, le rare exploit!
Tu tiens une tombe investie;
Pour un robin le digne emploi,
Le beau projet, le rare exploit!
Tremble, malheureux, que sur toi
Le saint ne fasse une sortie.

*Dans un autre genre et sur un air célèbre, quelques vers
pour rappeler au jeune lieutenant la descente de police
dans une loge de Paris en 1737 :*

Dans Paris la grande ville
A pris pour un sabbat
Société gentille.
Pour apaiser sa bile,
Trois fois on lui mettra
Dans le cul la béquille
Du Père Barnabas.

Plus modéré dans la réprobation :

Par trop d'excès,
C'est pourtant être ridicule
Par trop d'excès
Que de faire ainsi leur procès.
Quand rien contre eux on n'articule,
Tout jugement contre eux s'annule
Par trop d'excès [26].

*Une rencontre en chanson ne suffit pas pour démontrer
que les frères ont donné rendez-vous, dans les ateliers*

131   La rage de s'associer

maçonniques, aux bourgeois parisiens désemparés depuis l'interdiction de fréquenter le cimetière à miracles. Cependant, les recherches de R.B. Kreiser sur les conventicules jansénistes après 1732 permettent, à défaut de preuve, d'acquérir l'intime conviction que ces chrétiens sans église et sans prêtre ont pu considérer les loges comme autant d'asiles provisoires où ils pouvaient séjourner, être compris, sinon être choyés [27].

Sans doute la foi d'un janséniste était-elle complètement étrangère à l'épicurisme chrétien d'un Bertin du Rocheret. Mais si l'on se souvient des devoirs de 1735 et surtout de l'article 11 des statuts de 1755 — n'entraient dans l'Ordre que des personnes « craignant Dieu », une obligation qui, selon Pierre Chevallier, « sent assez son Port-Royal [28] » — il devient nécessaire de procéder à la confrontation des formes et des conduites de réunion dans les assemblées maçonniques et jansénistes, ces formes et ces conduites qui attirent les hommes tout autant que les mots des discours. Dans les conventicules clandestins qui se multipliaient dans les années 1730, tous les fidèles étaient égaux et s'appelaient frères, sans distinction de rang ni de statut; chacun pouvant être appelé à la révélation devait s'y préparer en pratiquant la prière en commun, la lecture des livres saints et le chant des psaumes; lorsqu'un membre était pris d'agitation, des secouristes incarnant les agents de la corruption lui imposaient des épreuves afin de vérifier son état de grâce [29]. Pour mesurer le degré de parenté entre ces habitudes et celles des frères, voici le récit d'une initiation dans une loge parisienne, tel qu'il est parvenu à Hérault, le petit lieutenant de police des chansons :

« Voir le jour »

On est d'abord proposé à la Loge par un des frères; sur sa réponse, on est admis. Le Récipiendaire est conduit par le proposant, qui devient son parain, dans une chambre de la loge où il n'y a point de lumière et on luy demande s'il a de la vocation d'être reçu; il répond que ouy. Ensuitte on

132

luy demande son nom, surnom et qualitez; on le fait dépoüiller de tous les métaux qu'il peut avoir sur luy; on luy découvre le genoüil droit; on luy fait metre son soulier gauche en pantoufle, on luy bande les yeux et on le garde en cet état pendant environ une heure livré à ses réflexions...

Le récipiendaire ayant déposé les symboles des passions profanes — les métaux — est prêt à être accueilli, d'autant plus qu'il se présente avec humilité, le genou nu et une pantoufle au pied.

Le parain dit qu'il se présente un gentilhomme nommé tel, qui demande à être reçu. Le Grand Maître, qui a au col un cordon bien taillé en triangle, répond : « Demandez-luy s'il a la vocation. » Ce que le parain va exécuter. Le Récipiendaire répond qu'ouy et le parain l'ayant rapporté, le Grand Maître ordonne de le faire entrer. Alors il est instruit et on luy fait faire trois tours dans la chambre, autour d'un espace décrit, où on a crayonné sur le planché une espèce de représentation de deux colonnes du débris du Temple de Salomon. Au milieu de cet espace, il y a trois flambeaux allumez posez en triangle, sur lesquels on jette à l'arrivée du novice, ou de la poudre ou de la poix raisine pour l'effrayer... Ces trois tours faits, le Récipiendaire est amené au millieu de cet espace en trois temps, vis-à-vis du Grand Maître, qui est au bout d'en haut derrière un fauteuil sur lequel est posé un livre de l'Évangile selon saint Jean. Il luy demande : « Vous sentez-vous la vocation? » et après qu'il a répondu ouy, le Grand Maître dit : « Faites-luy voir le jour, il y a assez longtemps qu'il en est privé. » Dans cet état, on luy débande les yeux, tous les frères assemblez en rond, mettent l'épée à la main. On fait avancer le Récipiendaire en trois temps, jusqu'au tabouret qui est au pied du fauteuil; le frère orateur lui dit : « Vous allez embrasser un ordre respectable qui est plus sérieux que vous ne pensez. Il n'y a rien contre la loy, contre la religion, contre le Roy, ni contre les mœurs. Le vénérable Grand Maître vous dira le reste. »

Vient ensuite le moment du terrible serment :

Il porte ensuitte la main droitte sur l'Évangile et fait ainsy son serment : « Je permets que ma langue soit arrachée, mon cœur déchiré, mon corps brûlé et réduit en cendres, pour être jetté au vent, afin qu'il n'en soit plus parlé parmy les hommes. Dieu me soit en ayde. » Après quoy on luy fait baiser l'Évangile. Le Grand Maître alors le fait passer à côté de luy, on luy donne le tablier de frey-maçon, une paire de gands d'homme et une paire de gands de femme pour celle qu'il estime le plus [30].

A la fin de la réunion, on se frappe par trois fois les mains et on crie par trois fois sa joie.

Ceux qui ne voient dans cette réception qu'une honteuse mascarade ou une dérisoire parodie sans rapport avec le rituel adopté dans les conventicules doivent prendre quelques précautions avant de juger : nombreux étaient les frères sincères qui croyaient vraiment offrir au profane une solution radicale à ses maux causés par le siècle et, peut-être, par la faute originelle. Quant aux bourgeois jansénistes de la capitale, privés de prêtres et de cultes clandestins, ils étaient disponibles pour le miracle, même infime, pourvu qu'il ait lieu; ou pour l'entrée dans une confrérie religieuse rénovée. L'espace de la sociabilité maçonnique a sans doute représenté entre 1730 et 1750 un espoir pour les fidèles qui, de leur plein gré ou par la force, se sont tournés vers un « para-jansénisme », un « jansénisme dégradé » selon P. Chaunu, aux dépens d'un « jansénisme avoué et structuré [31] »; cette possibilité de reconversion dans l'Ordre maçonnique que nous envisagerons de nouveau à propos des protestants — le jansénisme, disait Mazarin, est un calvinisme rebouilli — nous éclaire sur l'acharnement de certains prélats à prévenir la rage de l'Art Royal.

Un péché mortel

Monseigneur de Belsunce, spécialiste de la répression contre les jansénistes — il les accusait, dès 1720, d'être la cause de l'extension de la peste — défend la religion partout où il la croit en danger : dans la rue, où la « Secte » s'agite ouvertement depuis 1731, et... dans les loges :

Nous voyons avec étonnement le nombre des Francs-Maçons augmenter dans cette Ville. Quatre Loges y sont déjà placées en différens quartiers, plusieurs personnes s'y font recevoir, sans être éfrayées par l'épouvantable serment qu'il faut prononcer pour être admis dans cette illicite [*et*] scandaleuse Société, serment cependant dont les termes devroient faire frémir quiconque a tant soi peu de religion; serment que, par une horrible profanation, on fait prêter sur la Sainte Bible; serment enfin que l'on ne peut faire, sans se rendre coupable d'un énorme péché mortel. Mais, comme quelques-uns des Chefs de ces Loges, pour tromper [*et*] pour attirer les simples, ont l'insigne mauvaise foi de leur dire que nous ne désapprouvons plus cette Association, [*et*] que par ordre de la Cour nous avons révoqué notre Avertissement du quatorze janvier 1742. Nous sommes obligés, pour la décharge de notre conscience, d'ordonner, comme nous ordonnons en effet, que ce même Avertissement soit de nouveau publié demain aux Prônes des Paroisses de cette Ville, [*et*] aux Sermons dans les Églises où il doit y en avoir. Donné à Marseille dans notre Palais Episcopal, le 3 février 1748 [32].

L'évêque de Marseille a beau proclamer sa bonne conscience, son mandement fait état de rumeurs selon lesquelles le pouvoir politique est en train d'hésiter sur la marche à suivre à l'égard de la sociabilité maçonnique.

« Empêcher
le trouble
et le scandale »

*Le gouvernement du roi a-t-il attendu le trépas du vieux
cardinal pour adopter cette sage politique? Fleury, mort
ou vif, n'est pour rien dans l'affaire : si, à partir de 1744,
le pouvoir royal « ne s'occupe plus de la franc-maçonnerie
en tant que corps mais uniquement des assemblées de
francs-maçons »* [33], *c'est d'abord parce que le corps des
francs-maçons s'est progressivement moulé dans la
société de corps du royaume de France; il a sans doute
conservé l'originalité qui faisait son charme — la vocation initiatique et le secret — mais le harcèlement policier
et surtout le désir d'ordre de nombreux frères ont fini par
venir à bout de l'inquiétude du pouvoir d'État. Aussi, le
procureur général du Parlement de Paris, Joly de Fleury,
peut-il faire la fine bouche devant les invitations à la
répression qui lui sont adressées d'Angers, en 1757 :*

Lorsqu'il arrive des querelles ou batteries à l'occasion de
ces assemblées, comme il est difficile qu'elles n'éclatent
pas en public et qu'on ne peut manquer de témoins, c'est
alors que le ministère public peut et doit s'élever...

Ou de Saint-Just, en 1766 : La justice n'est intéressée
qu'à empêcher le trouble et le scandale [34]... *Quelles
garanties les frères ont-ils offertes au gouvernement pour
qu'il cesse de les poursuivre comme des fauteurs de
désordre social et décide de les observer comme de
simples perturbateurs en puissance de l'ordre public?*

Une chevalerie

*Ils ont commencé à donner des gages au pouvoir dès que
ce dernier a fait connaître sa désapprobation. Au moment
où Ramsay sollicitait, par discours interposé, l'adoption*

de l'Ordre par le système monarchique, d'autres frères se préoccupaient d'innovations maçonniques susceptibles de rassurer Fleury; de ces innovations flatteuses pour la noblesse d'Ancien Régime mais qui n'étaient pas du goût de tous les membres de la Loge Coustos — Villeroy de Paris :

... il a ete proposé encore par le venerable Maître Gousteau (Coustos) au lieu et place du tres venerable duc Mon Seigneur le duc de Villeroy maitre de notre loge que les maitres des loges * et surveillants * doivent s'assembler avec le grand maitre des loges de france au sujet de quelques inovations qui sont faittes dans la Loge dudit grand maitre comme de tenir l'epee à la main dans les receptions... les avis pris par le venerable Gousteau les freres d'un commun accord ont dit qu'il n'était permis à personne de faire des loix dans la maçonnerie puisque la charge de grand maitre, de maitre et de surveillants ne consiste qu'a faire observer celles qui nous ont ete transmises par la tradition. Cette uniformité distinguant les maçons de toute autre secte et cette uniformité les ayant rendu respectables par toute l'Europe sans laquelle on ne sera pas reconnu pour maçon dans un autre pays puisque l'on ne doit pas porter de metaux a sa reception et les freres ont ajouté que l'ordre n'était pas un ordre de chevalerie, mais de société ou tout homme de probité peut être admis sans porter l'épee, bien que plusieurs seigneurs et princes se fassent un plaisir d'en ettre [35].

Ainsi, dès 1737, le conflit s'engage entre la maçonnerie de type démocratique et celle de type aristocratique [36], entre l'uniformité d'où vient le bonheur des frères, et la hiérarchie des métaux. L'ordre de chevalerie, dénoncé par les frères parisiens, annonce l'introduction prochaine, dans l'Ordre, de l'indispensable hiérarchie, celle des hauts grades, la seule garantie, sous l'Ancien Régime, pour que l'Ordre dure longtemps. Nul doute que Fleury, toujours bien renseigné, n'ait appris cette innovation avec une grande satisfaction; elle se conformait, sinon à des ordres explicites, du moins à la politique de sociabilité que la Monarchie absolue avait éprouvée avec succès depuis plusieurs siècles. D'autres indices montrent d'ailleurs que les frères ne cherchaient nullement l'affrontement avec les forces de police ou avec le gouvernement; ils étaient bien trop respectueux des Constitutions d'Anderson *et des* Devoirs *de 1735 pour fronder longtemps les puissances civiles.*

La franc-maçonnerie... a besoin d'un apologiste qui puisse désabuser le public. On nous suit partout pour nous trouver en contravention et quoiqu'il n'y ait rien qui ne soit louable dans nos cérémonies, on nous conseillé jentiment d'en interrompre le cours jusqu'à ce qu'on soit désabusé sur ce chapitre. Ce sont des nuées qui nous promettent de plus beaux jours et notre obéissance pour les ordres qui semblent venir de la Cour prouve qu'il n'y a pas de meilleur citoyen qu'un franc-maçon... Nous avons eu des nouvelles du frère de Calvières qui avoit établi une loge brillante à Avignon. Dès qu'il a été informé de ce qui se passait icy, il a cessé toutes ces assemblées [37]...

Bertin du Rocheret, notre vieille connaissance, reçoit cette lettre en octobre 1737; neuf années plus tard, alors qu'il est plongé dans les délices de l'ordre de la Félicité, il peut lire les propos désabusés du même marquis de Calvière, ce pionnier de l'Ordre en terre pontificale, sur l'évolution de la franc-maçonnerie :

[*Elle*] nous a éclairé sur les préséances, nous ne sommes jaloux que de conserver l'égalité et par conséquent l'union, le bien le plus désirable de la vie... Vive les présidents qui sont bons massons, qui font de jolis vers et de bonne prose, et qui n'en trouvent pas moins le loisir de boire, de faire boire leurs amis et de s'aquiter de tous les devoirs de leur état, ils sont rares de ce nombre [38].

La première phrase en dit long sur la réforme mise en œuvre dans les loges pour le succès de l'ordre de chevalerie; il y a plus : Calvière est l'un de ces marquis qui

138

prend acte de l'impossible égalité en loge et s'efforce de la maintenir autour de la table profane où sont placés les bons vins et les bons livres. La voie des sociétés savantes est ouverte, avec la seule égalité autorisée par le système monarchique, celle du plaisir de boire, de manger, de lire et d'échanger des informations sur le temps et sur les récoltes.

Le réseau
et le marché

En 1745, alors que la police surveille encore les ateliers, un vieux frère parisien confie ses soucis à Bertin :

Que vous ai-je fait, mon cher Président, pour me mettre à l'écart comme vous faites. J'appelle de vos rigueurs à une assemblée généralle de toutes les loges. Je vous dois, je veux vous payer, que pouvés-vous souhaiter davantage? Quoyque dans mon déménagement j'aye perdu votre lettre, il me souvient qu'il étoit environ question de 80 ᴵ tirées sur moy; mandez-moy à qui je dois payer icy ou à Paris, cela sera exécuté, mais ne me laissés pas en disette de vos nouvelles, elles me font trop de plaisirs. Vous en devés estre assuré par le sincère attachement que j'ay pour vous. Il m'est venu une idée, je vous sçay de bon conseil, je vous demande le vostre. Ne ferois-je pas bien, dans une bonne année comme celle-cy, particulièrement pour l'avoine, d'en faire l'acquisition? Votre pays est-il riche, abondant en cette partie? Combien y vaut le septier ou sac et que contient-il? Seroit-il facile, en louant des greniers sûrs dans votre ville, de les emprovisionner, toujours de la plus belle et meilleure? Je me suis mis je ne sçay à propos de quoy dans la tête qu'à ce jeu on pouvoit doubler son argent et que votre pays où je ne connais cependant que des vignes, étoit en réputation pour les avoines. Si me trompe, relevés-moy de mon erreur et m'indiqués quel canton de votre Champagne est le plus propre à mon projet. Vous voilà bien étonné qu'au lieu de vous parler vin je vous parle avoine, mais chaque chose a son temps [39].

Que l'association des francs-maçons devienne une association de petits copains ou un grand groupe à la recherche d'activités ludiques, avec l'inévitable prise en considération des préséances et des rangs, n'a pu que rasséréner ceux qui craignaient de voir s'organiser, dans les loges, une coalition des mécontents de type frondeur. L'unanimité, la pire ennemie de la monarchie, n'avait été qu'un jeu d'enfer pour de nombreux frères; l'initiation acquise et l'euphorie passée, ils étaient prêts à reprendre les jeux de société en respectant les vieilles règles de la tradition hiérarchique.

Mais d'autres frères avaient pris goût à l'égalité fraternelle; elle représentait, pour eux, moins une position conquise de haute lutte contre l'idéologie dominante, que la condition impérative pour mener à bien une tâche enthousiasmante et périlleuse au siècle des Lumières : la recherche collective sur l'acte de croire en Dieu. Les loges, à la mode de certains bourgeois de Paris, furent les lieux où des chrétiens ont espéré, l'espace d'un instant ou d'une vie, renouer les fils entre la doctrine et la croyance, entre la « foi qui fait croire » et la pratique religieuse; une pratique qui tend à se formaliser au XVIIIe siècle sous l'effet du discours clérical officiel tenu par des clercs qui devenaient les « fonctionnaires de l'idéologie religieuse » ou même des officiers de morale. La folle ambition de certains frères : remédier à la détérioration de l'univers religieux de leur temps en travaillant, ensemble, à la construction d'un pont entre la foi défaillante en raison de la peur des audaces théologiques et une « pratique policée et moralisée », centrée sur l'utilité sociale de la religion [40].

Le salut par les hauts grades

Les demandes et les réponses de l'instruction de chevalier Rose-Croix, un des hauts grades dont les

*rituels furent élaborés dans les années 1760, témoignent
avec éclat de ces efforts pour remettre en vigueur, dans les
rituels maçonniques, certains caractères fondamentaux
de la doctrine chrétienne.*

D. — Qu'avez-vous appris dans ce voyage?
R. — J'ay apperçü les 3 soutiens de nôtre nouvel edifice,
l'on m'a appris leurs noms qu'on m'a fait répéter et que j'ai
gravé dans mon cœur pour toujours.
D. — Voulez-vous me donner leurs noms?
R. — foy... espérance [*et*] charité, vertus théologales et le
fondement de nôtre nouveau mystère...
D. — Que cherchiez-vous dans ces voyages?
R. — La vraie parolle perdüe par le relachement des
Maçons.
D. — L'avez-vous retrouvée?
R. — Oui par nostre perseverance.
D. — Qui vous l'a donnée?
R. — Il est permis à quiconce en sort [*du chapitre * de
chevaliers Rose-Croix*] de la donner, mais ayant réfléchi
sur tout ce que je voyois et ce que j'entendois, je l'ai trouvée
de moi-mesme avec l'aide de celui qui en est l'auteur [4].

*Saint Paul pastiché? Le péché originel assimilé à
l'abandon, par la faute de l'homme, d'un langage qui
coïncidait avec les choses, ainsi que Dieu l'avait créé à
l'origine? La redécouverte de la parole de Dieu, grâce à
l'homme et grâce à Lui? Les rituels des hauts grades
maçonniques semblent être, à la première lecture, des
intrigues de comédies sacrilèges préparées par quelque
théologien dévoyé par les Lumières. L'instruction d'un
autre grade supérieur, celui de chevalier Kadosch — qui
signifie saint en hébreu — montre qu'il ne s'agit pas d'une
diablerie mais bel et bien d'une réflexion sur le salut.*

D. — Pourquoy et sur quoi est fondé l'ordre?
R. — Sur une explication allégorique de tout ce qui s'est
passé depuis le commencement du Temple jusqu'à sa
perfection. 1°) Ce Temple que Salomon bâtit pour y placer
le Tabernacle où devoit habiter la Majesté Divine est le

symbole de l'homme qui doit estre le Temple du St. Esprit. 2°) l'architecte qui doit ordonné cet édifice comme fit *Hiram* est l'âme qui est en nous. 3°) les compagnons qui l'attaquèrent l'un après l'autre et dont le dernier lui ôta la vie sont les vices qui nous attaquent et qui donnent enfin la mort à notre âme. 4°) Les soins que Salomon prit de les faire chercher pour les punir comme ils le méritoient et la constance avec laquelle les (Maîtres) Elus * (*autre haut grade mais inférieur à ceux de Kadosch et de Rose-Croix*) suivirent leurs recherches doivent nous faire connoître avec quelle exactitude nous devons mettre tout en usage pour vaincre et terrasser les passions qui ont donné la mort à nostre âme. 5°) Les (Maîtres) Elus ont eu le bonheur de surprendre le traître *Abiram* dans le silence de la nuit et dans un endroit éloigné du tumulte. C'est aussi dans la solitude que nous devons espérer de trouver du remède à nos maux; c'est là que nous pourrons songer plus librement aux moyens propres à nous remettre en grâce...

D. — Que devons-nous faire lorsque nous avons eu le bonheur de tuer le traître, c'est-à-dire de nous éloigner du péché?

R. — Il nous faut suivre le conseil du Prophète Daniel qui dit rachetez vos péchés par l'aumône.

D. — Sur quoy les hommes seront-il jugés?

R. — Sur les œuvres de miséricorde pratiquées ou négligées [42].

Ces textes de rituels ne vont pas manquer d'étonner ceux qui s'apprêtaient à retrouver dans le discours maçonnique les maîtres mots de la philosophie des Lumières — progrès, bonheur, raison, liberté. Ils surprendront moins les lecteurs de Jean-Baptiste Willermoz, ce négociant en soieries de Lyon qui, après avoir tout appris sur les hauts grades et sur le mysticisme, affirme avec une conviction fondée sur sa longue expérience : L'Institution Maçonnique, il faut le dire, est essentiellement religieuse; les preuves de cette assertion fourmillent de toutes parts [43].

Les instructions de chevalier Rose-Croix et de chevalier

Kadosch font place, dans leurs préceptes, à un curieux mélange d'augustinisme, de calvinisme et d'orthodoxie tridentine, avec, au point de départ du voyage initiatique, la reconnaissance de la faute originelle. Cet œcuménisme doctrinal, adopté par les frères entre 1750 et 1770, peut être interprété comme l'annonce de la contribution française à la prise de conscience religieuse de certains chrétiens d'Europe face à la montée de l'incrédulité philosophique, mouvement qui a dû attendre les travaux de Bernard Plongeron pour trouver droit de cité dans l'étude du siècle des Lumières.

Des Lumières chrétiennes

L'« *Aufklärung catholique* » *ou* « *chrétienne* » [44] : *l'ex-pression déconcertera encore ceux qui ont gardé l'habi-tude de considérer l'*Aufklärung *et les Lumières comme des notions équivalentes. Et pourtant, elle désigne remar-quablement — le jeu de mots peut être heuristique — cette rencontre qui n'a jamais eu lieu entre des chrétiens inquiets et cette croisade entreprise, sans chef et sans itinéraire, à partir du milieu du XVIIIᵉ siècle, par les tenants d'un bon Dieu trinitaire incarné en Jésus-Christ et dispensateur du message évangélique.* « *L'Aufklärung catholique cherche à rassembler toutes les forces vives pour promouvoir une mystique du salut conforme au développement des connaissances profanes, à la perfecti-bilité de l'homme selon son environnement social, ses coutumes et son langage... Tout se passe comme si, devant l'effondrement d'une vue globale et fixe du monde par l'explosion des pluralismes socio-culturels, la revanche de la* "*modernité*" *et la montée de l'incrédulité, certains chrétiens, résolus à évangéliser une humanité saisie dans ses spectaculaires transformations, cherchaient un nou-veau langage mieux adapté, une insertion dans les grandes fermentations intellectuelles du temps* [45]. » *Les francs-maçons français ont peut-être précédé, en tout cas, accompagné les* Aufklärer *dans cette tâche de rénovation* du langage de la foi : ne cessaient-ils pas de proclamer la puissance du fils du grand architecte de l'univers qui vint établir sur la terre un travail qui a racheté le genre humain et l'urgence de faire voir qu'on ne doit pas rougir de l'Évangile [46]?

Devant les frères qui, dans les années 1740, avaient fini par convaincre Louis XV de leur bonne volonté politique et sociale, l'Église de France pouvait difficilement rester isolée dans son attitude répressive. Certes, il y avait le pape et sa bulle d'excommunication, sans effet dans le royaume; mais il y avait aussi le roi de France avec lequel elle devait compter : pressé par l'agitation des robins, des nobles et de la cour, ce dernier n'avait-il pas successivement imposé la tolérance pour les francs-maçons, la loi du silence sur la bulle Unigenitus et le silence tout court aux jésuites? Entre les deux maux, l'Église a choisi, à son habitude, le moindre, sans pour autant perdre de vue son intérêt pour le long terme ou pour l'éternité.

Car le silence qu'elle adopta en définitive, après le milieu du XVIIIe siècle, sur les activités des frères, ne s'explique pas seulement par son alignement sur la position gouvernementale. Les clercs connaissaient l'incapacité de leur organisation d'intervenir rapidement sur la courte durée culturelle et religieuse : la centralisation et la lourdeur de l'appareil de l'Église ne leur permettaient guère, face aux mouvements imprévus du troupeau, que de se taire ou de répéter les vieilles mises en garde contre la nouveauté... ou de laisser parler des fidèles à leur place, quitte, le temps de la réflexion venu, un siècle plus tard, à les censurer, voire à leur lancer l'anathème. Or, le système des hauts grades maçonniques fut l'une des premières défenses imaginées par des chrétiens pour protéger une mystique authentique du salut contre la contamination de cette « philosophie de l'inquiétude » dont Jean Deprun a récemment découvert les « dangers » [47]. En rang serré, Condillac, Diderot, Helvétius, Buffon et les autres, avaient entrepris de ramener l'inquiétude du ciel sur la terre et d'aider l'homme à reconquérir ici-bas sa majorité; les chercheurs de Dieu et

144

les défenseurs de l'âme, Kadosch et Rose-Croix réunis, montèrent courageusement en ligne pour maintenir l'inquiétude sur l'au-delà, sans pour autant l'interdire dans le siècle — nouveau langage oblige. Comment l'Église n'aurait-elle pas été séduite par ces militants de base qui souhaitaient recevoir le baptême du feu?

Autre raison de l'indulgence obtenue par les frères auprès des évêques de France craintifs, à l'excès, devant tous les groupes organisés, hors de leur contrôle, et ayant choisi Dieu pour référence suprême : l'affirmation du principe fondamental de la solitude de l'initié aux hauts grades. Les rituels rédigés dans les années 1760 montrent, sans ambiguïté, que le voyage vers les mystères les plus impénétrables de l'Art Royal est celui d'un homme seul; il est encore plus seul, après la découverte de la vérité, puisqu'il lui est impossible de la transmettre. Casanova a écrit un texte remarquable sur cette expérience initiatique en maçonnerie :

Il y a cependant un secret mais il est tellement inviolable qu'il n'a jamais été dit ou confié à personne. Ceux qui s'arrêtent à la superficie des choses pensent que le secret consiste en mots, signes et attouchements... Erreur. Celui qui devine le secret de la franc-maçonnerie, car on ne le sait jamais qu'en devinant, ne parvient à cette connaissance qu'à force de fréquenter les loges, qu'à force de réfléchir, de raisonner, de comparer et de déduire. Il ne le confie pas à son meilleur ami en maçonnerie, car il sait que, s'il n'a pas deviné comme lui, il n'aura pas le talent d'en tirer parti dès qu'il le lui aura dit à l'oreille. Il se tait et ce secret est toujours un secret [48].

Balivernes que ce savoir inexprimable, pouvait-on penser du côté des Lumières; l'Église en jugeait autrement : si le secret, dont elle avait tellement eu peur, était incommunicable, et si la quête des grades restait strictement individuelle, elle n'avait désormais plus rien à craindre de l'association maçonnique qu'elle avait d'abord condamnée comme groupe, et redoutée, ensuite, comme « *intellectuel collectif* » *au service de la foi chrétienne. Assurés de leur monopole sur l'ensemble des fidèles et prêts, de longue date, à supporter les abus, commis au nom de Dieu, par des brebis solitaires, les évêques cessèrent de tonner contre les frères; la paix et le silence pouvaient enfin régner dans les temples.*

De Fleury à Choiseul, les francs-maçons français avaient fait les preuves de leurs aptitudes au divertissement selon les bienséances sociales et de leurs capacités de prendre au sérieux et de répondre aux tourments des esprits de leur siècle. Entre les années 1730 et les années 1760, ils ne furent pas seuls à s'engager sur la voie étroite de l'expérimentation d'un nouveau langage et d'une nouvelle sociabilité, adaptée à ce désir de réconciliation durable entre le bonheur et la vertu, « idée neuve » par le nombre croissant de ses adeptes; ils ne furent pas seuls, non plus, à expérimenter, avec les mêmes moyens, une approche neuve de Dieu, audacieuse par rapport à celle d'une Église conservatrice, et combative, face aux philosophes qui s'acharnaient à détourner les âmes de l'Église et du ciel. Mais à la suite des longs examens imposés par le gouvernement royal et les évêques de France, l'Ordre maçonnique fut la seule association de dimension nationale qu'ils décidèrent d'admettre dans l'appareil de sociabilité en place. Il restait donc à la franc-maçonnerie, implicitement reconnue d'utilité publique et privée par le trône et par l'autel, à confirmer sa jeune réputation auprès des profanes.

> Tout annonce... que la franc-maçon-
> nerie vulgaire est une branche déta-
> chée et peut-être corrompue d'une tige
> ancienne et respectable [1].
>
> Joseph de Maistre

Nous avons déjà eu l'occasion (1-IV) de citer cette prophétie de Joseph de Maistre, faite en 1782. Prophétie, mais aussi bilan de l'évolution de l'Ordre depuis son origine. Pour ce spécialiste des mystères de l'Art Royal, la tige ancienne et respectable représentait la voie qui, dès l'origine, avait attiré les partisans de l'ordre de chevalerie et de la hiérarchie sociale, et les combattants pour un christianisme transcendant, par le parcours des hauts grades. Quant à la franc-maçonnerie vulgaire, elle désignait cet autre chemin emprunté par les frères, préoccupés de retrouver, sans distinction de rang, l'un des styles fondamentaux de la vie heureuse : une communauté d'âmes choisies, à l'intérieur d'un monde clos.

Deux pistes de recherche réunies depuis les années 1730 par le souci de faciliter la tâche aux hommes toujours prêts à se prêter aux besoins les uns des autres, pour endiguer le débordement des passions et rétablir l'ordre parmi les humains [2]; mais l'union devenait fragile dès que la sociabilité maçonnique, établie à Paris et dans quelques villes du royaume, s'étendait aux bourgeois, aux clercs et aux nobles de toutes les provinces de France. Joseph de Maistre avait donc raison d'avoir peur; trente ans après le discours de Ramsay et la première manifes-

*tation d'inquiétude des frères parisiens à propos du sort de la franc-maçonnerie — l'*Ordre de société *ou l'*Ordre de chevalerie *— le débat risquait de reprendre : entre la tradition et la nouveauté, entre l'institution religieuse et l'association d'agrément, entre la prière pour la rédemption des péchés et l'invocation d'un vague être suprême pour aider à vivre dans le siècle, entre les* Contre-Lumières *et les* Lumières. *Or cette querelle des anciens et des modernes a eu lieu dans plus de trois cents villes du royaume, sans compter les orients* * des colonies.*

**La franc-maçonnerie
à deux faces**

En 1776, dans un Mémoire concernant une association à établir dans l'ordre des F∴M∴ pour le ramener à ses vrais principes et le faire tendre véritablement au bien de l'humanité..., *Mirabeau proposait, avec fermeté, des objectifs pour les activités maçonniques : outre l'abolition du servage et des corvées, l'institution en France de la liberté des cultes et la promotion de l'instruction,* l'introduction de la raison, du bon sens, de la saine philosophie dans l'éducation de tous les ordres des hommes sera le premier but de l'association, *ce qui rendait nécessaire, pour lui, l'exclusion de* tout homme bigot [3]. *Dix ans plus tard, après que l'Ordre eut emporté l'adhésion de l'aristocratie, du clergé et des notables des villes, Mirabeau — par la plume de son collaborateur Mauvillon — n'avait pas changé d'avis sur l'avenir de l'Ordre, ni sur* le bon et le mauvais côté de toutes les associations :

La difficulté de cette question est de concilier le point de vue philosophique, avec celui d'un état quelconque, dont en général le principe doit être de concourir au maintien actuel de l'ordre social dans le repos *et la tranquillité* [4].

L'analyse du mouvement associatif en termes de mou-

vement et d'ordre conduisait inévitablement à un juge-
ment contradictoire sur la franc-maçonnerie.

Ce n'est que dans la maçonnerie libre qu'il peut
être permis d'entrer avec l'espoir de faire quelque
bien...

... toutes les autres branches ont été imaginées par les
jésuites, et sont des émanations de ce corps redoutable,
instituées à plusieurs époques; tantôt pour arriver à un but
fixe, comme de prendre pied dans une contrée afin d'avoir
moyen d'y tenir des agens et des émissaires; tantôt pour
substituer une forme nouvelle à une forme usée, et donner
un appât nouveau à la curiosité; tantôt pour échauffer les
esprits, et ranimer le zèle par le trouble et la contradic-
tion... Mais le bon et le mauvais principe auraient pu
s'allier, plutôt que l'idée d'abrutir l'espèce humaine, pour
la livrer aux mains d'une société qui veut la régir par la
superstition [5].

Joseph de Maistre et Mirabeau s'accordent au moins
sur la division des frères entre deux options : la voie
substituée des Lumières et la voie de la foi et de la
tradition pour Maistre, la voie philosophique de la liberté
et la voie de l'infâme entretenue par les jésuites, pour
Mirabeau. Sans doute cette entente sur la dualité de la
franc-maçonnerie cesse-t-elle, dès qu'il s'agit de définir
les tracés exacts des chemins après la bifurcation, mais
elle conserve un grand intérêt pour la recherche histori-
que : avant 1789, quelques théocrates et tenants des
Lumières conseillaient à ceux qui voulaient connaître la
vérité sur l'Ordre d'y examiner toutes ses branches. Peine
perdue! L'histoire maçonnique allait s'écrire, avant et
après la Révolution française, comme si de rien n'était :
tantôt le bon, tantôt le mauvais côté de l'association,
jamais les deux côtés en même temps, tantôt une branche,
tantôt l'autre, jamais l'arbre au complet.

*L'astronome Lalande publie, en 1777, un mémoire
historique sur la franc-maçonnerie : la quête de Dieu et
l'égalité des frères en sont absentes; il reste une sociabilité
respectueuse des usages politiques et sociaux en vigueur,
et fière de son succès :*

Les obligations que l'on contracte parmi les Maçons,
avec serment, ont pour objet la vertu, le souverain, la
patrie, les loix civiles, et l'union Maçonique. Les informations que l'on prend sur le compte de celui qui se présente
pour être reçu Maçon, assurent ordinairement, la bonté du
choix; enfin les épreuves qui précèdent la réception, servent
à constater la fermeté, le courage qui sont nécessaires pour
garder un secret comme pour pratiquer la vertu. Il en
résulte nécessairement une association d'autant plus respectable, qu'elle est choisie, préparée et cimentée avec
soin, qui ne peut jamais produire aucun inconvénient dans
l'ordre public, et qui pourroit au contraire lui devenir utile.
... Parmi les hommes qui n'étant pas Maçons disputent
souvent sur l'objet de la Maçonnerie, et surtout les femmes
qui ont de l'esprit et de la curiosité, on n'accuse plus les
Maçons comme autrefois, mais on croit pouvoir rire de leur
secret... Mais il n'est que trop ordinaire de voir qu'on venge
son amour-propre en affectant du mépris pour ce qu'on ne
connoit point. Les Savans l'éprouvent même quelquefois
parmi les Grands, relativement aux connoissances qui les
distinguent, mais les Maçons, ainsi que les Savans, contens
du témoignage de leur propre conscience et fiers de la
dignité de leur caractère, disent avec le même enthousiasme qu'Horace :

   Odi profanum vulgus et arceo [6].

*L'histoire écrite par l'abbé Barruel est toute différente,
elle s'inscrit dans la longue durée, celle qui conduit du
Jacobinisme de l'antiquité [et] du moyen age aux Jacobins
modernes :*

Notre objet, à nous, dans toutes ces recherches étoit bien moins d'humilier tous les Frères, que de leur dévoiler les pièges d'une secte si justement flétrie dès les premiers jours de son existence. Notre objet est surtout que l'on conçoive enfin quel intérêt avoient et la Religion et les Empires, à constater le grand objet d'une société secrète, répandue dans toutes les parties de l'univers; d'une société dont on ne peut douter d'abord, que le secret ne soit tout dans les mots confiés aux adeptes dès le premier grade de la Maçonnerie; dans ces mots *égalité*, et *liberté;* d'une société, dont les derniers mystères ne sont que l'explication de ces mots, dans toute l'étendue que la Révolution des Jacobins leur a donnée [7].

Le jacobinisme moderne, défini par Barruel à la fin du XVIIIe siècle ou par Augustin Cochin au début du XXe siècle, comme le processus de prise du pouvoir politique, achevé en 1789, par ceux que les sociétés de pensée avaient depuis longtemps accoutumés à l'appropriation de la volonté du peuple, au nom de l'égalité et de la liberté, a provoqué de nombreuses et bonnes controverses entre les frères et les autres, entre la mémoire maçonnique et l'histoire; il a aussi inspiré ce genre de récit qui ferait sourire s'il n'avait été publié, en 1943, par Bernard Fay, directeur de la revue vichyssoise, Documents maçonniques :

LA F∴ M∴ ET LES LEVIERS DE COMMANDE

... Toutefois, Louis XV leur [*les francs-maçons*] faisait grise mine, et autour du roi un noyau de résistance efficace se maintenait. Peu soucieux de l'opinion publique, assez dédaigneux à l'égard des philosophes, et, par ailleurs, très perspicace, ce grand roi... avait réussi à constituer les barrages que la Franc-Maçonnerie ne pouvait franchir...

Rien d'étonnant donc à voir le déclin de Louis XV correspondre à l'essor de la Maçonnerie, et la mort du roi coïncider avec son triomphe... La Maçonnerie tenait toutes les avenues de la cour, toutes les antichambres des ministres, l'Académie, la Censure, le *Mercure de France*, la *Gazette de France*, le ministère des Affaires étrangères, les cultes même, avec le jeune et déjà fameux Talleyrand, enfin elle tenait les Parlements que le jeune roi venait de rappeler et qui aussitôt avaient servi de bouillon de culture pour les loges maçonniques les plus actives. L'armée même voyait se multiplier les loges militaires que la guerre d'Amérique allait encore favoriser. C'est l'âge d'or de la Maçonnerie...

Jamais plus, depuis ce jour, la Maçonnerie n'a perdu la place qu'elle avait conquise à cette époque...

Vient ensuite la sinistre histoire de la machination, sinistre parce qu'elle a servi contre les frères, contre les juifs, et qu'elle est toujours prête à servir ceux qui dénoncent l'inévitable manipulation des masses par des petits groupes unis et agissant dans l'ombre.

Peu importait le régime, peu importait le souverain, pourvu qu'elle pût s'incruster dans les bureaux et dans les antichambres; ainsi la Franc-maçonnerie se jugeait sûre de maintenir son influence. Il lui importait cependant de voir instaurer des équipes et des méthodes de plus en plus impersonnelles, où les responsabilités fussent diluées, où l'élément bureaucratique et anonyme gagnât en influence, car c'est par là qu'elle régnait et par là que ses méthodes triomphaient le plus facilement. Société secrète, elle fuit la lutte en plein jour, à visage découvert, homme contre homme. Elle préfère la pénombre des corridors ministériels et la poussière des dossiers derrière laquelle l'intervention d'un scribe inconnu peut d'un trait d'écriture changer une décision ministérielle et disposer d'une place [8].

Malgré la séduction encore exercée par ce courant historiographique illustré par le texte de B. Faÿ, il est préférable d'en revenir à Maistre, Mirabeau et Barruel qui, à leur manière, rendent compte de la lutte sourde engagée dans les ateliers entre les Lumières et les contre-Lumières, à propos de l'égalité et de la discipline maçonnique.

I

L'égalité
dans l'ordre
des conditions

Le secret général des francs-maçons prescrit dans les loges éclata le 12 août 1792 datant la quatrième année de la liberté, la première de l'égalité [9]. *La conviction de l'abbé Barruel ne résiste pas longtemps à l'examen de la pratique du recrutement des ateliers à l'époque de Louis XVI.*

Tableau des frères Membres et affiliés voyageurs qui composent la respectable Loge de Saint-Jean constituée sous le titre distinctif des frères discrets, séant à l'Orient de Charleville pour l'année de la grande lumière 5782. *Le refus de la datation profane et la certitude de l'ancienneté de l'Ordre expliquent ce recul de quatre mille ans dans la chronologie maçonnique. Le tableau indique ensuite, pour chaque frère, les noms de baptême, les noms de famille, les qualités civiles, les charges et dignités en loge et les grades maçonniques :*

De la Fue Dauzas, Chevalier de l'ordre royal et militaire de Saint-Louis, major de la ville et citadelle de Mézières, fondateur (de la loge), vénérable *, ... fondateur du Souverain Chapitre *, Rozecroix *.

Guyonnet Chabot, marchant orfèvre, Premier surveillant *, ... fondateur du Souverain chapitre, Rozecroix.

Comte de Monet, capitaine réformé au régiment de Balsunce dragons, membre aggrégé *, orateur, Rozecroix.

Gelez, chirurgien major au régt de Belsunce, membre né, secrétaire, Élu *.

Dard d'Épinay, Brigadier au rég^t de Belsunce dragons, membre aggrégé, Rozecroix.

Richepanse, fourrier au rég^t de Belsunce dragons, membre aggrégé, Chevalier d'Orient *.

Royer, maréchal des logis au rég^t de Belsunce, maître des cérémonies *, Chevalier d'Orient.

Chabrol, chirurgien major du corps royal du génie, membre externe *, Rozecroix.

Petitcolas Monard, orfèvre, membre aggrégé, Chevalier d'Orient.

Dubois d'Escordal, capitaine d'artillerie, aggrégé, Rozecroix.

Hoclet, négociant, aggrégé, Élu.

Prévot, regisseur des forges de Nouzon, membre né *, Élu.

De Grant de Blairfindy, mestre de camp de dragons, membre externe, Rozecroix.

Poulain de Boutencour, maitre des forges, aggrégé, Rozecroix.

Aubri Coquet, mécanicien, membre né, Élu.

Comte de Cerisy, cap^{ne} au rég^t de Belsunce, aggrégé, Rozecroix.

De Lorinier, capitaine de dragons, aggrégé, Élu.

D'Hamelin, capitaine de dragons, aggrégé, Rozecroix.

Du Lubre, capitaine d'Artillerie, aggrégé, Chevalier d'Orient.

De St-Vincent, officier d'artillerie, aggrégé, maitre simbolique *.

Claude Joseph Rouget de l'Isle, officier du génie, membre né, maitre simbolique.

Gignious de Bernede, officier du génie, aggrégé, maitre simbolique.

De Monet, Abbé, membre externe, maitre simbolique.

Gaspard Legis, frere servant * [10].

Ce document, lorsqu'il se présente en série de moyenne ou longue durée, permet de mesurer les effectifs et le dynamisme maçonniques de la loge dans la ville où elle est installée : pour y parvenir, il suffit de comparer l'évolution du nombre des frères avec celui des habitants ou de mesurer le rapport numérique entre les « membres nés » qui ont reçu la lumière pour la première fois dans le temple et les membres « agrégés » et « externes » qui l'ont reçue ailleurs. Les tableaux de loges autorisent surtout à prendre en faute la fraternité : à Agen, par exemple, deux ateliers s'opposent nettement par leur type de recrutement [11].

La parfaite fraternité (1780)	*La parfaite union (1777)*
Maître de musique	Notaire royal
Marchand épicier	Ancien mousquetaire
Marchand amidonnier	Écuyers : 5
Étapier du Roi	Négociants : 9
Entrepreneur de charpente	Docteur en médecine
Marchand orphevre	Bourgeois
Maîtres perruquiers : 3	Capitaines de bourgeoisie : 2
Fabriquants en serge : 2	Peintre
Commis à une fabrique en serge	Ancien officier d'infanterie
Marchand garnisseur	Religieux augustins : 2
Maître boulanger	Lieutenants : 2
Maître menuisier	Prêtre et vicaire
Marchand passementier	Officier régiment Blaisois
Officier suisse de Mgr l'Évêque	Chanoine brevetaire de la Cathédrale
Maître serrurier	Artiste
Architectes : 2	Ingénieur médailliste de l'Académie de Paris
Piqueur de Mgr l'Évêque	Officier de cavalerie
Entrepreneur de futailles	Prébendé et vicaire de la Cathédrale
Agriculteur arboriste	Prébendé de la Cathédrale
	Docteur des Boues de Barbentan
	Procureur au Sénéchal

D'un côté, une loge accueillante à la petite roture de la boutique et de l'artisanat, de l'autre, une loge qui recrute dans les deux premiers ordres du royaume et s'ouvre aux négociants et aux frères à talents. L'observation de la composition sociale des ateliers provençaux confirme cette « tendance de chaque loge à être formée par un groupe homogène [12] ».

	Antibes « Constance »	Antibes « Enfants réunis »	Aups	Barjols	Brignoles	Toulon « Élèves de Minerve »
Date du tableau	1788	1789	1784	1787	1789	1785
Effectif des frères	21	12	30	7	17	27
Clergé	0	0	1	1	0	0
Nobles	4	4	11	5	0	0
Armée, marine, admin. militaire	2	6	1	0	0	1
Titulaires d'offices	2	1	2	0	0	0
« Bourgeois »	4	0	7	0	1	1
Professions libérales	3	0	8	1	0	3
Négociants	5	1	0	0	3	0
Autres commerçants et métiers	1?	0	0	0	13	22

La « Constance » d'Antibes donne quelques gages à l'égalité, mais les « Enfants réunis » ferment les portes de leur temple aux profanes qui ne sont pas nobles, détenteurs d'offices ou militaires. Les frères d'Aups sont hospitaliers aux professions libérales tout en recrutant d'abord au sein des anciens et des nouveaux privilégiés; ceux de Barjols ne prennent aucun détour et se cooptent dans les deux premiers ordres de la société. Les francs-maçons de Brignoles et les « Élèves de Minerve » de Toulon préfèrent regrouper le petit monde de l'échoppe, à l'exclusion, ou presque, de tout frère qui pourrait leur faire affront par son titre ou par sa position dans l'appareil d'État. Les tableaux de loges où se vérifient, à l'échelle d'une ville ou d'une région, la correspondance entre « la multiplicité des loges et la pluralité des groupes sociaux ou professionnels [12] » sont innombrables. Mais l'accumulation des instantanés de groupes maçonniques ne permet pas de mettre les pratiques inégalitaires des ateliers à l'épreuve de la moyenne durée, surtout pendant les quatorze ans du règne de Louis XVI, période décisive pour l'Ordre, en raison des dizaines de milliers de frères qui lui confèrent les caractères d'un nouveau mouvement de masse.

Sept loges
de province

Dans le département des Ardennes, constitué après 1789, sept loges, rattachées à l'obédience du G.O.D.F., ont travaillé, selon des rythmes différents, de 1774 à 1788, et recruté 314 frères au sein des bourgeois domiciliés dans leurs orients, des nobles et des clercs en résidence ou en fonction dans la campagne environnante, des militaires en place ou en garnison dans les citadelles et les casernes de la région. Pour comparer les loges entre elles, les pourcentages de chaque catégorie sociale par rapport à l'effectif annuel des frères recensés sur les tableaux [13], figurent sur l'axe vertical. Sur l'axe horizontal, sont représentés successivement sept groupes sociaux classés en fonction de leur engagement dans la recherche du profit commercial et manufacturier, de leur dépendance professionnelle par rapport à l'appareil d'État et de leur appartenance aux deux premiers ordres de la société [13]. Ainsi, de gauche à droite, on rencontre les professions libérales, les commerçants et les négociants, ce qui permet d'identifier rapidement la tendance bourgeoise du recrutement de la loge; viennent ensuite les membres de l'appareil judiciaire et fiscal de la monarchie, les nobles, les clercs et les militaires, catégories pour lesquelles le présent et l'avenir sont liés à l'existence et à la survie de l'Ancien Régime : une excroissance du diagramme du côté

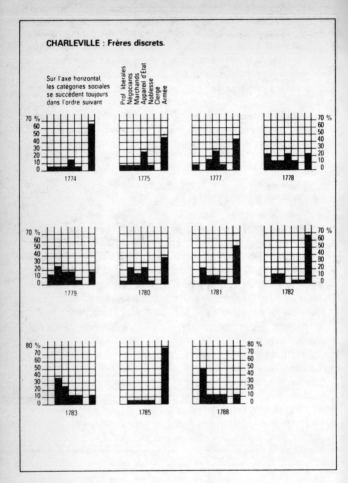

CHARLEVILLE : Frères discrets.

Sur l'axe horizontal,
les catégories sociales
se succèdent toujours
dans l'ordre suivant

Prof. libérales
Négociants
Marchands
Appareil d'État
Noblesse
Clergé
Armée

1774   1775   1777   1778

1779   1780   1781   1782

1783   1785   1788

158

CHARLEVILLE : Frères réunis.

Sur l'axe horizontal,
les catégories sociales
se succedent toujours
dans l'ordre suivant :

Prof liberales
Negociants
Marchands
Appareil d'Etat
Noblesse
Clergé
Armée

1774   1775   1777   1778

MEZIÈRES : L'Union parfaite du Corps du génie.

1774   1779   1780

GIVET : Les Amis réunis de Saint-Hilaire et de Notre-Dame.

1775   1785

SEDAN : La Famille unie.

Sur l'axe horizontal les catégories sociales se succèdent toujours dans l'ordre suivant

Prof. libérales
Négociants
Marchands
Appareil d'État
Noblesse
Clergé
Armée

1775

1776

1777

SEDAN : Les Amis réunis.

1777

1779

1780

RETHEL : La Bonne union.

droit indique donc la prépondérance sur les colonnes des représentants des groupes sociaux dominants. Il va de soi que l'examen des graphiques n'autorise, en aucune manière, à supposer quelque correspondance entre le type de composition socio-professionnelle — bourgeois, aristocratique ou égalitaire —, et le genre de discours qui est tenu en loge. Les frères ne nous ont pas encore ouvert les portes du temple...

L'observation de la composition sociale des sept loges, entre 1774 et 1788, montre que les frères ont été peu sensibles aux vertus de la sociabilité égalitaire et ce, dès la création de leur atelier; lorsqu'elles sont prises en compte, à l'exemple des Frères discrets de Charleville, elles ont mal résisté à la moyenne durée : après 1782, la recherche de l'équilibre social au sein des colonnes est abandonnée au profit du recrutement dans les catégories bourgeoises, tendance que tempère parfois l'entrée des militaires, directement liée à l'itinéraire de leurs régiments. On trouverait sans doute chez les francs-maçons parisiens des diagrammes plus respectueux de la démocratie mais, sous le règne de Louis XVI, ils ne représentent plus qu'une minorité dans le corps maçonnique. Le film tourné dans les loges ardennaises vérifie donc les photographies prises dans les temples provençaux. Il permet aussi de repérer les taux extraordinaires de la mortalité et du sommeil maçonnique : une loge sur sept parvient à faire durer ses travaux jusqu'à la Révolution française et toutes les sept semblent connaître, au cours de leurs activités, des phases de silence partiel ou définitif, d'où l'enregistrement de vingt-huit tableaux seulement sur les quatre-vingt-huit probables pour l'ensemble des ateliers entre leur date d'installation et 1788.

L'étude des phénomènes de sociabilité locaux ou nationaux, initiatiques, politiques ou religieux, est toujours incomplète si elle ne porte pas à la fois sur les adhésions et sur les abandons. Aussi, l'irrégularité de la fréquentation des frères et de l'action des ateliers cons-

titue, pour moi, un fait tout aussi décisif que le courant qui a conduit, en vagues successives, 50 000 Français sur les colonnes * des loges au cours des quinze années du règne de Louis XVI. Car sur les 50 000 francs-maçons et sur les 700 loges recensés pendant cette période, quelle fut la durée effective du travail maçonnique? Les lacunes dans les séries de tableaux et les absences, voire les désertions rapides des frères des assemblées de loges, doivent être considérées comme autant d'infidélités collectives ou individuelles aux pratiques en vigueur dans l'Ordre maçonnique : ceux qui ont souhaité entrer en loge et y sont restés ont été d'abord curieux puis satisfaits; ceux qui ont cherché l'initiation et quitté la voie de l'Art Royal, en cours de route, sont des hommes pour lesquels la découverte du discours maçonnique sur l'égalité et les Lumières a été décevante. Ils n'ont pas voulu l'écouter plus longtemps parce qu'ils l'avaient déjà entendu ou parce qu'ils en attendaient un autre, plus conforme à leurs projets.

Les exclus de l'Ordre

On pourrait penser qu'après les Constitutions d'Anderson *tout avait été écrit sur les conditions d'admission des profanes dans les temples :* Un Maçon est obligé, en vertu de son titre, d'obéir à la loi morale, et s'il entend bien l'Art, il ne sera jamais un athée stupide ou un libertin sans religion. *Mais les francs-maçons français n'ont jamais admis que les loges s'ouvrent tout à coup à tous les profanes remplissant ces obligations; pour éviter toute illusion, ils passèrent rapidement maîtres dans la rédaction de textes réglementaires qui dissuadaient certains Français encore épris de sociabilité démocratique, de franchir le pas.*

L'appartenance religieuse ne semble pas avoir été retenue par les frères comme critère de sélection, sinon dans les Statuts de 1755 où il était prescrit de n'admettre que des gens craignant Dieu et ayant le Baptême, exigence dont on ne trouve plus trace après la réorganisation maçonnique de 1773. Pourtant, dans ce domaine, la coutume a pu avoir les mêmes effets qu'un règlement discriminant : l'habitude prise de mentionner, pour les récipiendaires au grade d'apprenti ou de chevalier Rose-Croix, leur profession de foi — catholique, apostolique et romaine, à l'unanimité, à Charleville [14] — est, à coup sûr, rassurante pour les nombreux fidèles de la Sainte Église; elle risquait aussi de faire hésiter plus d'un profane devant les portes du temple et de décourager plus d'un frère qui espérait trouver en loge plus de tolérance et d'audace.

Mais le souci principal des francs-maçons, surtout ceux du Grand Orient, a été de se prémunir contre les dangers de la vulgarisation du recrutement : alors que ses institutions étaient à peine en place, le Centre commun recommandait aux loges, dès le 27 décembre 1773, de n'admettre que les maîtres artisans et leurs fils à l'exclusion des compagnons et des apprentis; dans un discours de 1777, Bacon de la Chevalerie expliquait que les ouvriers ne sont pas libres parce que mercenaires; gagnant peu, ils ne pourraient participer à égalité aux charges imposées par la qualité de maçon. A la liste des réprouvés, il ajoutait les domestiques, songeant aux difficultés qui naîtraient dans la société si l'égalité maçonnique s'établissait entre maîtres et serviteurs, et les comédiens en raison de leur dépendance par rapport aux caprices du public [15].

C'est au nom de la liberté de la personne que le Grand Orient justifie le tri des profanes, cette liberté de la personne qui, selon Goldmann, constitue une catégorie essentielle de la pensée des Lumières et de l'idéologie bourgeoise [16], et, pour d'autres historiens, une des revendications fondamentales des élites libérales [17]. Un texte, conforme aux instructions du G.O.D.F., daté du 29 novembre 1788, soit quelques mois avant l'explosion démocratique, montre comment les

*frères surent se servir du mot liberté contre la démo-
cratie :*

Nul profane ne peut être admis avant l'âge de vingt et un
ans. Il doit être de condition libre et non servile et maître de
sa personne. Un domestique quel qu'il soit ne sera admis
qu'au titre de frère servant *... On ne doit recevoir aucun
homme professant un état vil et abject, rarement on
admettra un artisan fût-il maître surtout dans les endroits
où les corporations et les communautés ne sont pas
établies... Jamais on n'admettra les ouvriers dénommés
compagnons dans les arts et métiers [18].

*Non seulement les francs-maçons jouent avec habileté
du mot liberté, mais ils aiment à en jouer jusqu'au bout :
dans les villes où le travail est libre, sans l'encadrement
des jurandes, le compagnon et le maître ne pourront pas
devenir* compagnon *ou* maître *en loge maçonnique; là où
la hiérarchie des corporations est solidement établie,
l'atelier se laissera peut-être aller à accueillir un maître
artisan. Les frères partisans de l'abolition des maîtrises et
des jurandes édictée par Turgot en 1776 ont dû s'étonner
de lire, en 1788, un discours maçonnique qui, à sa
manière, se faisait l'écho de la harangue prononcée par
l'avocat général du Parlement, lors du lit de justice du
12 mai 1776, contre les* dangers de l'égalité *et d'une* liberté
indéfinie *contenus dans les projets du contrôleur général.
Douze ans après ses réformes avortées, Turgot faisait
toujours peur dans les loges, du moins pour ceux qui
fréquentaient encore leurs travaux.*

*Pour contrôler le flux d'entrée des récipiendaires, les
ateliers disposaient donc du corpus des règlements du
G.O.D.F. qui visait particulièrement les professions viles
et mécaniques; à l'échelon de leur orient, ils renforcèrent
les dispositifs juridiques de refoulement de certaines
catégories socio-professionnelles par un tarif de l'initiation, qui ôta définitivement à des groupes nombreux des
villes toute envie de connaître les mystères de l'Art
Royal.*

Pour être initié, un « bourgeois » devait payer à Charleville :

Pour les trois premiers grades	48 livres
Pour le frère servant *	3 livres
Pour le don gratuit * d'un apprenti	3 livres
Pour le don gratuit d'un compagnon	1 livre 10 sols
Pour le don gratuit d'un maître	1 livre 10 sols
... En cas qu'il veuille prendre un grade au-dessus	
Pour le grade reçu	12 livres
Pour le frère servant	1 livre 10 sols
Pour le don gratuit	1 livre 10 sols

Ainsi, il en coûtait 57 livres au profane qui voulait accéder à la maîtrise en un an, sans compter les frais de tablier, d'outils, de cordons et de banquet correspondant à son grade; l'obtention d'une patente, laissez-passer indispensable pour être reconnu dans d'autres loges, entraînait un supplément de 24 livres [19]. 57 livres est une somme considérable si on la compare au salaire journalier d'un ouvrier de la manufacture d'armes de Charleville — 2 livres quand il a du travail — ou même au salaire annuel d'un cadre de l'industrie textile sedanaise — 500 livres. Sans doute le profane de Charleville pouvait-il, à l'occasion d'un voyage, chercher une initiation à moindres frais : malheur à sa bourse s'il se faisait recevoir aux trois premiers grades à la loge du Moria du Mans, car il aurait dû avancer 15 livres de plus pour connaître les mêmes mystères [20] !

Les différents barèmes d'adhésion maçonnique et leurs variations dans le temps, les modifications des règlements intérieurs fixant les conditions de recrutement sont autant d'indices des tensions sociales dans la ville où est installé l'atelier; ils révèlent, en particulier, les seuils de revenus, de classes sociales et de classes d'âges en dessous desquels les gens à statut — privilégiés ou non — et ceux qui croient en posséder un — parvenus ou vaniteux — refusent de descendre pour peupler les colonnes. Dans les lieux clos que sont les loges, la peur de la démocratie et de la contagion du vulgaire trouvent à s'exprimer en toute liberté. Les frères de Gravelines, orient proche de Dunkerque, composés d'agents de l'administration royale, de fabricants de tabac et de négociants, manifestent, avec une franchise croissante, leur intérêt pour les pratiques inégalitaires.

[*1767, articles 3, 7 et 9.*] L'autel et le trône seront respectés, le libertinage et les raisonnements politiques bannis de nos assemblées. La moindre licence sera sévèrement punie.

Ceux qui seront admis à être membre de cette loge devront être des gens d'une probité reconnue, de bonne réputation, pleins d'honneur et de droiture, nés libres et d'un âge mur, connus pour discrets et sages.

Chaque nouveau frère à sa réception doit... remettre au fond de la Loge une certaine somme que les membres trouveront convenir et qui la régleront selon la faculté et la qualité du récipiendaire mais aucun ne sera reçu à moins de # nettes (en marge, # : cette somme sera fixée suivant le rang civil de la fortune du récipiendaire), non compris son habillement qui restera à ses frais et la reconnaissance ordinaire du servant *.

[*1779, articles 3 et 38.*] L'aspirant étant admis aux épreuves, son parrain remettra en mains du trésorier la somme de 60 livres sans qu'à l'avenir cette somme puisse être modérée... La loge se chargera des frais de repas frugal suivant l'ancien usage.

L'égalité étant la base de la Maçonnerie tous les frères se traiteront cordialement parmi les vulgaires sans égard au plus ou moins de fortune excepté dans les occasions où la disproportion des emplois serait un obstacle évident. Un Frère serait puni très sévèrement s'il était bien constaté qu'il ait méprisé un de ses Frères quelconque... il le serait de même s'il était avéré qu'il ait souffert qu'on le méprise.

[1784, lettre au G.O.D.F.] Il faut donc prendre des précautions pour que les travaux ne transpirent pas... Aucun aspirant ne sera reçu avant l'âge de 25 ans et ne pourra être introduit à la maîtrise avant 27, s'il en est jugé digne par le scrutin. Nous espérons par ces moyens soustraire vos Loges à la connaissance du public, l'évidence ne donnant que trop de preuve que l'effervescence de la jeunesse est peu propre à la discrétion maçonnique, une assemblée peu nombreuse est préférable à un cahos qui pourrait porter atteinte à une société respectable et dont nous avons la faveur d'être membre [21].

Les francs-maçons de Gravelines exorcisaient leur peur du peuple et des jeunes en élevant le montant de la cotisation et la limite d'âge. D'autres n'hésitèrent pas à exprimer, en termes plus crus, leur crainte de tous ceux qui n'étaient pas de leur classe ou de leur groupe de référence.

« Le sévère niveau de l'égalité »

Lamouroux, négociant et vénérable de « La Sincérité » à l'orient d'Agen — les tableaux des deux autres loges agenaises ont déjà été présentés — vante, en 1775, les bienfaits de l'égalité dans son discours d'inauguration :

Il est encore un objet bien grave qui s'oppose à l'unité de sentiment à laquelle nous devons tous aspirer. Cette unité absolue et pourtant nécessaire ne peut fleurir parmi nous si chaque frère ne dépouille entièrement en loge l'homme civil pour ne vêtir que le maçon. Grâce au Grand Architecte nous avons toujours été convaincus qu'il n'est aucun de nous qui ne soit soumis au sévère niveau de l'égalité... de l'Égalité dépend cette union intime, l'objet de nos recherches, la fin de nos travaux... Osons donc dire. Loin de nous l'égoïsme et ce qui le compose, loin de nous les intérêts civils, les considérations d'état et toute personnalité formée au dehors; loin de nous la vanité de talens même la vanité des vertus [22].

Un an s'est passé et Lamouroux, toujours négociant, se prend déjà à hésiter à propos des vertus du « sévère niveau de l'égalité », niveau que sa condition bourgeoise aurait dû pourtant inciter à maintenir, s'il avait pensé sérieusement à l'avenir...

Nous apprenons qu'une soy disante loge établie à Langon demande des constitutions; nous sommes bien loin de nous y opposer encore moins nous permettrons nous de donner au (G.O.D.F.) des avis qu'il ne demande pas mais pourrions nous lui observer qu'une trop grande facilité à donner des constitutions est une playe profonde pour la Maçonnerie et capable d'en entraîner la chute; il est une classe d'hommes qui n'ont pas d'éducation par état; l'habitude du malheur, le besoin constant de subsister, l'assiduité au travail, les mœurs douces de la capitale peuvent en faire à Paris des citoyens paisibles et honnêtes, ce n'est pas de même dans les provinces méridionales où la chaleur du climat, l'abondance des choses nécessaires à la vie et surtout le vin qui est à bas prix rendent l'artisan fier dur et même féroce; dès que cette classe d'hommes sera réunie en corps de loge quel est l'homme honnête qui voudra se faire recevoir maçon et fraterniser avec des individus de cette espèce; on abandonnera cet état qui ne sera rempli que de gens du plus bas étage [22].

Les frères de « La Sincérité » sont favorables à la propagation de l'Art Royal mais quelle que soit la sublimité de cet art, le plus grand nombre des artistes pourraient être enfin tels qu'il en serait avili, ou qu'il deviendrait lui-même avilissant [22]. Aussi, lorsqu'en 1780, une troisième loge artisanale et boutiquière tente de se constituer à Agen, sous le titre de la « Parfaite fraternité » (cf. tableau 4, I), les élites maçonniques des deux autres loges ne parviennent plus à contenir leur peur devant tant de largeur d'esprit dans le recrutement de l'Ordre : dans

*une longue lettre adressée au G.O.D.F., la « Parfaite
fraternité » dénonce avec véhémence cette attitude peu
fraternelle :*

Nous n'ignorons pas que vôtre sagesse a député le frère
Dutrouilh pour venir expertir nos travaux. Il a manqué
nons seulement à la forme de sa députation mais encore
porté le mépris jusques à dire qu'il ne mêtrait jamais les
pieds dans nôtre enseinte et que certains états n'étaient pas
faits pour l'ordre maçonnique; est-il possible que pareils
discours puisse sortir de la bouche d'un maçon. Est-ce
l'homme qu'on admet dans l'ordre ou bien l'état qu'il
professe! Si ce n'est que l'homme pourquoy se formalize-
t-on des États, quat-on a faire à s'arrêter sur une matière
qui n'est que le pur effet du hasard; mais je m'aperçois que
quand on s'égare on ne s'égare pas à demi puisque cet
égarement fait oublier au frère Dutrouilh que nous
sommes créés par la puissante main du Grand Architecte
de l'Univers [23].

*Commence alors la plaidoirie passionnée en faveur de
l'honnêteté sociale des frères tisserands de serge, tonneliers et bouchers.*

Jeux de mots et lutte de classes

... s'il faut des garants de notre honnêteté Très Chers
Frères nous pouvons vous donner depuis notre prélat
jusques à toute la magistrature qui vous dira comme nous
que nous sommes d'une vie intacte, doués de mœurs
épurées, tous chef de famille dont le plus jeune a trente et
un ans, tous utiles à l'état et par conséquent incapable de
faire tort à l'ordre maçonnique, je crois que de pareilles
qualités pourrait suppléer au défaut de la naissance et nous
tenir quitte de la vérification de notre tableau, mais nous
voulons vous prévenir contre les fausses attaques de nos
Chers Frères de cet Orient [23].

Les faux frères ont émis des doutes sur la conformité entre les mots et les choses du métier :

La qualité de fabricant, disent-ils est fausse, se sont de vils sergers : ainsi dans un instant on foule aux pieds des honnêtes gens qui depuis six-cents ans de père en fils font fleurir le commerce de cet Orient tant réputé sous le nom des serges d'Agen; et qui de plus estimable de l'artisan habile qui met tous ses soins à bien fabriquer sa pièce pour assurer son nom et la vie de ses enfants, qui vit sans médisance et sans trouble, ou de certains marchands qui panchés sur le dos d'une cheze passent quelquefois les années entières à bailler au bout desquelles ils arrivent à ce qu'on appelle dans le monde vulgaire une banqueroute bien conditionnée et qui le plus souvent tourne au préjudice du serger avili : pardonnez (Très Chers Frères), pardonnez à notre sensibilité. Pouvons nous être de sang froid, scachant ce qui s'est passé à notre égard [23]...

Le Grand Orient ne se laissa pas fléchir par la revendication de dignité des pauvres frères d'Agen; il leur refusa la constitution d'une loge et ceux-ci, en désespoir de cause, s'adressèrent à la Grande Loge de France qui ne manqua pas de les accueillir sous son aile quelques mois plus tard.

A Agen, les frères nantis jouent au jeu de l'égalité en éliminant du parcours maçonnique les plus modestes qui trichent honteusement sur les mots désignant leur catégorie socio-professionnelle; à Toulouse, les francs-maçons préfèrent écarter délibérément tous les « plé-béiens » pour conserver les joueurs sérieux.

... aux statuts de notre ancienne loge conservés dans la même intégrité que nos constitutions nous n'avons ajouté qu'un seul article dont voici la teneur : nul ne pourra être reçu ni affilié dans notre atelier qu'il n'ait 25 ans accomplis, qu'il ne soit noble ou militaire ou officier en cour souveraine. Quoique la maçonnerie égale tous les états il est cependant vrai que l'on doit plus attendre des hommes qui occupent tous un état distingué dans la société civile que l'on ne doit attendre du plebeien; on ne peut disconvenir non plus que si notre art a souffert des échecs et éprouvé des revers et des malheurs dans la vicissitude des temps, c'est toujours à la confusion des états que nous avons reçus indistinctement que nous les avons dus [24]...

En Savoie, d'après Joseph de Maistre, les frères sont unanimes pour vanter les mérites de la pratique égalitaire, à condition que chacun reste dans sa loge, la loge « réformée » qui dépend du régime de la stricte observance (cf. chronologie, 1756 et 1773) et les deux autres soumises au Grand Orient de France.

L'égalité dont je me rappelle que vous m'avez parlé une fois comme d'une chose allarmante, ne signifiait absolument rien. Elle n'était que dans les mots. Il est même bien remarquable que dans les tableaux, les titres n'étaient jamais omis, ni même dans les discours; car, dans toutes les Loges, on disait : Frère Marquis ou Comte un tel! Mais lorsque les mots de liberté et d'égalité sont devenus le point de ralliement et le signal de factieux en délire, il n'est pas étonnant que les Gouvernements se soient allarmés sur le compte d'une société cachée qui professe l'égalité. Cette égalité se réduisait à Chambéri à une fréquentation mutuelle (en corps bien entendu) ainsi, par exemple la Loge Réformée, à l'époque de certaines fêtes, priait quelques membres de l'Union ou des Sept Amis qui venaient assister aux cérémonies et au souper. Réciproquement des membres de la Réforme répondaient quelquefois aux invitations des deux dernières, mais rarement, du moins quant aux gentilshommes. Les bourgeois y allaient plus souvent. Du reste, toute cette *Frérie* n'influait exactement point sur la distinction des états dans la Société [25].

Les frères n'ont jamais eu le projet de déranger la distinction des conditions; mais, en inventant de nouveaux signaux de communication entre les hommes — fraternité et égalité — ils ont créé et entretenu, pour un temps plus ou moins long, l'illusion que « ça bougeait » dans les ateliers, au rythme des idées d'avant-garde. Changer des mots et des places dans la société maçonnique sans que les francs-maçons ne cherchent à changer de mots ni de places dans la société profane, tel est le programme de l'Art Royal pour les hommes. Car pour les femmes, les frères prirent moins de précautions linguistiques pour dire leur inclination pour l'inégalité.

L'adoption des femmes

Les loges d'adoption — de femmes — furent, dès leur création, dépossédées de leurs sceaux et de leurs archives : souchées sur l'atelier masculin, leur recrutement et leur rituel dépendirent entièrement des directives élaborées par les frères, c'est-à-dire par les maris, présents lors des travaux. La mixité du groupe maçonnique a beaucoup fait jaser à Paris et surtout en province après 1773 : orgie ou échange de femmes au cours des assemblées? Si les frères ont passé outre, c'est qu'ils étaient sûrs de leur fait, sûrs de leur pouvoir de contrôler la soumission des sœurs. Les Lumières, la franc-maçonnerie et les femmes, vues de Barjac, dans le Gard, en 1784 :

A voir le relâchement qui s'est introduit dans nos loges, on ne doit plus s'étonner de rien et se contenter de gémir.

Nos pères plus ou moins sages que nous n'admettaient point à leurs assemblées ce sexe aussi charmant qu'il est dangereux. Pour assoupir leur clameur on leur a composé une maçonnerie qui pour l'instant a calmé leurs sentiments. En sommes-nous meilleurs maçons? hélas!

Il en est résulté une foule d'inconvénients. L'indiscrétion ou l'inadvertance de plus d'un a éclairé la curiosité avide de plusieurs femmes. Dans d'autres la rage de ne point pénétrer nos vraies mystères les a fait devenir nos antagonistes de manière que je ne dirais pas si le bien que procure leur association prévaut sur leurs anciennes calomnies.

Notre ordre s'est accru et la multitude lui a infailliblement fait perdre de son lustre et de sa faveur. Sans choix, sans le moindre examen, on reçoit des êtres sans mœurs et qui approchent moins de l'homme que le singe. D'autres que l'inconduite a réduit à la dernière nullité et qui deviennent à charge au corps qui les a reçus dans son sein lorsqu'ils gémissaient dans l'indigence mais il faudrait moins crier à l'abus et y remédier...

On ne trouve pas trace dans le discours maçonnique des courants féministes qui circulent au cours du XVIIIe siècle; au contraire, les frères s'acharnent à dénoncer les défauts « naturels » des femmes, se persuadant ainsi des vertus inégalables de la condition masculine. Pour faire bonne mesure, ils inventent des rituels initiatiques où les sœurs sont contraintes de recommettre symboliquement la faute originelle car c'est Ève, et elle seule, qui a provoqué chez notre premier père la perte de l'innocence. L'initiation maçonnique des femmes sous l'Ancien Régime est une entreprise de vérification publique — conduite par les frères devant les sœurs — de leurs penchants coupables pour l'indiscrétion et la luxure, mortels dangers pour l'Art Royal. Ainsi cette compagnonne :

Elle prête l'obligation de ne plus manger de pépin de pomme. Le Maître lui dit : Jurez vous de coucher ce soir avec... Il faut de toute nécessité qu'elle dise oui. On l'instruit que c'est avec la Jarretière de l'ordre. Ensuite le maître : je vais essayer de peut-être faire l'impossible. Il lui cèle la bouche d'une pâte qu'il prend dans l'auge mystérieuse avec la truelle et lui applique sur la bouche (*il s'agit du sceau de discrétion*). Ensuite il ordonne qu'on la conduise devant le lieu délicieux où néanmoins elle verra l'erreur de son état, on lui ôte le bandeau, les sœurs lui tournent le dos pour ne pas voir la cérémonie humiliante.

Elle monte à l'échelle et saisit la pomme que lui présente le serpent, mord dedans. L'ange exterminateur paraît à l'instant, lui présente son glaive en disant tremble si tu es infractaire à ton obligation en mangeant le pépin de ce fruit fatal [26].

Mineure sociale, la femme reste mineure en maçonnerie : dans ce domaine, comme dans d'autres, les frères n'ont pas cherché à innover.

L'égalité, « source de tant d'abus »

Comme toutes les autres sociétés de pensée au XVIIIe siècle, la franc-maçonnerie s'est constituée pour prospérer dans la France d'Ancien Régime; toutefois, son succès considérable — et unique — ne permet pas de poursuivre longtemps la comparaison avec les cercles, salons, musées, académies et sociétés savantes. Sans doute a-t-elle accepté le principe de l'égalité abstraite des individus, adopté par les autres associations, mais elle a encouragé ouvertement les frères à corriger les erreurs de recrutement car la vraie fraternité n'était vivable qu'entre gens du même monde. L'assurance avec laquelle l'orateur de la loge de Bastia mettait en garde les frères corses contre l'abus du mot égalité montre que l'élitisme dans le respect de la hiérarchie sociale — à chacun ses frères, selon son rang — faisait encore recette dans les ateliers, dix ans avant la Révolution.

Le Grand Orient va vous communiquer ses avis; vous lui donnerés les vôtres, et de ce concours de docilité et de lumière il résultera cette harmonie si précieuse et si nécessaire pour la durée, la prospérité, la propagation de toute institution sociale et particulièrement de la nôtre...

C'est du choix des Sujets qui doivent composer un jour l'ordre que dépend principalement sa durée... il faut des esprits disposés à comprendre les vérités recelées ici sous tous ces emblêmes et des cœurs faits pour les sentir. Vous avés vû qu'une des causes du discrédit malheureux où notre ordre est tombé provenait du mauvais choix des sujets : c'est donc à vous de prendre la plus grande attention pour donner à votre loge une composition telle que vous la commencés, sans abuser jamais du précieux mot d'égalité... en conservant cette précieuse égalité, une des premières loix de l'ordre, il faut en comprendre le véritable sens. Si le bonheur de notre institution ne connoit point les différences des noms, des états, des conditions, sa durée et sa gloire demandent dans la composition d'une même Loge un assortiment [27]...

Le bon assortiment consiste, selon le frère Dorly de Bastia, à choisir les profanes en fonction de la proximité de leur domicile par rapport à la loge, pour éviter l'absentéisme qui nuit à la qualité des travaux maçonniques. Avant de recruter, il faut penser aussi aux futurs dignitaires de l'atelier, ceux dont la mission est de guider les frères vers l'Art Royal et non d'amuser ou de surprendre les yeux par de vaines décorations ou des hiéroglyphes incertains [27]. L'expérience aidant, Dorly n'hésite plus à dessiner à grands traits le portrait-robot du frère parfait :

Soyez surtout très difficiles sur le choix des profanes qui demandent l'entrée du temple, le peu d'attention que l'on aporte à cet égard est le principe de tous les désordres troublant les loges et qui vont au discrédit de la Maçonnerie. Je vous dirai, ne vous trompéz jamais sur le précieux mot d'égalité qui a été la source de tant d'abus, songéz qu'elle consiste moins dans la différence des conditions que dans une égalité de principes d'éducation, de sentiment, de convenances sociales...

Le véritable maçon laisse au Profane toutes les idées mondaines qui en font des hommes différens et qui le séparent d'avec eux; il remarque l'ambition qui les dévore, l'orgueil qui les rend si injustes sans y participer; il observe avec regret ces haines profondes et tiranniques résultats

trop ordinaires des différences et des discussions sociales...
(La Maçonnerie) n'ouvre la porte mystérieuse qui conduit
à ses découvertes les plus sublimes qu'au solitaire docile et
discret qui a mérité la faveur de lui parler sans voile...

Amitié, fraternité, ce sont les seuls mots que nous ayons
à vous aprendre. Le Vulgaire soupçonne mystérieux ceux
que nous proférons en Loge; ils le sont en effet pour
beaucoup de personnes. Conserver une égalité d'âme qui
ne se dément jamais, s'aimer, se supporter les uns les
autres, est pour qui connaît le cœur humain un mystère
bien difficile à expliquer... Je vous avoue qu'il me semble
(même) que ce doit être là le Secret de la maçonnerie bien
entendue : ce Secret est le seul moyen de rendre plus
suportable ce passage de la vie qu'un ancien appelloit si
difficile [27].

*L'égalité entre les hommes se réduit finalement dans le
discours et la pratique des frères à un accord sur une
« égalité de principes d'éducation, de sentiment [et] de
convenances sociales ». Le consensus des loges a donc bien
eu lieu mais pas à la manière décrite par Augustin Cochin
et François Furet; pour eux, la recherche de l'unanimité
d'opinion dans les sociétés de type « philosophique » et
démocratique répondait à la désagrégation du corps
social en individus et à la décadence des solidarités
traditionnelles* [28]. *Or les francs-maçons ne furent pas de
ces militants révolutionnaires ou prérévolutionnaires qui
profitèrent des maladies de la société pour en accélérer la
chute. Passionnés d'harmonie sociale, ils s'efforcèrent
toujours de soigner les discordances et, pour y parvenir,
n'hésitèrent pas à tenter l'expérience de masse inspirée
par la pensée des Lumières, cette expérience qu'aucune
société de pensée n'osa jamais entreprendre : créer une
sublime et heureuse école... où disparaissent les différences
sociales [et] y substituer la douce et consolante égalité* [29].

*L'école expérimentale n'a pu s'installer qu'après la
division radicale de l'humanité entre les profanes et les
initiés; en principe, la loi de l'Ordre permettait à tous les*

individus profanes d'entrer à l'école, à condition qu'ils soient prêts à perdre symboliquement la mémoire de leur condition sociale. L'expérimentation faite à Paris, puis en province, montra que la société d'Ancien Régime n'y retrouvait pas son équilibre : la dérive égalitaire conduisait à la vulgarisation de l'Ordre et l'initiation perdait de son sens originel; le tumulte et les passions profanes se faisaient entendre sous les colonnes du temple. Le Grand Orient résolut, après sa constitution, en 1773, de remédier à la confusion qui régnait à la porte et à l'intérieur des ateliers : les frères furent contraints de s'entendre à la fois sur la loi de l'égalité et sur les clauses de son application : la condition nécessaire et suffisante pour réaliser l'égalité était l'amour bien compris de la fraternité, c'est-à-dire le respect des hiérarchies des corps et des métiers de la société d'Ancien Régime. Ainsi, la loi nouvelle pouvait enfin avoir force de loi dans la franc-maçonnerie grâce au renfort de la tradition.

Double langage? Non, les frères étaient sincèrement convaincus que, pour continuer avec bonheur l'expérience de l'égalité, il fallait la maintenir dans les limites fixées par la société d'ordres. Aussi, pour que ce système de sociabilité, démocratique et corporatif, agisse comme un baume contre les déséquilibres du corps social, les francs-maçons acceptèrent les dérogations à la loi — sélection par l'argent, par la domiciliation, par l'éducation — et surtout, ils participèrent avec enthousiasme à l'ajustement du recrutement de leur loge sur les catégories socio-professionnelles et sans le savoir... sur les classes sociales. Mais les loges et les frères qui voulurent réconcilier les Lumières et les contre-Lumières, l'égalité et la fraternité, l'idée moderne et la tradition, n'ont pas agi en même temps ni tous ensemble; trois expériences et peut-être trois générations se sont succédé au cours de la deuxième moitié du XVIIIᵉ siècle : celle d'avant et celle d'après la création du Grand Orient de France et la génération de la « dernière heure » initiée dans les années 1780. S'il est vrai que cette dernière vague d'adhérents correspond à l'imitation, par les classes moyennes de la *boutique et des bureaux, de la sociabilité des classes supérieures* [30], *rien ne permet d'affirmer qu'elle chercha à faire fonctionner l'appareil de sociabilité maçonnique dans le sens de la nouveauté démocratique aux dépens de la tradition corporative. Une telle entente suppose des refus et des départs de l'organisation; elle suppose aussi, chez ceux qui restent, l'acceptation de conduites communes.*

II

La discipline maçonnique

Les francs-maçons de Gravelines, qu'on savait déjà sourcilleux à propos de l'âge et de l'appartenance sociale des frères, s'inquiètent en 1784 des initiations expéditives — les trois grades en une heure — pratiquées à Paris :

Elles [*ne*] peuvent apporter que la confusion, le relâchement et le mépris, l'homme ne tenant ordinairement compte d'une chose quelconque qu'au prorata des difficultés qu'il rencontre à l'obtenir. Si les grades sont vénals il ne faudra que des métaux pour satisfaire la curiosité. Il faudrait un terme fixe pour passer d'un grade à un autre et qu'il soit invariable pour que du moins un récipiendaire eut le temps de s'instruire réfléchir et concevoir ce qu'il doit à son nouvel état; on ne verrait point alors de visiteur chargé d'un certificat de Loge et d'un catéchisme du Boulevard ignorant tout excepté qu'il croit avoir le droit de se dire Maçon [31].

S'instruire et réfléchir sur son état de maçon, comment? Une réponse prudente à cette question venue du nord de la France est donnée par l'orateur de la loge de Bastia en 1778 :

Vous avés dû pressentir que nous avions dans ce temple des pratiques et un langage différents que celui dont se servent ceux qui n'ont pas le bonheur de connaître nos mystères [32].

En 1783, le frère corse revient sur le sens des épreuves imposées aux frères :

Les moyens dont on usoit semblent indiquer qu'on ne vouloit parler qu'aux sens et à l'imagination; mais si ces pratiques avoient quelques avantages, on en ménageoit, sans doute, la sévérité avec des personnes qui, comme vous, ont cultivé leur esprit et qui par des études particulières, par des connaissances acquises ont perfectionné leur raison. Aussi (*mes frères*) dans les deux grades qui ont précédé celui-cy, vous avez vû le Vénérable * négliger envers vous la multiplicité des Epreuves pour ne s'occuper qu'à intéresser votre esprit et à parler à votre cœur [32].

Les francs-maçons de Corse, isolés dans leur île, participaient, en parlant ainsi, à la recherche d'une synthèse éducative entre la sensibilité, la raison et les signes. Mais avant que n'aboutisse cette tâche difficile, les frères hésitèrent à choisir ou se rangèrent d'emblée dans un camp.

« L'empire des signes »

Ce titre d'un livre de Roland Barthes sur le Japon désigne parfaitement l'un des domaines privilégiés de l'Art Royal : l'instruction par les signes. La chambre de réflexion où médite le récipiendaire est peuplée d'objets dont la signification lui sera révélée après sa réception; le voyage initiatique se déroule selon une succession ordonnée de bruits, de gestes et de paroles rituels; le temple lui-même est un système de signes : il se présente comme un rectangle orienté comme les églises et chacun y est placé selon ses connaissances et ses pouvoirs sur l'un des quatre côtés. *Ce goût des francs-maçons pour la sémio-logie confirme qu'ils sont bien des fils du siècle de Condillac selon lequel on ne peut réfléchir qu'autant qu'on a l'usage des signes d'institution* [33]. *Inventer des mots et des images, réhabiliter de vieux symboles au moment où la plus formidable entreprise de création et de contrôle de signes — l'Église catholique — procède à l'épuration massive de son rituel en uniformisant la pratique religieuse! Comment ne pas être tenté d'interpréter cette différence de politique comme un effet de la lutte que sont censés se livrer l'Église et l'Ordre, les contre-Lumières et les Lumières?*

Il est vrai que la question posée par les frères d'Agen et surtout la réponse du Grand Orient semblent directement inspirées par la Lettre sur les aveugles *publiée par Diderot en 1743. La question et la réponse :*

... sur une proposition qui vient de nous être faite, la loge n'a point voulu ny l'admettre ny la regretter sans vous avoir préalablement consultés. Voicy le fait.

Un homme de 44 ans qui a toutes les qualités requises pour être un bon maçon mais qui depuis cinq ou six ans a eu le malheur de perdre la vue par un accident s'est fait proposer à notre loge pour être reçu; cet homme était à la tête d'un commerce considérable. Il a très longtemps voyagé ce qui l'a mis à portée d'avoir une parfaite connaissance. Vous ne serez point surpris (Très Chers frères) combien une pareille proposition nous a embarassés; nous avons considéré d'un côté qu'il faut dans la Maçonnerie l'usage de la vue, soit à cause des emblèmes, soit à cause des cérémonies nécessaires à la réception et dans les travaux maçonniques; nous avons considéré de l'autre qu'il serait bien malheureux pour cet homme aveugle dont l'esprit et les qualités sont reconnues d'être privé d'entrer dans une société pour y pratiquer la vertu et secourir l'humanité puisque la Maçonnerie n'a d'autre but, les cérémonies n'étant que de pure convention.

(*Remarque du Grand Orient*) Le cas de l'aveugle dont (il) est question mérite exception. C'est un accident. Un profane aveugle de naissance ne doit pas être reçu n'ayant aucune idée de physique. Si un maçon devenait aveugle, faudrait-il donc le rejeter? Tous les autres grades offrant du spectacle je crois qu'il devrait rester apprenti [34].

Les francs-maçons du Grand Orient sont sûrs d'eux : la mauvaise perception des signes risque d'aliéner l'esprit et la connaissance parce qu'elle interdit la pensée juste. Condillac triomphe, mais d'autres francs-maçons se prennent à douter, dès 1779, du recours aux signes :

Ce qui cause du discrédit à l'ordre, c'est qu'il s'est trouvé des profanateurs... qui employoient des moyens ou puérils ou effrayans pour éprouver le prosélyte : moyens qui tournoient plutôt à l'amusement du spectateur qu'à l'instruction ou l'étonnement du néophite; qu'enfin il est plus convenable lorsqu'on a à traiter avec des hommes qui doivent faire usage de leur âme, de parler moins aux sens qu'à leur esprit et au cœur.

Dans les années qui suivirent, l'autocritique de ces épreuves initiatiques — nous décrirons l'une d'elles — où l'on forçait les mots et les gestes, se fit plus fréquente [35] : au lieu de faire peur ou de lasser l'apprenti en lui répétant qu'il dégrossissait la pierre brute, il était préférable de lui expliquer qu'il devait user de sa raison après avoir modéré ses passions pour travailler correctement en loge sur la colonne J, initiale de Jachin ou Jakin, ce qui veut dire en hébreu : il établira. Trouver un sens aux signes et au langage maçonniques grâce à la collaboration étroite des cinq sens, de la raison et du cœur [36], c'était offrir aux hommes la possibilité de penser que la guerre idéologique entre la raison et le sentiment n'avait pas lieu et n'aurait pas lieu. Mais certains frères craignaient trop les Lumières pour se satisfaire de cet irénisme; il fallait les combattre sur le terrain qu'elles avaient si facilement envahi, celui des mots.

Court de Gébelin, protestant et membre de la loge des Neuf Sœurs fréquentée par Franklin et Voltaire, fut l'un de ceux qui ouvrirent la voie aux recherches les plus débridées sur les mots et l'écriture.

L'étymologie donne à chaque mot une énergie étonnante, puisqu'il devient par elle une vive peinture de la chose qu'il désigne... L'étymologie nous ramenant au contraire à l'origine des mots, nous remettant dans l'état primitif, dans l'état où se trouvaient leurs Inventeurs, elle devient une description vive et exacte des choses désignées par ces mots... Les langues mères ne sont que des dialectes ou des filles de la première de toutes les langues, la Langue Primitive qui s'altéra à mesure qu'elle s'étendit sur la terre [37]...

Retrouver l'énergie primitive des mots à travers les sons, n'était-ce pas retourner à cet état de nature dont rêvait chaque honnête homme au XVIIIe siècle. Court de Gébelin s'en tiendra, pour sa part, à une étude « scientifique » des sons originels où les idées agréables furent peintes par des intonations agréables et les idées rapides par des intonations rapides [37]. *Mais d'autres frères entendirent conduire leurs investigations plus loin : si la Nature était au bout du chemin, nul doute qu'ils y rencontreraient Dieu. Joseph de Maistre, en 1782, définit, avec hardiesse, l'herméneutique qui devrait rassembler les francs-maçons pour aboutir à la redécouverte de la tradition primitive, du premier [et du] dernier article du* symbole des chrétiens : *l'existence d'un Dieu suprême et la survie de l'âme :*

Tenons compte à l'antiquité de tous les efforts qu'elle a faits pour s'approcher du vrai... mais il ne faut pas se laisser aveugler au point de méconnaître la supériorité que nous a donnée l'Évangile...

Prouvons que nous ne sommes pas des *hommes nouveaux*. Mais faisons-nous une généalogie claire et digne de nous. Attachons-nous à l'Évangile... Remontons aux premiers siècles de la Loi Sainte. ... Prouvons que nous sommes chrétiens... Remontons à l'origine des choses et montrons par une filiation incontestable que notre système réunit au dépôt primitif les nouveaux dons du grand Réparateur...

... Tout est mystère dans les deux Testaments et *les élus de l'une et l'autre loi n'étaient que de vrais initiés* [38].

Jean-Baptiste Willermoz, un des maîtres de l'illuminisme au XVIIIe siècle, suivait attentivement, de sa ville de Lyon, tout ce qui se faisait en France et en Europe dans le domaine de l'occultisme et du mysticisme. Il connaissait et encourageait les frères qui tentaient de réaliser les vœux de Joseph de Maistre mais, au début des années 1780, il se prit à douter du bien-fondé des multiples expériences qu'il poursuivait au sein et en dehors de la franc-maçonnerie. Aucune d'elles n'avait permis d'atteindre le but que se fixaient ces hommes-esprits qui, partout, suent la Divinité, *ces hommes de désir* [39], *certains de vivre dans un siècle de désir et non dans un siècle de raison*; ce but ne visait rien moins que la réintégration de l'homme dans l'état de gloire préexistant à sa déchéance, grâce à la découverte de nouveaux moyens de communication avec Dieu. Or, le 5 avril, Willermoz pensa que le miracle avait eu lieu. On vint en effet lui remettre onze cahiers rédigés par la chanoinesse Louise de Monspey, dite Madame de La Vallière, dont la main n'était qu'un instrument des esprits purs.

C'est un être qui jouit de tous ses sens en écrivant; qui écrit quand on lui fait prendre la plume, sans savoir aucunement ce qu'il écrira et à qui. Une puissance invisible, qui ne se manifeste à lui que par diverses batteries réglées, qu'il reçoit sur diverses parties de son corps, mène la main... très souvent il ne comprend point ce qu'il a écrit [40]...

L'écriture automatique des surréalistes en 1785!
Qu'écrivait Louise, rebaptisée l'Agent Inconnu : *La*
graphie appelée écriture virtuelle *était bizarre, agrémen-*
tée de signes et de dessins compliqués; la langue dite
virtuelle *ou* primitive *faisait place aux mots communs*
mais aussi à des mots mystérieux : ainsi le nouveau terme
de sacerdos *était associé au nom de...* Willermoz; *il*
*désignait à la fois le maître de l'*Initiation *et le gardien de*
la doctrine de vérité. *Destinée aux* Omeros — *les initiés*
—, *elle affirmait que les* Raabts — *initiation primitive*
découverte par un Chinois — avait été rectifiée par Moïse,
en raison de sa dégénérescence, et conservée par la
franc-maçonnerie. Mais le temps était venu pour que les
ouvriers de l'onzième heure, *successeurs directs des*
apôtres, proclament, avant la fin du monde imminente, la
régénération de l'homme par l'unité de la vraie foi. Cette
unité devait passer par le respect du sacerdoce des prêtres
catholiques, la pratique des sacrements, la dévotion
envers Jésus et Marie exempte de péché dès sa conception [41].

A Strasbourg, les frères protestants ne purent croire au
*message très romain de l'*Agent Inconnu; *à Lyon, on y crut*
plus ou moins jusqu'aux événements révolutionnaires et
Willermoz, sacerdos *sans* omeros *sous ses ordres, fut forcé*
de n'y plus croire. L'aventure lyonnaise illustre cette
étonnante exaltation qui s'est emparée de certains esprits
au cours de la deuxième moitié du XVIII siècle : Court de*
Gébelin, *Louise de Monspey et même Mesmer expri-*
maient leur passion des signes à travers les sons, les mots
et les expressions du corps. Les Lumières y auraient
trouvé leur compte si chacune de ces recherches sur le
fonctionnement des systèmes de signes s'était mise au
service de la raison et de sciences bien faites. Mais les
théosophes, les illuministes, les hermétistes et de nom-
breux francs-maçons regardaient ailleurs : le désir [qui]
est à la base de tous les signes [42] *les portait vers la*
découverte d'un langage perdu où les signes étaient
transparents aux choses, cette écriture d'avant le Déluge,
composée des marques mêmes de la nature... [qui]

auraient eu pouvoir d'agir directement sur les choses, de les attirer ou de les repousser, de figurer leurs propriétés, leurs vertus et leurs secrets [43].

Les francs-maçons ont voulu étudier ces traces déposées par Dieu sur les mots, les lettres et les emblèmes parce qu'ils étaient sûrs que leur fréquentation permettrait de découvrir la vraie foi et le secret des correspondances entre l'homme et le cosmos; pour écarter le doute, ils n'hésitèrent même pas à inventer des signes qu'ils étaient seuls à pouvoir interpréter. La discipline maçonnique a donc donné l'occasion au savoir du XVIe siècle, fondé sur l'analogie et la ressemblance, de reprendre force au siècle des Lumières : sans doute les frères étaient-ils conviés à respecter les règles expérimentales en usage à leur époque — connaître les signes par les sens, les classer et les mettre en ordre — mais après cet hommage à Locke et à Condillac, venait la promesse de l'antique récompense, celle du Texte primitif et de la Révélation, accordée aux hommes purs. Ceux qui parvenaient au but étaient malheureusement incapables de transmettre la connaissance car la certitude du salut ne s'est jamais partagée, et si certains frères croyaient encore à une information démocratique sur les moyens de pratiquer avec succès l'Art Royal, l'enseignement des mythes maçonniques était fait pour les détromper : les élus seraient peu nombreux.

Le sens du mythe d'Hiram

Les francs-maçons rencontrent le mythe à deux reprises : lors de l'initiation — récit du vénérable * et épreuves rituelles — et lors du catéchisme où l'on doit montrer par ses réponses que le sens du mythe a été compris. Voici le résumé de l'une des nombreuses et longues versions de la légende d'Hiram, appelé aussi Adoniram — à ne pas confondre avec Hiram, roi de Tyr — telle qu'un frère pouvait l'entendre au cours d'une réception au grade de maître en 1785 :

Lorsqu'Hiram, roi de Tyr eut entendu parler que David avec lequel il avait été en grande alliance d'amitié était mort et que Salomon lui avait succédé à la couronne, il dépêcha des ambassadeurs pour le complimenter...

Salomon répondit qu'il comptait mettre à profit la paix dont il jouissait dans ses états pour bâtir un temple, en l'honneur de la majesté divine; Hiram de Tyr lui accorda son appui et lui envoya des bois du Liban et des ouvriers spécialisés dans le travail des métaux.

[Salomon] donna l'ordre à ses gens et dans tous ses états de lever trente mille des meilleurs ouvriers et trois mille deux cents maîtres; sur ce nombre d'ouvriers il nomma le plus célèbre architecte qu'il y eut dans ses états qui était Adoniram et auquel il donna l'inspection sur tous les ouvriers ainsi que sur la conduite sur tous les ouvrages qui se feraient au temple... Tous les ouvriers réunis ensemble faisaient le nombre de 183 600 hommes. Salomon le plus sage des rois à qui rien n'échappait de sagesse pensa bien qu'il était pour ainsi dire impossible que la confusion ne se mêlât point parmi tant d'ouvriers... pour remédier à cette confusion, il résolut de les diviser en trois classes et convint avec chacun d'eux en particulier des mots, des signes et des attouchements après quoi ses ouvrages s'entamèrent, tout allait en ordre, chacun recevait son salaire, tout le monde était content...

Mais comme l'ambition... a toujours été la perte des hommes elle le fut encore de trois scélérats compagnons à qui l'esprit malin suscita l'envie d'avoir le mot de maître à quelque prix que ce fût...

Postés aux portes nord, sud et est, ils attendirent Adoniram qui venait visiter les travaux du temple à la fin de la journée : arrivé par la porte ouest, il reçut un coup de règle sur la tête; à la porte du midi, un coup de brique, toujours sur la tête; à la porte du septentrion, il trébucha et s'écroula mort sans que le troisième le frappât — un oubli, sans doute, du rédacteur... Les trois scélérats l'enterrèrent et sept jours après Salomon ordonna à neuf maîtres de le rechercher; épuisés, ils durent se reposer à l'ombre d'un accacia sur une montagne. Ils remarquèrent alors une terre fraîchement remuée.

[Ils] fouillèrent, trouvèrent des mains et des pieds; ils furent enfin certains que le corps de notre très respectable maître y était enterré; ils cassèrent une branche de cet accacia, la plantèrent sur son tombeau pour reconnaître l'endroit où ils l'avaient trouvé et furent en avertir Salomon qui ordonna à quinze maîtres d'aller exhumer le corps de notre respectable maître et le porter dans le Sanctuaire du temple... craignant que le mot de maître n'eût été su par les trois scélérats compagnons (*ils convinrent de changer le mot, le signe et l'attouchement de maître*) [44].

Si le sens d'un mythe est à reconstituer à partir de l'histoire racontée [45], le récit de la mort d'Hiram, inventé au XVIIIe siècle, croise au moins trois histoires différentes. La première est celle des passions : après l'amitié entre les rois et le contentement général des ouvriers, l'ambition de quelques-uns entraîna la lutte et le crime; première leçon : le consensus, toujours menacé par la subversion des convoitises individuelles, ne peut durer sans le maintien de la hiérarchie des conditions. Seconde histoire, celle de l'action des hommes : après que la nature eut fourni les arbres et les métaux, le travail humain permit de bâtir le temple mais la division du travail engendra le désordre, l'ébranlement des fondations et le malheur. Seconde leçon : dans la société maçonnique, le travail est à la fois plaisir et souffrance; le mythe d'Hiram réconcilie l'espérance bourgeoise de l'épanouissement par le travail avec la conviction chrétienne de l'éternelle pénitence à faire depuis le péché originel [46]. La dernière histoire est centrée sur le danger du grand nombre : lorsque les 183 600 ouvriers furent séparés en trois classes, trois d'entre eux assassinèrent Hiram et neuf, puis quinze maîtres, partirent à sa recherche. Ultime *leçon : pour contrôler durablement la multitude, le chef doit se faire aider par des petits groupes d'élus, issus de la classe dominante.*

L'histoire d'Hiram montre que la longue marche des hommes vers le bonheur s'accomplira dans le respect de l'inégalité des salaires, des états et des savoirs, car cette inégalité a des causes naturelles et nécessaires qu'il serait absurde et dangereux de vouloir détruire [47]. *La récitation des mythes maçonniques invite fermement à réapprendre les vertus de la discipline collective au moment où les discours profanes tenus sur la conduite sociale hésitent entre le conformisme et la liberté, à l'image de* Jacques le Fataliste *de Diderot. Les frères confirment leur choix d'une pédagogie de masse, ouverte aux innovations des Lumières — expérimentation, sensualisme et bonheur — mais soucieuse, en dernière instance, d'aider à la reconstitution du corps social.*

Travailler en loge

L'organisation des activités des loges sert le même projet pédagogique. Elle fournit aux francs-maçons des occasions innombrables de vérifier les bienfaits de la stabilité de l'ordre hiérarchique : la rédaction des règlements de l'atelier ou d'un ordre du jour, la participation aux fêtes maçonniques de la Saint-Jean d'été et d'hiver, la célébration de la naissance du dauphin de Louis XVI, représentent autant d'événements au cours desquels l'ordre et l'harmonie sociale sont mis en scène et couchés sur le papier des procès-verbaux. Mais les travaux qui ont pris le plus de temps aux frères touchent à la bienfaisance et aux exercices initiatiques.

L'accumulation des quêtes faites pour les pauvres lors de chaque réunion de loge permet de secourir des frères dans le besoin, de procéder à des distributions de pains gratuits ou de subventionner un atelier de charité pour les jeunes. Ainsi, Rivière, président du bureau d'administration des pauvres et premier échevin de la ville de Gravelines, près de Dunkerque, annonce, en 1783, une contribution de 300 livres de la « Société des francs-maçons » de la cité sur les 600 nécessaires à l'aménagement de nouveaux locaux de travail pour les orphelins. La proposition du frère Rivière, vénérable de la loge, est adoptée par l'assemblée du bureau, réunie chez le curé de la paroisse... Les francs-maçons de Gravelines justifient ce financement auprès du G.O.D.F. :

C'est là où une jeunesse malheureuse se trouve garantie de la corruption, c'est là où elle trouve une nourriture frugale qui jointe à une règle de conduite irréprochable en forme des sujets pour l'État tandis que sans cet asile leur perte serait presque inévitable [48].

Que le prêtre et l'échevin aient conjugué leurs efforts pour lutter contre la montée du paupérisme ne doit pas étonner à une époque où la mort, les fêtes et la charité tendaient à se municipaliser. Mais la prise en charge par une société initiatique d'une partie des secours accordés aux pauvres dépasse la seule participation au mouvement de laïcisation de la vie collective; l'Église disposant de moins en moins de forces pour remplir ses missions — diffuser la bonne parole et aider les malheureux — l'association maçonnique, composée de fidèles, s'est présentée comme un recours possible. Il n'y a pas eu concurrence entre les deux organisations : pour pallier l'insuffisance des clercs dans le domaine des œuvres de charité, les frères ont pratiqué la bienfaisance afin de mieux assurer le salut de leur âme et la sécurité de l'État menacée par la multiplication des pauvres et par l'affaiblissement de l'Église.

Comment l'Art Royal a-t-il réussi à mobiliser des énergies pour la défense de l'ordre établi, alors que tout porte à croire qu'elles étaient prêtes à s'enthousiasmer pour des causes un peu plus neuves? La sociabilité maçonnique offrait toutes les garanties du neuf — fraternité, mystères du langage — pour attirer les gens dans les loges; mais pour y entrer et travailler, elle y ajoutait les sévères épreuves du contrôle d'identité sociale et des implacables cérémonies initiatiques. Les difficultés pour se faire recevoir dans un groupe ne sont pas nécessairement rebutantes pour les candidats à l'adhésion. En tout cas, le jeune Lhoste, employé à la ville de Charleville, en 1778, paraît prêt à tout pour devenir franc-maçon.

La réception d'un apprenti

Le jour de la réception, on le fit monter dans sa chaise et on le conduisit hors de la ville à une portée de fusil où il rencontra des frères qui prièrent celui qui l'accompagnait de descendre; un des Frères monta dans la voiture et lui dit : Monsieur puisque vous voulez vous faire recevoir Franc-Maçon, êtes-vous résolu à subir toutes les épreuves auxquelles on vous destine.

— Telle est mon intention, répondit Lhoste.

— Voulez-vous Monsieur vous laisser bander les yeux; et vous laisser conduire au lieu qui vous est destiné. Il consent et l'on rentre en ville dans la maison d'un frère. On l'introduisit dans une salle obscure où le frère terrible lui dit

— Monsieur, où êtes-vous et où croyez-vous être?

— Je l'ignore.

— Monsieur, je crois que vous vous présentez ici avec des sentiments nobles, un cœur et une âme honnête et vertueuse; je ne présume pas que vous veniez ici par curiosité et pour aller rendre compte aux profanes de ce qui se passe dans nos assemblées... [*Des livres sur les francs-maçons circulent chez les profanes.*] Vous croyez sans doute être maçon et vous n'êtes rien... Je vous laisse pour que vous fassiez vos dernières réflexions.

Une demi-heure après, on l'enferme dans une caisse, les yeux bandés, pour le transporter dans une autre maison. La caisse ouverte, le profane doit s'asseoir devant une table où se trouvent trois têtes de mort posées sur deux os en sautoir, et une lampe à l'esprit-de-vin très faible —

190

symboles de la mort du profane qui va renaître à la vie spirituelle, de la transmutation du plomb en or.

Le Frère terrible [celui qui dirige l'initiation] rentra vêtu d'une longue robe noire d'avocat, d'une grande perruque blanche, d'une barbe blanche et d'un bonnet carré, et lui dit : As-tu prévenu ton épouse que tu allais te faire recevoir Franc-Maçon? Non? La femme qui apprendra qu'au sortir de ce lieu, à elle inconnu, tu t'es fait recevoir Franc-Maçon, enfantera des chimères et son esprit inquiet sur ton sort lui suggérera des idées désavantageuses sur notre ordre, telles que le vulgaire en a... Ah! malheureux, réfléchis encore avant d'entreprendre un pas aussi délicat...

Le récipiendaire chausse alors une pantoufle au pied gauche et découvre son genou droit, en signe d'humilité, puis il se débarrasse de la monnaie et des bijoux qu'il porte, exprimant ainsi sa volonté d'abandonner toute passion. Il découvre, à l'entrée de la chambre obscure et d'épreuve, un homme enchaîné sur la paille :

Regardez, Monsieur, et voyez cet homme! c'est un faux frère qui a trahi la Maçonnerie et voilà comment nous punissons les traîtres et réfractaires à la loi. C'est aujourd'hui son dernier jour et de votre propre main finira la carrière des crimes de ce traître : Voilà, Monsieur, un pistolet, de la poudre et une balle, chargez vous-même.

Lhoste tire — à blanc — et l'homme s'écroule. Le Frère terrible fait mine de lui couper la tête et de la placer sur un plat en fer-blanc posé sur une table; sous cette table garnie d'une longue nappe, un autre figurant est assis, présentant sa tête par les trous percés dans le bois et dans le plat, sur lequel quelques bandelettes de porc cru ont été disposées. Le récipiendaire est invité à manger un morceau de chair du traître; malgré son hésitation — je n'ai pas faim, j'ai bien dîné — il partage l'immonde nourriture, après cuisson au feu.

Comme il vous reste quelque chose de bien plus sérieux, vous devez faire votre testament, maintenant il faut que vous buviez cette liqueur pour vous purifier. Lorsqu'il eut vidé son verre, l'autre frère le lui ôta des mains avec précipitation; le jetant contre terre, il le cassa en disant : Voilà le dernier que tu boiras parmi nous mortel! On lui rebanda les yeux et on le conduisit à la porte du temple [49].

Les épreuves de Lhoste ne font que commencer; introduit dans le temple, il devra subir l'interrogatoire du vénérable, siégeant à l'orient, prononcer son serment de fidélité à l'Ordre maçonnique, en présence de ses nouveaux frères disposés sur les trois autres côtés du rectangle de la loge selon leur grade et leur dignité dans la loge. Ces pratiques rituelles peuvent sans doute apparaître comme des farces inventées par un esprit facétieux pour distraire ceux qui avaient dû s'y soumettre. Mais l'antique passion pour le « bizutage » n'épuise pas la signification de ces centaines de milliers de scènes initiatiques qui ont été représentées dans les ateliers avant 1789.

**Mille théâtres
maçonniques**

Car les 50 000 frères avaient plusieurs grades à franchir, multipliant ainsi les occasions de raconter les mythes et d'éprouver les rites. Les mille ateliers de France furent autant de théâtres où les francs-maçons jouèrent entre eux la même pièce jusqu'à la Révolution française; malgré la défection des frères lassés ou déçus par le sujet — Lhoste quitta sa loge de Charleville peu après sa réception — la fidélité des anciens et le recrutement des nouveaux permit de répéter avec succès, de 1773 à 1789, ce spectacle unique pour l'époque : un psychodrame où chaque acteur, engagé pour tenir le rôle fixé par la hiérarchie, contribuait par son jeu à la renaissance de l'Ordre et de l'harmonie sociale. Jeu de société ou projet

*de société? Le frère Dorly de Bastia, commentant la
parabole d'Hiram en 1781, n'hésite pas à répondre :*

... la perte du chef infortuné que vous avez déplorée avec
nous est une leçon toujours subsistante qui dépose contre
une partie de la nature humaine... la Terre, abandonnée
aux disputes des hommes, l'est encore à leur méchanceté.
L'état social, qui n'est autre chose dans l'origine que la
réunion de plusieurs volontés pour le bien général, est
cependant un état de troubles, de dissensions et de
malheurs... [*Or malgré des siècles plus éclairés*], il circule
dans l'état social une multiplicité de maux contre lesquels
réclame le Philosophe quand le maçon cherche à en
prévenir le danger [50].

*Les francs-maçons s'emparent donc de la notion de
contrat social qui hante le XVIIIᵉ siècle; ils en acceptent
l'hypothèse fondamentale du passage d'un état de nature
à un état social, ce qui implique la reconnaissance d'une
origine humaine et artificielle pour toute institution [51].
Comme Hobbes, ils pensent que les hommes ont conclu un
contrat pour mettre fin à la guerre qui les opposait dans
l'état de nature; mais, les dissensions risquant de durer, le
contrat devait assurer une défense efficace des hommes
contre eux-mêmes. Hobbes impose aux hommes de
consentir à l'aliénation de leur liberté au profit du Prince;
la franc-maçonnerie, qui veut prévenir les dangers des
disputes, soumet à la signature des profanes un contrat
initiatique où les frères s'engagent à contraindre leur
nature au profit de l'Ordre. Lorsqu'il ne désigne pas
l'organisation fraternelle, le mot « ordre » semble fonctionner dans le discours maçonnique comme une allégorie
de l'État; les initiés l'appellent à leur rescousse pour que
les événements contés dans l'histoire d'Hiram ne se
produisent pas dans l'histoire de France, car « rien ne
ressemble plus à la pensée mythique que l'idéologie
politique [52] ».*

*Les francs-maçons partageaient-ils tous cette crainte
du mouvement et cet amour de la stabilité de la société*

*civile et politique? Pour l'orateur de la loge de Bastia,
l'unanimité ne fait aucun doute :*

Le maçon se félicite d'une institution inventée pour être
le remède de tous [*les maux de l'État social*] ; c'est alors
que son cœur s'applaudit de retrouver au milieu d'une
Société dont tous les membres pensent comme lui; c'est
alors qu'il s'exerce avec plus de joye à la prâtique des
vertus qui font le bonheur universel[53].

*Sur la base d'autres informations, l'abbé Barruel tout
en doutant de l'accord général des francs-maçons français, dévoila, après 1789, la participation des frères à un
projet de subversion générale.*

III

_____

Le secret des
« arrières loges »

Le résultat de ces recherches, et de toutes les preuves
que j'ai puisées surtout dans les archives des Jacobins et de
leurs premiers maîtres, a été que leur secte et leurs
conspirations ne sont en elles-mêmes que l'ensemble, la
coalition d'une triple secte, d'une triple conspiration dans
lesquelles, longtems avant la Révolution, se tramèrent et se
trament encore la ruine de l'autel, celle du trône, et celle
enfin de toute la société civile.

1°. Bien des années avant cette Révolution Françoise,
des hommes qui se firent appeler philosophes, conspirèrent
contre le Dieu de l'Évangile, contre tout Christianisme,
sans exception, sans distinction du Protestant ou du
Catholique, de l'Anglican ou du Presbitérien. Cette conspiration avoit pour objet essentiel de détruire tous les autels
de Jesus Christ. Elle fut celle des Sophistes de l'incrédulité
et de l'impiété.

2°. A cette école des Sophistes impies, se formèrent

bientôt les Sophistes de la rebellion : et ceux-ci à la conspiration de l'impiété contre les autels du Christ, ajoutant la conspiration contre tous les trônes des Rois, se réunirent à l'antique secte dont les complots faisoient tout le secret des arrières loges de la FrancMaçonnerie; mais qui depuis longtems se jouoit de l'honnêteté même de ses premiers adeptes, en réservant aux élus des élus le secret de sa profonde haine contre la religion du Christ, et contre les Monarques.

3°. Des Sophistes de l'impiété et de la rebellion nâquirent les Sophistes de l'impiété et de l'anarchie; et ceux-ci conspirèrent, non plus seulement contre le Christianisme, mais contre toute religion quelconque, même contre la religion naturelle; non plus simplement contre les Rois, mais contre tout gouvernement, contre toute société civile, et même contre toute espèce de propriété.

Cette troisième secte, sous le nom d'Illuminés, s'unit aux Sophistes conjurés contre le Christ, aux Sophistes et aux Maçons conjurés contre le Christ et contre les Rois. Cette coalition des adeptes de *l'impiété*, des adeptes de la *rebellion*, des adeptes de *l'anarchie*, forma les clubs des Jacobins; sous ce nom commun désormais à la triple secte, les adeptes réunis continuent à tramer leur triple conspiration contre l'autel, le trône, et la société [54].

Les sources citées par l'abbé n'emportent pas la conviction de l'historien; aussi avons-nous recherché les textes maçonniques qui pouvaient appuyer sa thèse de la conspiration des frères : à l'exception des innombrables témoignages déjà cités en faveur de l'application du principe d'égalité dans les loges — démentie par les pratiques de recrutement — les indices que nous avons pu réunir sur les travaux secrets des ateliers n'autorisent pas à plaider sérieusement contre les francs-maçons.

Les « demi-philosophes » d'Agen

En 1774, les frères de la Parfaite union à l'orient d'Agen se divisèrent à propos de l'élection des officiers de la loge : *les uns souhaitaient que tous les dignitaires fussent désignés par le vote de l'ensemble des colonnes *, conformément aux nouveaux règlements du G.O.D.F. ; les autres, fidèles aux anciens règlements de la loge fondatrice — l'Amitié de Bordeaux — n'acceptaient le scrutin que pour le vénérable * et les deux surveillants *, ces trois élus nommant ensuite les différents responsables. Le 15 juin 1774, les francs-maçons agenais adoptèrent à l'unanimité la solution la plus démocratique.*

Tout porte à croire que les trois abbés et les deux religieux augustins, membres de la Parfaite union, ont alors brigué les suffrages des frères pour obtenir quelques charges dans la loge pendant qu'un petit groupe hostile au clergé menait campagne contre les cinq clercs et le système électoral qui risquait de les faire élire. Le scandale éclata à l'occasion du banquet organisé après le scrutin, lorsque l'un des membres, échauffé, accusa un frère de l'avoir sollicité à ne voter en faveur d'aucun prêtre ni moine. *Un membre de la loge raconte la suite de l'événement :*

Une touche impartiale et vraie peindrait (*les clercs*) jouissant de l'embarras de leurs antagonistes... Pas un mot de conciliation de leur part ! Mais quelle voix s'élevait en ce moment au fond de leur cœur ?... Celle de la charité chrétienne, sacerdotale et maçonnique ?... Elle leur ordonnait de repousser la délation, d'embrasser tendrement leurs frères, de sacrifier leurs droits et leurs titres, de rétablir, en un mot, de cimenter la paix.

Comment en était-on arrivé là ?

Cinq membres du clergé séculier ou régulier, cinq ministres de cette religion sainte, à la vérité, mais qui, comme dit Montesquieu, humilie bien plus ceux qui l'écoutent que ceux qui la prêchent, apportèrent vraisemblablement en loge quelque dose de cet esprit contentieux dominateur qui a été le fléau de tant d'autres sociétés et le sera toujours de la nôtre. Par surcroît, ils eurent en face

certains personnages opulents, avantageux, demi-philosophes qui croient qu'il est de bel air de contrequairer, de
haïr, de mépriser les prêtres[55].

Qui étaient ces demi-philosophes *travaillant à la conspiration contre l'autel? Deux négociants, deux employés
de la prévôté, un médecin, un chirurgien et un sous-
lieutenant. La faction anticléricale était donc bourgeoise,
ce qui n'aurait pas étonné Barruel; mais dans le but
d'éliminer les fâcheux, elle choisit de refuser le principe
de l'élection démocratique de tous les dignitaires de la
loge car ces bourgeois* entêtés des idées chimériques de
préséance et de rang, rougirent bientôt... des gens qui
n'étaient point faits pour frayer avec eux[56]. Les complo-
teurs d'Agen contre la société d'Ancien Régime ne furent
décidément pas à la hauteur de leur tâche... Certains
frères, déçus par l'hospitalité inadmissible accordée par
les loges aux membres du clergé, abandonnèrent la
franc-maçonnerie; les autres, un moment égarés, rejoi-
gnirent l'Ordre lorsqu'ils furent convaincus que les
ateliers ne recevraient jamais les tonneliers et les tisserands.*
*Si la conjuration des sophistes impies et des philoso-
phes pour l'avènement, grâce aux loges maçonniques, de
l'irréligion et de l'anarchie sociale paraît avoir échoué, les
sophistes de la rébellion n'ont pas encore révélé leur
secret. Certes, aucune série de textes maçonniques n'autorise à instruire un procès de rébellion contre l'État;
mais les nombreuses traces des démêlés des loges de
province avec le pouvoir central de l'Ordre obligent
l'historien à être prudent.*

La répétition
générale ?

*La création, en 1773, du G.O.D.F. s'est faite avec
l'approbation de la plupart des francs-maçons, satisfaits
d'être gouvernés par une assemblée composée par des
membres illustres de la noblesse et par les députés qu'ils*

désignaient parmi les frères parisiens, pour faciliter leur participation aux travaux du Centre commun. *Or, le G.O.D.F., d'abord soucieux de régularité, montra très vite son penchant pour la réglementation et la centralisation.*

En 1775, la loge des Frères discrets de Charleville reçoit une demande de secours pécuniaires *du G.O.D.F. : douze sols par frère au titre du* don gratuit, *curieuse expression puisqu'elle désignait la contribution exceptionnelle — devenue obligatoire — du clergé de France aux recettes du royaume. La réponse des francs-maçons ardennais est ferme :* toute taxe générale ou particulière annuellement fixée serait un impôt réel sous le vain nom de don gratuit [57] *. Pas de capitation maçonnique et droit de regard sur la gestion financière du pouvoir central! La revendication résonne comme une proposition faite devant l'Assemblée nationale en 1789.*

En 1776, le G.O.D.F. commence sa longue campagne pour prendre le contrôle des hauts grades et il signe un traité d'alliance avec les directoires écossais de Lyon, Bordeaux et Strasbourg (cf. chronologie 1774-1778). La Sincérité d'Agen, alarmée par les frères lyonnais, adresse cette mise en garde à l'autorité parisienne :

Nous pensons que votre loge suprême est portée à faire tout pour le plus grand bien de l'ordre mais il y a des formalités essentielles à respecter. Il faut une règle.

1) Le G.O.D.F. quoique chef ne peut faire des réformes ny des changements sans le concours unanime ou la pluralité des suffrages des autres loges.

2) Les députés des loges de province ne peuvent d'après les pouvoirs qui leur sont donnés consentir au nom de leurs constituants à aucun changement qui regarde l'ordre sans avoir donné avis des projets formés à cet égard et reçu de leur loge un consentement ad hoc... C'est le droit des gens, le principe fondamental de tout gouvernement, et la Maçonnerie doit être envisagée comme un corps de république puisque chaque membre a le droit de voter en loge et que chaque loge a le droit de voter au G.O.D.F. par la voix de son représentant.

Deux ans plus tard, à l'occasion de la condamnation prononcée par le Centre commun contre la loge du Contrat social de Paris (cf. chronologie 1781-1782), l'atelier d'Agen persiste :

Les Constitutions du G.O.D.F. sont formelles, le G.O.D.F. n'est que l'assemblée de toutes les loges, il n'existe que par leur union : sans cette union, il ne peut y avoir de Grand Orient [58].

Il ne fait aucun doute que certains frères ayant acquis, au cours des travaux maçonniques, une réelle aptitude à l'animation des petits et des grands groupes, par la parole et par l'écrit, s'en sont servi après 1789 dans les assemblées auxquelles ils participaient ; mais cet apprentissage ne peut être interprété comme une préparation de l'événement. En revanche, la règle de fonctionnement de l'institution maçonnique invoquée par les frères d'Agen semble trouver sa place dans la « sociologie du phénomène démocratique » qui, d'après Augustin Cochin, conduit, à partir de 1750, « au cœur de la Révolution française » : le consensus, produit et légitimé par un débat égalitaire, devient une « vérité socialisée », destinée à s'étendre au corps social tout entier et à l'État par l'intermédiaire des loges et des autres sociétés de pensée [59].

Cochin s'est moins intéressé aux opinions elles-mêmes qu'aux modes de formation du discours qui entrèrent en concurrence au XVIIIe siècle pour l'hégémonie de l'opinion : le système traditionnel inégalitaire et hiérarchique, et la nouvelle sociabilité, « idéalement égalitaire... fondée sur le consensus imaginaire des sociétés de pensée [59] », qui, selon lui, gagne la partie au cours de la seconde moitié du siècle, et triomphe en 1789. Ainsi, les loges auraient participé, à leur insu, à la répétition générale. Encore fallait-il fournir des preuves de réalisation du consensus par le débat égalitaire !

Pour Cochin, c'est le style démocratique de la production de l'opinion maçonnique qui, à long terme, a été décisive. Or, si les frères d'Agen et de Charleville ont revendiqué pour une information de toutes les loges, l'obéissance des députés aux électeurs et pour la règle de la majorité, le Grand Orient a agi comme le roi de France : après avoir entendu les avis défavorables des ateliers, il a décrété que l'impôt personnel serait payé et que ses décisions d'alliance ou de radiation prendraient force de loi, sous peine d'être banni de la société maçonnique. Le gouvernement de l'Ordre a si peu réussi à entretenir l'illusion d'un consensus qu'il fut souvent accusé, entre 1773 et 1789, de despotisme par les francs-maçons.

Le Centre commun *contrôlé par l'aristocratie et la bourgeoisie de Paris n'a eu de commun que le nom. Centre avant tout, et inquiet devant l'agitation politique et sociale, dans le royaume, il a cru nécessaire de prendre des mesures d'urgence pour remettre de l'ordre dans le secteur de la sociabilité maçonnique aux dépens des particularismes locaux, des privilèges personnels et des aspirations égalitaires. Son pouvoir fut admis grâce au zèle des frères de province et de Paris qui acceptèrent de renoncer à leurs habitudes fédéralistes et à l'aventure réelle ou imaginaire de la démocratie ; ceux qui voulurent résister s'isolèrent ou retournèrent à la vie profane. Le contrat social maçonnique au XVIIIe siècle s'achève toujours de la même façon : l'aliénation de la liberté des frères en faveur du Souverain — le G.O.D.F., symbole de l'État — garantie de la stabilité du corps maçonnique, image du corps social.*

Les pièces jointes aux arguments de Barruel et de Cochin n'ont pas permis de réunir les preuves suffisantes de la « culpabilité » des frères dans l'anéantissement de l'État monarchique en 1789. Mirabeau qui préconisait, dès 1788, la Révolution des Lumières, innocentait d'ailleurs la franc-maçonnerie... en l'accusant d'autres fautes.

Travaillons donc à répandre les vrais principes, et la révolution désirée s'opérera précisément de la manière dont nous pouvons l'ambitionner, lentement, doucement, mais surement, et sans que les fripons puissent abuser du moyen. Quel est-il ce moyen? le courage d'écrire de grandes vérités, et de les publier par l'impression. Tel est le palladium du bonheur de l'humanité. L'art de l'imprimerie, qui rend impossible, du moins à la longue, le maintien des sociétés secrètes, même de celles que forment les fripons les plus rusés, s'oppose aussi sans doute à celles des hommes vertueux; mais il leur ouvre des ressources mille fois préférables. Employons ce moyen sublime, qui a centuplé les forces de l'homme, et donné à l'opinion un empire capable de balancer jusqu'à la puissance armée. Servons-nous-en même pour détruire les associations secrètes : la peste y est entrée trop profondément; il n'en est aucune qui puisse se garantir de l'infame contagion. Peut-être aussi long-temps que les associations secrètes dureront, avec une importance comparable à celle qu'elles ont aujourd'hui, les bonnes têtes et les cœurs généreux doivent-ils y entrer, et même chercher à y jouer un rôle actif. C'est le plus sûr moyen d'en éventer les machinations souterraines, d'en faire avorter les infames complots, et même de les détruire [60].

Mirabeau veut mobiliser les puissances du livre contre les sociétés secrètes coupables d'avoir conduit un combat sans merci contre les Lumières. André Chénier désigne leur arme préférée :

J'aurais voulu trouver l'occasion de dire aussi un mot de ces politiques illuminés; de ces Rose-Croix patriotes, qui, suivant l'éternel usage de leurs pareils, *adaptant toujours aux idées de leur siècle tous ces amas d'antiques superstitions* qui ont toujours infesté la terre, prêchent la liberté et l'égalité, comme les mystères d'Éleusis ou d'Éphèse; traduisent la déclaration des droits de l'homme en doctrine occulte et en jargon mythologique, et changent les législateurs en obscurs hiérophantes. Ceux-là pourraient n'être que ridicules; si pourtant il n'était pas toujours prudent de se méfier de ces gens à qui la franche et simple vérité ne suffit pas; à qui la raison ne saurait plaire si elle n'emprunte les habits du mensonge; et qui ont plus de plaisir à voir une agrégation d'initiés fanatiques, qu'une vaste société d'hommes libres, tranquilles et sages [61].

Louis Claude de Saint-Martin dans son Crocodile [62], *roman fantastique écrit en 1799, raconte cette histoire qui confirme, a posteriori, les craintes de Mirabeau et de Chénier : un lieutenant de vaisseau, cherchant à doubler le cap Horn, en 1740, a assisté à une assemblée générale des génies au service du Crocodile, le dieu de la matière. Pour se venger des attaques dont ils sont l'objet, ils ont décidé de porter la guerre en France, à Paris : le peuple sera réduit à la famine et ceux qui pourraient l'éclairer auront les idées brouillées. Les premiers combats ont lieu entre les zélateurs du Crocodile et les partisans de la sagesse; surgit alors le dieu de la matière lui-même qui engloutit dans sa gueule les deux armées... Malgré la malfaisance des génies et la plaie des livres qui réduit tout le savoir accumulé dans les bibliothèques en une bouillie grise — l'imprimerie est une farce inventée par le Crocodile — les hommes de désir remportent la victoire et délivrent l'homme et les sciences de leur asservissement au mal et à la matière.*

Mirabeau, emporté pour une fois par son impatience révolutionnaire, aurait vu dans le récit de Saint-Martin la confirmation de sa thèse et Barruel, aveuglé par sa haine de la Révolution, une fable inventée par les sophistes de l'impiété pour se faire pardonner leur forfaiture. Mais ni l'un, ni l'autre ne nous sont d'un grand secours pour percer les secrets des arrières loges. En revanche, le roman de Saint-Martin a le mérite de nous ramener vers l'histoire : le Crocodile réussit l'exploit de faire cohabiter dans son ventre les agents des Lumières/matière et les défenseurs des contre-Lumières, de l'esprit et de la foi. Or le même type de rencontre n'a pas pu ne pas avoir eu lieu dans les loges maçonniques. En terre pontificale, où la franc-maçonnerie n'était pas en odeur de sainteté, les circonstances du rendez-vous furent ainsi expliquées aux frères d'Avignon en 1785 :

... en ce siècle qui a mérité d'être appelé le siècle de la philosophie et de l'humanité, ce siècle où les arts et les sciences utiles ont fait des progrès qui ont étonné l'esprit humain, où l'on a senti que pour ne rien ôter au bonheur des hommes, il fallait ne mettre aucune bornes à leurs lumières et à leurs connaissances, où il a commencé d'être permis d'éclairer les nations, de discuter les devoirs des souverains et les droits des peuples, où l'on a osé dire aux hommes que ce n'est pas pour être malheureux qu'ils se sont donnés des maîtres, où la tolérance est venue s'asseoir à côté des autels et où l'on a cessé de persécuter ses frères pour des opinions ou pour des mots. C'est alors que la maçonnerie a dû se montrer... la philosophie ayant pour ainsi dire tout détruit, tout renversé, il fallait que la maçonnerie vînt choisir parmi tant de débris pour en élever un temple à la vertu et à l'humanité [63].

La franc-maçonnerie, qui s'est montrée après le déblaiement du terrain idéologique par la philosophie, les arts et les sciences utiles, est donc bien une fille du siècle des Lumières : elle en a hérité son goût pour la nouveauté et le progrès, pour les mots et les signes, pour l'expérience et la sociabilité. Mais lorsqu'elle devint adulte, elle s'efforça de mettre cet héritage au service de la restauration des deux colonnes les plus fragiles de l'ancien temple : la foi chrétienne et l'ordre social.

Le Grand Œuvre

Il serait faux d'affirmer que 50 000 francs-maçons ont participé à l'entreprise de restauration de la foi et de l'ordre social. De nombreux frères ne firent qu'un bref passage en loge, déçus par la structure hiérarchique de *l'Ordre et par la sagesse du projet proposé. Mais ceux qui restèrent fidèles aux travaux le firent en toute connaissance de cause, les secrets des* arrières loges *n'ayant plus de secret pour eux. Quelques-uns participèrent à la quête œcuménique imaginée par Joseph de Maistre tout en se gardant* de mettre le feu à la mine avant d'être sûr de l'effet... Il faudrait que les chrétiens modernes se trouvassent surpris de se voir réunis [64]. *Mais la plupart tentèrent plus modestement de conforter leur foi en Dieu et dans les rapports sociaux en recourant à de nouvelles conduites de sociabilité qui paraissaient leur offrir la garantie d'être en avance sur leur temps. Un discours dans une loge de Dijon, quelques années avant la Révolution :*

Loin de nous ces impies qui ont l'audace d'interroger l'Être suprême sur ses œuvres et qui les nient parce qu'ils ne peuvent les comprendre. Loin de nous ces philosophes dangereux qui établissent le règne du mensonge en affectant la prétention de le détruire. Loin de nous enfin, ces hommes téméraires, qui ayant la foi, agissent comme s'ils ne l'avaient pas... Le vrai chrétien, voilà le vrai maçon... Religion sainte, puissions-nous, à jamais, vous chérir et vivre sous votre empire. C'est par vous que notre charité s'enflamme, que notre justice s'éclaire et que toutes nos passions sont réduites au silence, c'est par vous que nous apprenons à respecter dans les souverains de la terre l'image de la divinité... en consacrant cet asile au grand architecte de l'Univers, disons-lui avec la plus grande ferveur : ... Faites [*que vos enfants*] n'aient jamais de volonté que la vôtre, qu'ils adorent en tremblant les décrets émanés de votre sagesse éternelle, et qu'ils obéissent constamment à la loi que vous leur avez dictée [65].

Le vrai chrétien, voilà le vrai maçon, *la formule n'aurait pas choqué les familiers des hauts grades au XVIIIe siècle, du moins si l'on en juge par cet extrait du rituel de Rose-Croix où les frères communiaient sous les deux espèces et recevaient du Très Sage — le maître du chapitre* * — *le baiser de paix utilisé lors de la consécration des pasteurs :*

[*Après que du pain eut été disposé sur une nappe blanche*] Le Très Sage dit : Souverain créateur de toutes choses, qui pourvoit aux besoins de tous, bénis la nourriture corporelle que nous allons prendre, qu'elle serve à ta gloire et à notre sanctification... ainsi soit-il. Le Très Sage prend le pain, en rompt un morceau et donne le pain à celui qui est à sa droite et ainsy de suite... Ensuite le dernier reçu va chercher une coupe de vin, la donne au Très Sage qui boit et la passe à sa droite... Le Très Sage dit à l'ordre... Tous les frères se mettent au signe du bon pasteur... font le signe céleste... le Très Sage les embrasse tous en disant la paix soit avec vous... les frères répondent ainsi soit-il [66].

Comment l'Église catholique aurait-elle laissé commettre de telles hérésies si elle n'y avait pas, en définitive, trouvé son compte de soumission? La manière, certes, laissait un peu à désirer, mais il importait surtout que la Parole fût à nouveau entendue. D'autres chrétiens de France — les protestants — semblent avoir eux aussi redécouvert, grâce à la pratique maçonnique, la parole et la foi perdues par leurs pères et leurs mères au cours du siècle des Lumières : sans doute furent-ils nombreux à fréquenter les loges parce que leur entrée dans une organisation nationale représentait un facteur d'intégration dans une nation dont ils ne faisaient pas officiellement partie. Mais la rencontre, dans les rituels maçonniques, du sens de la foi, oubliée par peur de la persécution ou par doute, a permis aussi à la religion de Calvin de retrouver des partisans actifs, à l'exemple des frères protestants de Sedan qui mirent leur loge en sommeil en 1780 et inaugurèrent... leur conseil presbytéral [67].

Le Grand Œuvre de la franc-maçonnerie française a été de faire en sorte que les frères trouvent du plaisir à remettre à l'honneur les valeurs fondamentales.

L'appel des francs-maçons pour le rétablissement des choses et des hommes à leur place traditionnelle a été souvent lancé dans un style métaphorique. Le frère Papin, devant la nouvelle loge Saint-Julien de l'Étroite union du Mans en 1784, choisit une manière plus directe :

Je ne vous parle point des déférences respectueuses que nous devons au Prince qui nous gouverne avec autant de bonté que de sagesse, à tout ce qui émane du thrône, vous êtes François, cela suffit pour dissiper les inquiétudes des hommes qui s'imaginent et veulent persuader au public que nous sommes dangereux et que nos assemblées peuvent tendre à nous soustraire à cette soumission qui est due au Souverain et à ceux par lesquels il nous manifeste ses volontés...

Notre société a des lois et c'est la soumission toujours soutenue dont je vous parle; nous ne nous soutiendrons, nous ne nous maintiendrons, qu'autant que nous conserverons cette subordination qui doit régner entre nous, chacun suivant les degrés où l'ont placé et nos lois et nos chefs. Et, en effet, que deviendra notre société si chacun des ouvriers qui la forment refuse d'obéir ou même se révolte [68] ?

C'est en Corse que les frères ont trouvé l'un des meilleurs lieux d'expression franche de leur passion pour l'Ordre. Dans ce discours à l'accent très continental, prononcé à Bastia, onze ans après l'acquisition de l'île, il est recommandé aux francs-maçons d'aider le pouvoir royal à civiliser le brut et agreste insulaire :

Vous placés votre orient au centre d'une isle orageuse dont les habitans effarouchés depuis longtemps par des oppressions de tous les genres, soumis par des préjugés de toute espèce, conservent encore une aspérité de mœurs contraire à toute civilisation, et qui est la suite nécessaire des différentes périodes qu'ils ont parcourues, mais loin de les condamner il faut commencer par les plaindre et finir par les instruire : placés entre deux continens qui se sont fait un jeu d'asservir cette Terre ou plutôt de la dépeupler, le Corse infortuné a vû dans tous les siècles ravager son asyle, et l'ingratitude du sol se joignant à la Tyrannie de ses oppresseurs, son imagination s'est échauffée, son cœur s'est ulcéré, il n'a eu d'autre sentiment que celui de sa misère et l'espoir de la venger : il a cherché des retraites dans le creux de ses montagnes sur le sommet de ses rochers, et y a pris et y conserve encore un caractère national... Les conquérants... ont cherché à corrompre la moitié de la Nation pour soumettre l'autre : de là ces malheurs sans nombre qui souillent les annales de cette isle infortunée, ces haines héréditaires qui marquent leur vengeance en traits de sang; cette animadversion du moindre habitant pour toute espèce de police, de gouvernement...

... Voilà ce qui recule depuis si longtems son état de civilisation : il était réservé à notre Siècle d'en accélérer les progrès, et la conquête de l'isle faite par les armes françoises, en paraissant un moment ajouter à leurs maux, les a cependant fais cesser pour jamais : c'est une vérité que les habitans de ce pays ne peuvent sentir qu'avec le tems...

L'orateur exhorte alors les frères de Corte à éduquer la nation corse, à lui enseigner la sagesse dont elle est plus éloignée que tout autre peuple :

Qu'elle s'aperçoive que vous êtes tous unis par les liens d'une amitié fraternelle; qu'en reconnaissant les qualités qui nous distinguent nous autres françois, elle acquierre par notre éxemple la docilité d'un Sujet; qu'en admirant notre amour pour nos Princes, notre satisfaction à leur obéir, elle partage ces deux sentimens; enfin qu'elle soit contrainte d'avouer que l'esprit d'inquiétude, de division, de rébellion n'a jamais produit que des malheurs;... et de concert avec le gouvernement vous serés, Mes frères, assés heureux pour coopérer de votre côté à la tranquillité et au bonheur de ce Pays [69].

Pour comprendre le conformisme politique et social des francs-maçons, il est nécessaire de prendre à la lettre les innombrables allusions dans le discours des frères aux tourments de la vie profane. Les courbes des prix agricoles, de la rente foncière, de l'activité manufacturière et commerciale ou des délits contre la propriété permettent aujourd'hui de mesurer les causes réelles de leur inquiétude; mais, pour s'expliquer la croissance de leurs tourments, ils n'eurent à leur disposition que le vécu des conjonctures locales et les jugements contradictoires portés sur les initiatives du pouvoir monarchique. Autant ils étaient sûrs de leur connaissance de la situation économique et sociale de leur orient, autant ils se prirent à douter de ces Lumières auxquelles se référaient à la fois les ennemis du roi, ses ministres et le Parlement de Paris pour changer ou maintenir les rapports entre la société et l'État. Car les livres et les gazettes de l'époque, le discours de l'État et les sermons des prêtres utilisaient les mêmes mots sans leur accorder le même sens; les frères aristocrates et bourgeois, dans leurs loges respectives, voulurent mettre fin à la confusion qui régnait à propos du sens des mots. L'un de ces mots retint particulièrement leur attention : l'égalité; mal définie et mal pratiquée, elle risquait d'entretenir le trouble et l'envie dans toutes les classes sociales et surtout dans le peuple, toujours prompt à l'insubordination.

Le principe égalitaire, tel qu'il est affirmé à Liège en 1773, ne fait courir aucun danger à la société.

... L'amitié parfaite entre les hommes, qu'on reproche aux Francs-Maçons de vouloir établir, est aussi pieuse, et ne renverse pas plus la soumission que nous devons à nos supérieurs et l'ordre que Dieu a mis dans les différentes conditions humaines, que celle qui doit unir tous les Chrétiens comme frères en Jésus-Christ, et tous les hommes comme enfants du même Dieu. Ce seroit donc à

208

tort qu'on accuseroit les uns ou les autres de vouloir détruire toute supériorité, pour établir une égalité et une indépendance aussi fatale que chimérique. Au contraire, la paix n'est jamais si grande, tant dans la Franc-Maçonnerie que dans le Christianisme et dans tous les États, que lorsque tous rendent à Dieu la soumission, aux supérieurs la fidélité et le respect, et au prochain l'amitié qui lui est due [70]...

En 1785, un frère français déclare aux francs-maçons de Malines, dans les Pays-Bas autrichiens, que la véritable égalité consiste à être charitable en paroles avec ceux que Dieu a défavorisés dans la société :

... L'Égalité et la charité sont les deux plus fermes soutiens de notre Ordre auguste. Non cette égalité chimérique qui confond tous les rangs et les conditions, qui bouleverseroit l'univers, si elle étoit admise, mais cette égalité qui consiste à estimer l'homme à sa juste valeur, qui fait que le riche ne se croit pas d'une nature supérieure à l'indigent et qui ne dédaigne pas de l'appeler son ami, lorsque, dans l'humble fortune où le destin l'a fait naître, l'artisan obscur fait remplir la tâche de travail que lui a imposée le grand Architecte de l'Univers. Égalité précieuse, tu es l'ennemie de l'orgueil, tu confonds l'amour propre, et tu seras le plus ferme boulevard de l'humanité contre le funeste égoïsme qui a fait tant de progrès dans ce siècle [70].

L'épreuve
de la Révolution

La quête chrétienne de Dieu, la pratique de la charité et la peur du mouvement social n'ont pas préparé les francs-maçons du royaume de France à l'explosion révolutionnaire de 1789. Tant que celle-ci se limita aux élections et aux débats d'assemblées, l'Ordre se sentit encore autorisé à revendiquer une part de responsabilité dans le cours des événements, inspiré, si l'on en croit certains frères, par les Lumières : ils pouvaient prouver qu'ils en avaient utilisé les mots, à défaut des idées, la mémoire devenant plus courte lorsque l'histoire s'accélère. Mais le naturel maçonnique revint très vite dans le discours des loges, quand elles comprirent que le petit peuple des campagnes et des villes ne se satisferait pas des succès de 1789 et de 1790. La circulaire envoyée par la loge parisienne du Contrat social (cf. chronologie 1781-1782), le 20 novembre 1790, condamne, par avance, le déchaînement des luttes sociales :

La France vient d'éprouver une révolution dont les annales du monde entier ne présentent aucun exemple... Il n'est pas douteux que nous n'ayons eu beaucoup d'influence sur les grands événements qui immortalisent les dernières années du XVIIIe siècle. Mais quelle a été cette influence ?...

Bien des siècles avant que Rousseau, Mably, Raynal eussent écrit sur les droits des hommes et eussent jetté dans l'Europe la masse des lumières qui caractérise leurs ouvrages, nous pratiquions dans nos loges tous les principes d'une véritable sociabilité. L'égalité, la liberté, la fraternité étoient pour nous des devoirs d'autant plus faciles à remplir, que nous écartions soigneusement loin de nous les erreurs et les préjugés qui, depuis si longtemps, ont fait le malheur des nations... une révolution amenée par les lumières... subsiste autant que les lumières, et le propre des véritables lumières... est de se propager et de s'étendre. Voilà comment nous avons réellement influé sur la révolution actuelle, c'est en éclairant dans nos mystérieux ateliers une foule de citoyens qui ont reporté dans la société ordinaire nos principes et, nous pouvons dire, nos vertus.

Mais il ne faut pas s'y tromper, nos principes n'ont jamais pu tendre à renverser, par des secousses violentes et des moyens sanguinaires, les loix civiles et politiques qui régissent les nations...

Qu'on ne pense cependant pas que cette soumission aux loix reçues dans les nations, que cette inviolabilité que nous reconnaissons dans leurs chefs, soit apathie pour le bonheur des hommes... Nous sommes des amis du genre humain, mais nôtre amour pour lui ne dégénère pas en fanatisme... Enfants de la nature que la perversité des passions et des préjugés de l'ignorance ont si fort dégradés, nous voulons régénérer la terre, mais ce n'est pas dans un déluge de sang... les fureurs de l'anarchie (*étant*) plus nuisibles que les cruautés du despotisme, nous devons donc chérir la nouvelle constitution françoise[71].

Un an plus tard, le Grand Orient, inquiet de ne pas voir rentrer les cotisations, en vient à poser aux frères des questions sur l'avenir de la sociabilité maçonnique dans le nouvel ordre politique et social :

La Maçonnerie en France seroit-elle menacée de tomber dans l'anarchie et la confusion... ? Le patriotisme de nos (*frères*) causeroit-il la destruction des Temples qu'ils se sont plus à élever à la vertu et qu'ils ont si souvent rendus accessibles au cri de l'humanité souffrante ? Leur civisme mérite sans doute notre reconnoissance et notre estime; mais est-il impossible de concilier les devoirs de Maçon avec ceux de Citoyen[71] ?

Le Grand Orient connaissait les réponses à ses inter-rogations : le maçon pouvait difficilement s'adapter à la nouvelle condition de citoyen parce que toute son éduca-tion « pré-révolutionnaire » avait eu pour objet la recher-che de l'harmonie entre sa condition traditionnelle de sujet et sa position nouvelle de maçon. La difficulté fut telle que la plupart des loges se mirent en sommeil en 1789 et 1790. Sans doute trouvera-t-on dans tel ou tel orient des traces d'activités maçonniques postérieures à ces dates, comme à Toulouse, où quatre ateliers recrutant parmi les seuls patriotes, se constituèrent, le 10 ventôse an II, en loges républicaines, reconnurent la Convention nationale pour Grand Orient et prirent pour patron la Montagne au lieu et place de Saint-Jean[72]; mais l'initia-tive toulousaine, qui annonce la voie substituée empruntée par les frères sous la IIIᵉ République, confirme, à sa façon, l'incapacité pour l'Ordre maçonnique de parler au nom des francs-maçons, après l'explosion révolutionnaire. La franc-maçonnerie dépose discrètement un bilan de faillite pour sa gestion de l'opinion et de la sociabilité, au moment où l'Etat d'Ancien Régime est contraint, par les assemblées élues et par les manifestations populaires, de montrer publiquement son impuissance à exercer le pouvoir politique et social.

La dispersion des frères après 1789

Si les frères n'ont plus eu le contact, faute d'émission, avec le message maçonnique, comment peut-on interpréter leur conduite dans le monde profane révolutionnaire? Est-ce leur position de classe dans celui-ci ou le souvenir de leur appartenance à l'Ordre qui les poussa à agir? Pour répondre à cette question, il ne suffit pas de repérer, au bas des procès-verbaux des assemblées locales ou nationales, la présence de tel franc-maçon : le fait qu'il ait été là permet de compléter sa biographie, mais il n'autorise en rien à voir dans ces assemblées un « coup des francs-maçons » ; à moins de prouver que la discipline maçonnique a été assez forte, malgré l'effondrement institutionnel de l'Ordre, pour inspirer aux frères un comportement commun pendant la Révolution.

Or, toutes les recherches entreprises sur les activités profanes des francs-maçons après 1789, à l'échelle d'un orient ou d'une région, démontrent leur « dispersion politique[73] ». Jusqu'en 1792, ils furent nombreux à prendre des responsabilités dans le nouvel appareil administratif, mais déjà, la fraternité était rompue entre les frères émigrés de l'armée de Coblence et ceux qui combattaient dans les troupes de Dumouriez; sous la République, les gestionnaires francs-maçons, effrayés ou contraints, se retirèrent, pour la plupart, des affaires publiques et attendirent Thermidor ou Brumaire pour faire leur réapparition, destinée qui n'a rien de particu-

lièrement maçonnique puisqu'elle fut identique à celle de la majorité des notables installés avant 1791.

Il faudrait pouvoir recenser les 50 000 initiés sous l'Ancien Régime selon la cause défendue de 1789 à 1794 : la monarchie constitutionnelle, l'émigration, la chouannerie, le fédéralisme, la Gironde, la Montagne, et le silence de longue durée, cette cause que n'enregistrèrent pas les archives et dont nous ne saurons jamais si elle fut celle des indifférents, des prudents ou des militants obscurs. A défaut de sonder l'opinion des frères, les sources offrent la possibilité de mesurer leur dispersion dans l'action : à Toulouse, sur 235 initiés « fichés » politiquement par l'historien — la ville comptait près de 1 000 initiés — 30 % choisirent le camp royaliste, 32 % celui des Jacobins et 38 % affichèrent leur sympathie pour la Gironde (73). Les francs-maçons de Toulouse ne représentent pas la France maçonnique mais ils permettent de faire un point provisoire sur l'itinéraire suivi par les frères : trois quarts d'entre eux se turent ou ne s'engagèrent pas avec assez d'audace pour être accueillis dans les archives ; deux tiers des francs-maçons identifiés « officiellement » au cours du combat révolutionnaire, empruntèrent une autre voie que celle tracée par les Jacobins.

A Charleville, dans les Ardennes, on observe le même éventail des choix avec une proportion un peu plus faible de partisans de Robespierre, qui se recrutèrent d'ailleurs parmi les frères les moins assidus aux réunions maçonniques avant 1789. Simple coïncidence ? Nul doute qu'une réponse n'exige des confrontations systématiques entre le comportement des francs-maçons devant l'action populaire à l'époque révolutionnaire et la durée de leur fréquentation des loges sous l'Ancien Régime, mais le dossier doit être ouvert : à Charleville, ce furent les plus fidèles pratiquants de l'Art Royal qui repoussèrent avec le plus d'énergie toute compromission avec cette populace qui parlait impérativement et sans appel, *pour reprendre la formule de l'un d'eux* ; et les frères les plus vite déçus par les activités maçonniques, après un mois ou un an, *trouvèrent ailleurs que dans les loges la force nécessaire pour lutter avec le peuple, jusque Thermidor*[73].

Ainsi, au-delà de la diversité de leurs options politiques, la majorité des frères n'a pas cessé d'opposer son refus à l'exercice du pouvoir du peuple. Serions-nous enfin en présence du comportement « révolutionnaire » commun, inspiré par cette discipline maçonnique, qui n'a cessé d'enseigner le danger de la vulgarisation? On ne pourra jamais savoir si, parmi la multitude des aristocrates et des bourgeois, grands et petits, hostiles au désordre, à la populace et à la Terreur, quelques dizaines de milliers de frères, aristocrates et bourgeois, eurent encore assez de mémoire maçonnique pour se souvenir que leur lutte contre le péril populaire avait aussi une dimension initiatique. L'appartenance maçonnique a peut-être conforté les marchands, les négociants, les clercs et les nobles dans leur combat de longue haleine contre le peuple, mais dès qu'il s'est agi de conduites politiques concrètes à tenir au cours des événements révolutionnaires, l'Art Royal ne leur fut d'aucun secours parce qu'il n'était pas un art conçu pour la révolution.

L'innocence des arrières loges

Pour préparer et faire l'histoire révolutionnaire les millions de paysans, le bas-clergé et les intellectuels de Paris et de province, qui n'avaient pas trouvé de place dans la « République des Lettres », ne furent jamais tentés de recourir à l'aide des arrières loges de francs-maçons, incapables de conduire une entreprise de destruction. Les frères avaient d'ailleurs toujours fait savoir que la formation reçue dans les loges visait à revaloriser le travail de réparation de l'édifice social et non à promouvoir le désordre et le règne des foules :

Si le besoin de se protéger, de se défendre mutuellement a décidé la réunion des premières Sociétés, si la sagesse des Législateurs s'est occupée de leur sûreté, de leur perfection, si les mœurs peuvent en conserver la durée, ces loix, cette police, cette morale, la religion même ne présentent pas toujours des secours assez puissants pour en retenir la paix et l'harmonie[74]...

Ce discours, prononcé à Bastia en 1778, affirme avec force la volonté des francs-maçons de faire de l'Ordre un rempart pour une société qu'ils croient menacée par l'impuissance grandissante de l'appareil politique et des appareils idéologiques à organiser le consentement des sujets sur la stabilité. Bertin du Rocheret, ce frère d'Epernay, pionnier, dans les années 1730, de l'Art Royal et de la sociabilité de divertissement réservé à la « classe de loisir », ne se serait pas retrouvé dans ces préoccupations : il exaltait, à son époque, la rage de s'associer pour que le plaisir de se plaire entre gens de qualité fût redoublé, et non pas pour renforcer la défense de l'ordre social ; certes, quelques inquiets cherchaient déjà à frayer un chemin à Dieu et à la hiérarchie des conditions mais la détente resta à l'ordre du jour jusqu'au milieu du siècle et l'Etat cessa même de s'intéresser de trop près aux activités de l'Ordre.

Nous connaissons maintenant les circonstances économiques, sociales et politiques qui amenèrent l'intellectuel collectif constitué par les francs-maçons à changer de cap insensiblement puis fermement après 1770. Désormais, il s'agissait moins de s'amuser entre gens de bonne compagnie que d'entretenir la paix et l'harmonie dans le corps social et cette cause exigeait, pour avoir de nombreux prosélytes, une politique de sociabilité ni trop conformiste — la cause était urgente — ni trop audacieuse — la cause était ancienne.

L'immense succès de la franc-maçonnerie sous le règne de Louis XVI tient à la réussite et au contrôle dans les loges de plusieurs expériences pionnières dans le domaine de la chimie des idéologies : lutter contre les superstitions pour favoriser la quête de la foi chrétienne ; accueillir la raison des philosophes pour démontrer la puissance du sentiment ; accepter le principe de l'égalité pour recon-

naître la nécessité de la hiérarchie; abandonner dans le temple ses privilèges profanes pour demander à l'Etat le maintien de l'ordre des conditions.

Les francs-maçons auraient-ils récupéré les Lumières pour mieux faire passer leur message, se livrant une fois de plus à une manipulation de l'opinion? En réalité, aucun discours écrit ou prononcé depuis 1770, n'était plus écouté s'il ne se référait pas au lexique et à la pensée des Lumières : pour se faire entendre des clercs, des nobles et des nombreux bourgeois qui avaient envie de vivre mieux leur vie et leur foi dans l'ancienne société, les frères empruntèrent spontanément la nouvelle manière de parler. Mais, dès que le premier frisson de la nouveauté fut passé, les initiés du tiers état et des deux premiers ordres du royaume, travaillèrent à se convaincre, dans leurs loges respectives, qu'ils n'étaient pas les porteurs de l'avenir. Le silence des loges après 1789 est l'indice de la réussite de la franc-maçonnerie d'Ancien Régime : elle avait bien appris à concilier les devoirs du sujet et les obligations du frère; elle n'avait jamais prévu qu'un jour, le sujet deviendrait citoyen.

5

Les aventures du Grand Architecte de l'Univers

Qu'est-ce qu'un voyage initiatique? « Un déplacement muni d'une loi martiale : perte de quelque chose, et recouvrement avec supplément après retard. Cette règle est de croissance. Rien, un instant, tout. Il faudra bien un jour se mettre à lire les cartes dessinées patiemment dans ce type de littérature, la topographie de ces voyages, les portulans de l'errance pathétique. Il y a là une saisie profonde et décisive de l'espace[1]. »

Jusqu'en 1814, le voyage initiatique offert aux francs-maçons français se déroula dans l'euphorie, à travers un espace géographique et sociologique beaucoup plus étendu qu'avant 1789 : le réseau des loges civiles et militaires devint encore plus dense et les colonnes* n'hésitèrent pas à recruter, faute de nobles et de clercs, parmi les sous-officiers et les petits fonctionnaires. Les bénéfices que retirèrent les anciens et les nouveaux initiés de leur participation aux travaux maçonniques sous l'Empire ressemblent aux bénéfices déclarés par les frères dans les loges d'Ancien Régime, si l'on en croit l'enquête de police de 1811 :

(Lot-et-Garonne.) Les sociétés maçonniques sont en grand nombre mais ces sociétés ne s'occupent ni d'objets religieux, ni littéraires, ni politiques et l'esprit de cette institution est avantageusement connu.

(Rhône.) Les sept loges dont parle le préfet n'envoient ni règlement, ni listes de membres parce qu'aucune de ces associations n'a pour but de traiter des questions politiques ou religieuses; que les membres s'occupent ou de sciences physiques ou de littérature ou d'objets d'amusement; que presque tous les fonctionnaires publics font partie des unes et des autres, et enfin, qu'elles ne sont animées que du seul esprit de leur institution[2].

Pourquoi donc se réunir alors que l'ordre social et politique, et la religion catholique étaient restaurés depuis le début du siècle? Avant 1789, les frères avaient cru bon de voler au secours de l'Etat et de l'Eglise menacés, mais après Brumaire et le Concordat, leur soutien n'était plus indispensable. Des centaines d'ateliers auraient-ils travaillé entre 1800 et 1814 pour le seul plaisir de la sociabilité pure et anodine, comme au début du règne de Louis XV?

La frénésie maçonnique qui s'empara des militaires, des fonctionnaires et des notables sous le Consulat et l'Empire traduit sans doute la satisfaction d'un désir de sociabilité contenu sous le Directoire, hostile à la fois à la sociabilité d'Ancien Régime et à la sociabilité jacobine[3]. Mais elle signifie plus que le simple besoin d'une récupération : la franc-maçonnerie fut l'un des rares lieux, surtout en province, où les partisans du nouveau régime pouvaient exprimer leur enthousiasme pour le chef et pour les victoires de la grande nation, dans un cadre national et dans un climat de « libre » discussion. Les frères ne se rendaient pas compte qu'ils transformaient ainsi leurs loges en centres d'élaboration et de diffusion de l'idéologie politique dominante, croyant encore que l'enceinte sacrée garantissait leur innocence.

La première restauration des Bourbons, les Cent-Jours et la rentrée de Louis XVIII après Waterloo leur révélèrent avec brutalité la déviation à laquelle ils avaient participé : ils avaient souhaité la présence du buste de l'Empereur dans les loges ; ils durent l'enlever, le remettre et le remplacer définitivement par celui d'un roi. Le charme était à jamais rompu car la rotation des bustes des souverains dans les ateliers démontrait symboliquement leur compromission avec le pouvoir politique et avec les chimères du monde profane. La chute de l'Empire

*imposa donc aux francs-maçons un choix dramatique
entre la désacralisation des temples et le retour à
l'illusion de leur clôture.*

I

Le repli
(1815-1848)

*Les « demi-soldes », les fonctionnaires inquiétés par la
Terreur blanche, les acquéreurs de biens nationaux
désireux de conserver leurs terres et les libéraux semblaient prêts à prendre les loges comme base d'opération
contre les despotes restaurés. Mais la peur du retour à
l'Ancien Régime et surtout les hésitations de la bourgeoisie française s'estimant encore trop faible, trop
menacée ou trop contente de son sort pour ne pas
rechercher l'exercice du pouvoir, provoquèrent un recul
considérable de l'activité maçonnique. Selon le rapport
du procureur d'Aix-en-Provence, en octobre 1820, les
loges ont perdu tout pouvoir d'attraction sur le Provençal :*

Il n'existe plus de Sociétés maçonniques dans le Ressort,
du moins celles qui avaient été établies partout en 1800,
1801, 1802 ont cessé depuis longtemps de s'assembler.
Le Provençal est inconstant dans les choses de peu
d'importance et d'autres objets sont venus le distraire des
loges maçonniques, dans lesquelles il s'était d'abord porté
avec enthousiasme. Les cercles pour la première société, les
confréries de Pénitents pour la classe inférieure, ont
remplacé la Maçonnerie et depuis, les missions qui ont lieu
en Provence, les Congrégations dont un des statuts est
l'exclusion des sociétés secrètes ont encore fourni un objet
de piété et de distraction habituelle aux personnes qui
éprouvent le besoin de se réunir[4].

Entre 1814 et 1819, le nombre des loges du G.O.D.F. passe de 905 à 367 et les francs-maçons de Rouen qui continuent, malgré le déclin de l'Ordre, à participer aux travaux, semblent se satisfaire des propos du frère Duval sur l'égalité :

Comme il est vrai que l'inégalité naturelle est un mensonge, l'égalité sociale une chimère, il ne l'est pas moins que l'égalité maçonnique, symbole et type d'égalité devant la loi, est de tous nos droits le plus incontestable[5].

La désertion des frères et la reprise des vieux discours inégalitaires d'avant 1789, ne paraissent pas rassurer pour autant le préfet de police Delavau en 1825 :

On voit en Europe la plupart des gouvernements proscrire toutes les associations secrètes, et la franc-maçonnerie, la plus ancienne et la plus insignifiante de toutes, n'est point exceptée dans cette mesure sévère. Toutefois en Angleterre et en France, on ne paraît pas y attacher la même importance ni croire beaucoup à l'influence qu'elle exerce sur l'ordre social. On la regarde comme une institution plus ridicule que dangereuse... Ici s'élève donc la question de savoir... s'il est indifférent de la tolérer ou non.

... Plus les opinions seront divisées et moins on s'accordera sur ce qui doit être l'objet des croyances de tous et sur ce qui doit faire la base du gouvernement, et plus la société sera faible et morcelée. (*Or les sociétés secrètes*) sont véritablement des pouvoirs qui s'élèvent à côté du pouvoir légitime, un sacerdoce particulier qui rivalise avec le sacerdoce chrétien, des chaires qu'on oppose à la chaire de la vérité, des tribunes qu'on érige à côté des tribunes publiques.

... L'institution de la franc-maçonnerie est par nature toute républicaine. Tous les discours qu'on prononce dans les loges tendent plus ou moins à propager les idées d'indépendance. La liberté est un mot qu'on y exalte sans cesse... La loge des *Amis de la Vérité* est considérée par les francs-maçons eux-mêmes comme une assemblée de républicains, c'est-à-dire comme un club révolutionnaire.

J'ajouterai que la franc-maçonnerie est encore une institution propre à l'impiété et à la corruption des mœurs... veut-on savoir comment on dogmatise dans les chaires maçonniques?... « Que doit-on à Dieu » demandait-on au nommé Hector Bezuquet, qui voulait entrer dans la loge des *Amis de la Vérité? Tout ou rien*, répondit-il. *Tout si l'on croit qu'il existe, rien si l'on ne croit pas à son existence.* Voilà le raisonnement absurde que faisait cet individu...

Mais ils ne se bornent pas à rejeter les croyances communes, ils font encore une religion à part. La franc-maçonnerie n'est pas seulement une faction, c'est une secte religieuse qui tend à pervertir tous les dogmes et à remplacer les cérémonies du culte public par des cérémonies de leur invention... Si l'on demande maintenant s'il vaut mieux la combattre par le ridicule que par la rigueur, la question change d'objet. Ce qu'il y a de certain c'est qu'il faut la combattre et je pense qu'il ne serait pas impossible de la ridiculiser au point de la rendre tout à fait méprisable et par conséquent impuissante. Elle ne tiendrait pas deux jours contre l'opinion publique...

D'un autre côté son existence n'est-elle pas nécessaire pour empêcher le carbonarisme de se fortifier en France et de s'y naturaliser? Si cette institution d'origine moderne n'avait pas de rivale dans le Grand Orient, ne serait-il pas à craindre que tous ceux qui cherchent les réunions secrètes ne se précipitassent pas dans les *ventes* quand les *loges* leur seraient une fois fermées? Ces considérations méritent d'être pesées[6].

L'exception parisienne

Le préfet de police préfère le G.O.D.F. au carbonarisme parce qu'il craint de voir resurgir, partout, les fantômes des quatre sergents de La Rochelle. Il continue néanmoins

*à penser que le moindre des maux — la franc-maçonnerie
— représente un danger constant pour les institutions et
pour la foi : les événements de 1830 montrèrent qu'il avait
de bons indicateurs à Paris (cf. chronologie) mais, comme
tout préfet de police compétent, il avait « oublié » de
signaler que la plupart des frères de la capitale et de
province n'entendaient pas transformer leur loge en club
révolutionnaire ou en cercle anticlérical. Le vénérable de
la loge du Phénix de Paris répare partiellement cet oubli,
le 28 juin 1831 :*

Depuis peu, on cherche à faire de nos temples ou une
tribune publique, ou une arène d'amour-propre, ou des
réunions tumultueuses qui n'ont d'autre objet que de se
créer une certaine célébrité.

Pourquoi faut-il que ce soit cette jeunesse, si intéressante
d'espérance, qui veuille substituer son ardeur aux œuvres
de plus de réflexions et de maturité ? Pourquoi faut-il
qu'un édifice comme le nôtre devienne dans leur imagination une vieille construction qui ait besoin de leurs
efforts pour être rajeunie ? Ils ne savent donc pas encore
qu'à côté de la manie de faire du neuf, se trouve le danger
d'innover, et puis qu'est-ce donc qui leur a appris que ce
qui avait mérité le culte de leurs pères, n'était plus qu'une
illusion qui avait besoin de tout leur aplomb pour devenir
une vérité[7] ?

*Parmi ces frères apprentis sorciers, Quentin, vénérable
de La Philanthropie de Paris :*

... ainsi, pour défendre le palladium de nos libertés, nos
(*frères*) de Paris se sont levés d'indignation, et répondirent
au bon plaisir des ordonnances, à la force des armes
meurtrières, par le bon droit des barricades.

Isolés, nous faisons peu de bien ; réunis, nous sommes
invincibles quand nous combattons pour la vertu.

Une ère nouvelle a commencé pour les citoyens et
surtout pour les maçons français ; nos lois civiles
et politiques, nos pensées religieuses, vont être en har-

monie avec les statuts et la morale de l'initiation[8]...

Le discours de Quentin était inquiétant pour les frères traditionalistes : si l'ordre profane se conformait aux règles de l'Art Royal, la pratique maçonnique devenait inutile, voire ridicule, avec ses rituels et ses cérémonies initiatiques. Le choc de la Révolution de 1830 passé, les bourgeois francs-maçons de Paris et de province qui avaient cru leur règne arrivé, au point d'abandonner l'Ordre, durent céder la parole à la majorité des frères et, jusqu'en 1848, celle-ci s'en servit pour défendre l'ordre contre le mouvement.

Lorsqu'en 1838, la nouvelle de l'excommunication des francs-maçons belges par l'archevêque de Malines parvint à Paris, la loge du Phénix, dont nous avons déjà eu l'occasion de mesurer la prudence après les Trois Glorieuses, s'insurge contre l'ignorance des autorités ecclésiastiques :

Les vrais disciples du Christ, les fidèles gardiens de sa morale et du culte qu'il a préché ce sont les maçons... Apôtres de la vraie religion, enseignons nos croyances et gardons-nous bien de la démentir par nos actes...

>   Croyons en Dieu
>   Croyons en la divine providence
>   Croyons en la bonté et à la justice de Dieu
>   Croyons à l'immortalité des âmes[9].

Les convictions des frères trouvèrent aussi à s'exprimer dans le secret du cabinet de réflexion où le récipiendaire devait rédiger les réponses aux trois questions suivantes : quel est le devoir de l'homme envers Dieu ? Envers ses semblables ? Envers lui-même ? Ensuite il faisait son testament dans les termes les plus clairs et les plus concis possibles, de manière à ne laisser aucun doute sur ses intentions dernières.

*Lorsque la loge des Amis de l'Humanité se constitua,
en 1839, à l'orient de Givet, dans les Ardennes, les
testaments des quatorze frères ne furent pas brûlés,
comme l'exigeait la coutume maçonnique : au risque
d'être indiscret, nous publions la série de réponses à la
première interrogation, avec l'indication éventuelle de
l'âge et de la profession de leurs auteurs, mais sans la
mention de leur nom.*

Quel est le devoir de l'homme envers Dieu ?
— d'aimer Dieu.
— (21 ans, fabricant de pipes de terre.) Il lui doit ce que
l'on doit à son créateur c'est-à-dire le respect la reconnaissance et la vie.
— (19 ans.) la foi.
— (25 ans, fabricant de pipes.) C'est de le reconnaître et
de l'adorer comme le créateur de l'univers.
— (34 ans, sergent au 46ᵉ de Ligne.) tenir à Sa religion et
de l'adorer.
— (25 ans, conducteur des Ponts et Chaussées.) Le devoir
de l'homme envers dieu, C'est de ne faire aucun mal à son
Prochain.
— (42 ans, militaire.) de lui rester toujours fidèle rien au
monde ne saurait faire changer ma foi.
— (29 ans, dans la Tannerie.) Reconnaître sa toute-
puissance en lui rendant hommage par une connaissance
approfondie de ses œuvres et par une admiration raisonnée
de tout ce qu'il a fait.
— (43 ans, tanneur.) Honorer le créateur de l'univers.
— (22 ans, un emploi dans les postes.) Dieu nous ayant
retiré du néant, notre devoir envers lui, c'est d'être
reconnaissant, et pour cela il faut suivre d'un pas plus
ferme les sentiers de la vertu qu'il nous a tracés, c'est de
cette manière que nous pourrons acquitter notre reconnaissance.
— (23 ans, l'étude du droit.) Quand j'ai pu voir et penser,

j'ai vu que je n'étais pas seul, j'ai pensé que pour honorer Dieu mon créateur je devais aimer mes semblables et les aider.

— (26 ans, marchand batelier.) L'homme est la créature de Dieu et lui doit tout ; or l'homme doit à Dieu l'abandon de soi même et une soumission infinie à ses décrets.

— (32 ans, garde du Génie.) de l'adorer.

— (27 ans, instituteur) L'homme doit reconnaître la puissance, la grandeur et la bonté de Dieu, et le servir envers et contre tout [10].

L'échantillon est trop réduit pour calculer les pourcentages de l'opinion hostile ou favorable au Dieu des chrétiens mais l'on peut au moins en tirer l'enseignement que Dieu n'avait pas d'adversaire déclaré à Givet. Les travaux des autres loges montrent d'ailleurs que les craintes exprimées par le préfet de police en 1825 n'étaient pas fondées : les frères firent rarement preuve d'un athéisme militant ou de leur opposition à la monarchie ; mieux, en se défendant jusqu'en 1848 d'avoir préparé la Révolution de 1789, ils n'offrirent guère de prise à la polémique antimaçonnique. Le repli général des francs-maçons dans les loges ne préparait donc pas une fronde ; mais la Révolution de 1848 leur ouvrit des portes qu'ils n'auraient jamais osé ouvrir.

L'offre de l'État

En mars 1848, Lamartine, au cours d'une entrevue avec une délégation de la nouvelle Grande Loge nationale (cf. chronologie, 1848), prononça, au nom du gouvernement provisoire, un discours qui fit date dans l'histoire de l'Ordre :

... j'en sais assez de l'histoire de la franc-maçonnerie, pour être convaincu que c'est du fond de vos loges que sont émanés d'abord dans l'ombre, puis dans le demi-jour et enfin en pleine lumière, les sentiments qui ont fini par faire la sublime explosion dont nous avons été témoins en 1790, et dont le peuple de Paris vient de donner au monde la seconde et j'espère la dernière représentation il y a peu de jours.

Ces sentiments de fraternité, de liberté, d'égalité qui sont l'évangile de la raison humaine, ont été laborieusement, quelquefois courageusement scrutés, professés par vous dans les enceintes particulières où vous renfermiez jusqu'ici votre philosophie sublime. Ces sentiments qui avaient dû se cacher peuvent maintenant se proclamer au grand jour [11].

Malgré l'innocence de leurs ancêtres, les frères acceptèrent avec enthousiasme de porter cette glorieuse responsabilité devant l'histoire. Mais les nouveaux agents des Lumières n'eurent pas longtemps la partie belle; dès le 28 juillet 1848, le droit de réunion et d'association était soumis à la réglementation municipale et à la non-ingérence dans la vie politique. Allait-on assister à un nouveau repli alors que les forces maçonniques n'avaient pas encore eu l'occasion de se déployer?

II

La mise à mort du Grand Architecte

La réduction du nombre des loges du G.O.D.F. — 222 en 1852, 102 en 1858 — et l'adoption de l'article premier de la constitution de l'Ordre maçonnique en août 1849 (cf. chronologie 1849) montrent que la peur de la répression provoqua chez les frères les réactions habituelles de recul et de l'excès conformiste. Mais cet article premier, où les francs-maçons proclamaient pour la première fois *leur attachement à* l'existence de Dieu et à l'immortalité de l'âme, *devint, au cours des années 1860, une référence de plus en plus gênante pour la crédibilité du discours de l'Ordre. Comment, en effet, les frères pouvaient-ils affirmer leur vocation à promouvoir une école et une morale laïques tout en continuant à travailler sous les auspices du G.A.D.L.U.? Ceux qui croyaient être les héritiers des Lumières et de la Révolution française ne tardèrent pas à engager le fer contre Dieu et son Eglise catholique : un combat nécessaire pour gagner les couches nouvelles et une partie de la bourgeoisie française à la cause du progrès et du mouvement dans l'ordre, contre les tenants d'une société immobile et hiérarchique, génératrice de désordre. Très vite, les frères surent trouver le ton juste ; ainsi, ce franc-maçon marseillais en 1865 :*

Très Saint Père

Il paraît que vous avez beaucoup de temps à perdre, et que les graves occupations de votre pontificat vous permettent de donner votre attention à des choses et à des gens qui se soucient médiocrement de votre haine ainsi que de votre amour...

Les francs-maçons vous gênent Très Saint Père et votre Sainteté ne serait pas contrariée, probablement si le bras séculier voulait bien servir vos colères impuissantes! Vous aviez donc compté que, dans ce XIXᵉ siècle (fils de Voltaire et de Montesquieu pour la France) les cardinaux et leurs valets auraient encore la chance de rencontrer quelques pieux exécuteurs de leurs saintes œuvres... Vous l'avez donc poussé ce pieux rugissement de la fureur désarmée!...

Sur ce j'ai la faveur de vous déclarer, Très Saint Père, que en ma qualité de franc-maçon et d'excommunié endurci, je prie le Grand Architecte de l'Univers afin qu'il vous inspire des idées plus justes et surtout plus efficaces en faveur de l'orthodoxie catholique dont vous êtes le respectable défenseur [12].

Les frères traditionalistes tentèrent de résister au mouvement qui emportait la majorité des francs-maçons français, comme le frère Maretheux, qui prophétisait, en 1865, un grand malheur pour l'Ordre :

Une réponse, qui nous paraît péremptoire, se présente

tout d'abord à notre esprit : Les francs-maçons se distin-
guaient de toute autre association par deux grands
principes : l'idée nette, claire et précise du Grand Architecte dont ils se reconnaissent les humbles ouvriers, et la
pratique fraternelle de la tolérance; ils ont perdu la
connaissance de l'un, on leur conseille d'immoler l'autre.
Que leur restera-t-il? Il nous paraît indubitable que si
jamais ils commettaient ce suicide, il ne leur resterait plus
rien de caractéristique; et, si ce n'est quelques symboles,
qui encore auraient perdu toute valeur, ils n'auraient plus
rien de ce qui les élève au-dessus des sociétés qu'ils
nomment profanes. Et en effet, le mal vient de la perte de
la connaissance de Dieu; à moins que cette connaissance ne
se retrouve, le malheur, et c'est certainement un grand
malheur, est désormais irréparable [13].

*Au cours de l'assaut final, les poètes amateurs rivali-
sèrent d'habileté, chacun dans sa loge, pour la défense de
leur cause : les ouvriers du Grand Architecte purent ainsi
méditer un acrostiche à la gloire des trois vertus théologales selon saint Paul :*

F lambeau miraculeux dont l'éclat immortel,
R ayon pur, émané du sein de l'Éternel,
A changé la nuit sombre en brillante lumière...
N on, tu ne peux ainsi qu'une fleur éphémère,
C omme l'éclair qui luit, et rapide et trompeur,
M ystérieux agent, déserter la carrière,
A vant que le succès couronne ton labeur.
C olonne que l'amour embellit *d'Espérance*;
O rne de *Charité*, fait rayonner de *Foi*,
N ouvelle arche, où de Dieu se conserve la Loi,
N 'as-tu pas avec lui scellé notre alliance?
E tends sur l'Univers ta divine influence;
R ends frères dévoués ceux que tu réunis...
I nvisible réseau dont la trame est immense,
E st-il un nœud plus fort que ceux que tu bénis [14]?

Les partisans du progrès et de la laïcité ne trouvèrent pas leur inspiration dans l'Evangile mais dans l'histoire de la machine à vapeur :

Que dans ses intérêts, toujours si palpitants
Londres sur des wagons ait marché la première,
Et que ses chars, roulant dans une double ornière,
S'élancent, fendent l'air et dévorent le temps :
Les mortels étonnés, admirant son audace,
   A ses succès applaudiront
   Et les peuples s'empresseront
De suivre avec transport, la route qu'elle trace.
Mais le Grand Citoyen, dont les nobles travaux
A tous ces mouvements ouvrirent la carrière,
Fut le fils de la France, et la France en est fière;
Dans l'œuvre du génie il n'eut point de rivaux;
Et quand de la vapeur elle écrira l'histoire
   L'impartiale Vérité
   Doit dire à la Postérité :
Watt, Fulton, à vous l'or; Papin à toi la gloire [14]!

Ces quelques strophes écrites en l'honneur de Denis Papin et de saint Paul ont une allure récréative à côté du terrible combat qui, au même moment, opposa les frères à propos de l'initiation.

La bataille des rituels

Sous la grande maîtrise du prince Murat, en 1858, de nouveaux rituels furent imprimés. Daniel Ligou qui les a confrontés aux « cahiers de grades du XVIIIe siècle » n'a pas repéré de différences importantes; il se demande même si les rituels Murat n'ont pas renforcé les positions du G.A.D.L.U., en accentuant leur caractère déiste, conformément à l'article 1er de la constitution maçonnique de 1849 (cf. chronologie). Murat justifie ainsi son choix pour le conservatisme initiatique :

Si, en effet, certaines formules, certaines significations allégoriques ou l'exposé de certaines idées pouvaient donner lieu à des critiques bien fondées, il était certainement dangereux de toucher, sans une excessive réserve, à des habitudes que, dans leur ensemble, le temps avait introduites dans l'esprit de plusieurs générations de maçons et ainsi rendues respectables. L'œuvre actuelle avait donc pour objet et a eu pour but, tout en conservant le plus possible l'ancienne tradition, de dégager plus nettement de leurs diverses allégories, les hauts principes de philosophie et d'humanité représentés par notre Ordre.

La question : qu'est-ce que l'homme doit à Dieu? *devint obligatoire et l'œuvre de la maçonnerie consista désormais à* adorer Dieu, faire du bien à ses semblables, combattre les préjugés et travailler à sa propre perfection [15]. *Le G.A.D.L.U. * régna encore officiellement quelque temps sur les travaux des frères mais dès que le régime impérial accepta de relâcher sa surveillance sur l'opinion, le Grand Architecte perdit rapidement sa place dans les rituels au profit du positivisme. Le docteur Guépin de Nantes fut l'un de ces artisans de l'organisation de voyages initiatiques dans les espaces neufs de la science et de l'économie de marché : voici les explications fournies au futur compagnon auquel on a remis, pour l'accomplissement de son travail, une règle, un compas et un levier pouvant servir de fléau pour des balances :*

Vous avez conservé la règle et le compas qui s'appliquent à tous les efforts, à tous les développements de l'esprit humain, à toutes ses recherches industrielles et scientifiques, et de plus l'on a mis dans vos mains un levier, emblème de cette puissance matérielle et intellectuelle, qui vient en aide à la faiblesse de l'homme pour remplacer par des esclaves de vapeur, de fer et de bois les travailleurs asservis. La Francmaçonnerie vous déclare, par ce symbole, qu'elle ne veut plus de fonctions imposées par la force, mais qu'elle sait écouter la voix de la raison, surtout quand elle s'appuie sur les enseignements pratiques de la science.

La disposition de ce levier vous montre qu'il pourrait, au besoin, devenir le fléau d'une balance. La balance, cher

Frère, est un instrument sur lequel je dois appeler votre attention.

En agriculture, elle pèse ce qui vient du sol, ce qui vient de l'atmosphère, ce que nous portons sur le marché, ce que nous restituons au sol, décidant ainsi de l'augmentation ou de la diminution de ce capital, que sous le nom de fermes, la nature livre à notre exploitation, constatant par suite notre habileté ou notre impéritie, notre économie et notre savoir. — En industrie, la balance sert encore à mesurer nos produits, elle nous rend les mêmes services soit qu'il s'agisse des intérêts privés, soit qu'il s'agisse des intérêts généraux. C'est elle qui compte le poids des houilles et des autres combustibles consacrés à produire du mouvement; le poids des fontes, des fers et des aciers destinés à faire des outils, des machines, des ponts, des halles et des chemins de fer. C'est elle qui mesure les blés, les viandes, les laines et les cotons, tout ce qui sert à la nourriture ou au vêtement des êtres humains.

Dans le commerce, elle constate les *équivalences* pour celui qui connaît le prix des denrées, devenant ainsi le grand instrument des échanges et de la réciprocité...

En morale, si le levier est l'emblème de cette force réellement humaine qui domine le monde et les animalités, la nôtre même; nous devons ajouter que la balance est l'emblème de cette justice sociale que nous enseignent les actions et réactions de cette nature infinie, au sein de laquelle nous sommes et nous vivons plus ou moins heureux, suivant notre zèle à étudier ses lois, notre intelligence à les comprendre et notre dévouement à les appliquer au bonheur de nos semblables [16].

La réflexion sur les nouveaux rituels avait aguerri de nombreux frères : ils étaient maintenant armés de pied en cap pour affronter l'ennemi.

« Nos adversaires de l'Église »

La préparation du concile du Vatican, ouvert en décembre 1869, mit le feu aux poudres dans les loges maçonniques. L'article 4 de la bulle Apostolicae Sedis *où Pie IX résumait toutes les dispositions antérieures des constitutions pontificales contre les francs-maçons ne cherchait d'ailleurs pas à apaiser les esprits; étaient soumis à l'excommunication,* latae sentientiae :

Ceux qui donnent leur nom aux sectes des francs-maçons ou carbonari, ou bien aux associations du même genre qui conspirent soit publiquement, soit en secret contre l'Église ou les pouvoirs légitimes; de même ceux qui favorisent ces sociétés de n'importe quelle façon; et aussi ceux qui n'auront pas soin de dénoncer leurs chefs et les coryphées de la secte, tant qu'ils n'auront pas fait cette dénonciation [17].

Dès lors, les frères purent s'adonner librement aux plaisirs de l'anticléricalisme primaire. Comment, se sachant définitivement condamné, ne pas céder à la tentation de dénoncer les mœurs du clérical *dans la ville des papes, successeurs des Borgia,* incestueux et empoisonneurs? *Les frères d'Aurillac se risquèrent, avec délice, à anathématiser les jésuites coupables, selon eux, d'avoir recours à tous les moyens pour satisfaire leur* soif de l'or, *de détourner* les riches héritages *et d'introduire la* désunion au sein des familles par leur espionnage *et leurs* prédictions intolérantes [18]. *Les francs-maçons français semblaient prêts à participer au repas du Vendredi saint qui eut lieu, dit-on, dans certaines loges sous la III* Ré*publique, avec au menu un seul plat : de la bonne viande rouge.*

Dans les ateliers de province, quelques initiés isolés s'efforcèrent de contenir cette vague qui allait engloutir le G.A.D.L.U. Le 11 octobre 1869, Gustave Véricel, de la Sincère Amitié de Lyon, s'opposa à ceux qui voulaient réunir un convent maçonnique extraordinaire en face du concile œcuménique : vous opposerez un *Credo* à un autre *Credo,* vous deviendrez fatalement des sectaires [19]. *L' « anti-concile » ne fut convoqué ni par le G.O.D.F. ni par le Suprême Conseil du Rite écossais mais les deux obédiences rivales acceptèrent, en fait, de le tenir en permettant à la Ligue française de l'Enseignement du frère Jean Macé de lancer sa campagne publicitaire et profane dans l'enceinte sacrée des ateliers. En 1867, la loge écossaise 168, l'Avenir, propose à tous ses membres de cotiser à la Ligue; en 1869, Jean Macé, invité par les Frères réunis de Strasbourg, est autorisé à prononcer un toast à l'alliance de la ligue et de la maçonnerie :*

Mes frères,
La Ligue française de l'Enseignement est un enfant de ce pays. Vous l'avez vue venir au monde, et vous savez tous que vos Loges n'ont pas été son berceau.
Ce n'est donc pas un œuf de franc-maçon que les Ligueurs ont couvé, comme on a trouvé plaisant de leur dire, c'est un œuf de citoyen. Mais comme il y a un œuf de citoyen dans tout franc-maçon, la Maçonnerie ne pouvait pas ne pas reconnaître une sœur dans la Ligue, et c'est bien ce qui est arrivé...
A l'entrée de tous les Maçons dans la Ligue!
A l'entrée dans la Maçonnerie de tous les Ligueurs!
Au triomphe de la lumière, le mot d'ordre commun de la Ligue et de la Maçonnerie[20]!

Après la Commune, les passions pour le parti de l'ordre et le parti du mouvement s'exprimèrent sans retenue dans les loges maçonniques. Les zélateurs du premier parti, plus nombreux au Suprême Conseil du Rite écossais ancien et accepté (R.E.A.A.) qu'au G.O.D.F., tentèrent de former le dernier carré autour du G.A.D.L.U. : ils savaient que la déchéance du Grand Architecte était la condition nécessaire et suffisante pour que la franc-maçonnerie, libérée de toute entrave idéologique, prenne fait et cause pour la république et la démocratie. Le frère Montagu, en août 1875, se déclare encore prêt à sauver Dieu à n'importe quel prix :

Il est indispensable pour l'apprenti maçon entrant dans le temple du G.A.D.L.U. d'apprendre ce que c'est que

Dieu, afin de pouvoir distinguer si c'est, oui ou non, en son nom que le clergé parle, agit et surtout anathématise la franc-maçonnerie...

Sachons donc bien, mes [*Frères*], qu'il n'y a pas de lois sociales sans une raison d'être spéciale sans raison d'être générale, manifestation du vrai Dieu.

Ainsi se trouve démontrée, pour la solution logique de toutes les questions sociales, la nécessité de la notion scientifique de Dieu [21].

Le frère Marchal, vénérable de la loge Saint-Jean de Jérusalem de Nancy et membre du G.O.D.F., refusa, dès 1871, ce genre de concession : selon lui, le ver était dans le fruit et des frères, complices de l'Internationale pendant la Commune, l'avaient nourri en niant Dieu, l'immortalité de l'âme et la patrie; il s'agissait donc de l'extraire de l'Ordre avant qu'il ne dévorât le G.A.D.L.U., précipitant ainsi l'avènement d'une société civile et politique sans Dieu.

Nos croyances en nos Immortels principes constituent à l'association, un état de situation morale qui est une garantie indispensable pour l'État vis-à-vis d'elle et pour tous ses membres vis-à-vis des autres.

... qu'à l'avenir, on repousse inexorablement tous les vœux qui seraient la négation des principes, qui sont la base essentielle de notre association, principes non moins indispensables à notre existence qu'à celle de toute société qui prétend se respecter et faire respecter les droits et les devoirs des hommes [22]...

La mise à mort du G.A.D.L.U. par les frères du G.O.D.F., en septembre 1877, ne s'explique donc pas seulement par leur besoin de proclamer la tolérance absolue, en face de l'intolérance absolue du catholicisme, *ni par leur inclination à faire des* sottises... parce que le cléricalisme en a fait trop de son côté, *comme l'écrit Thévenot, secrétaire général du G.O.D.F., quelques mois avant l'événement* [23].

*Le docteur Marchal de Nancy, attaché aux immortels
principes de l'Ordre et le docteur Guépin de Nantes,
promoteur des nouveaux rituels positivistes s'affrontè-
rent, en 1870, à coups de brochures, au sujet des fondements de l'Ordre : le frère de l'orient lorrain réaffirmait
la nécessité pour la franc-maçonnerie de travailler sous
les auspices du G.A.D.L.U. si elle voulait rester une
société initiatique chargée de sauvegarder l'âme humaine
et son contenu. Le docteur Guépin n'avait que faire d'une
société de protection des âmes à l'usage exclusif des frères
car il nourrissait plus d'ambition pour les loges :*

Il ne convient pas que la franc-maçonnerie professe
aucune doctrine théologique, psychologique et aucun
dogme de l'ordre spéculatif pour cette raison qu'elle n'est
ni une religion, ni une école de philosophie. Elle est autre
chose et mieux que cela : elle est le premier modèle de ce
que sera un jour la société fondée sur le principe de
solidarité dans la liberté [24].

*Cette franc-maçonnerie laïcisée, proposée comme
modèle à la société profane, emporta, entre 1870 et 1877,
la majorité des suffrages des frères de Paris et de province
et le mouvement avait moins à voir avec la sottise qu'avec
l'histoire. La Commune venait en effet de démontrer, avec
éclat, l'urgence d'une alliance durable du « tiers état » —
bourgeois, couches nouvelles et paysans — qui pouvait
craindre l'instabilité politique entretenue par les nostal-
giques de l'Ancien Régime et de la monarchie, le peuple
de Paris toujours enclin à répéter l'expérience sans-
culotte de 1793 et la minorité active des partisans de la
prise du pouvoir d'État par la force de l'armée ou du
plébiscite.
Pourtant, après ses hésitations de 1848 et de 1851, ce
« tiers état » avait bien tenté, à partir des années 1860, de
se regrouper autour d'un programme commun hostile au*

cléricalisme et au pouvoir personnel, et favorable à la république laïque et à l'école pour tous[25]. *Mais la structure de l'appareil politique français — assemblées et partis — ne lui permettait pas de disposer des bases de masse nécessaires à la réussite d'une puissante campagne d'information en direction des partisans et des sympathisants du bloc républicain et démocratique. Cette faiblesse de la société politique et civile risquait, à court terme, de compromettre toute chance d'unification de la classe au pouvoir.*

D'où le recours provisoire à la franc-maçonnerie, ce quasi-parti tenant à l'Etat, mais implanté dans la société civile, seule institution idéologique spécialisée dans la sociabilité bourgeoise et rompue, depuis plus de vingt ans, au combat contre l'Eglise, l'appareil d'hégémonie de la société ancienne. Gramsci avait déjà repéré un processus identique en Italie, lorsque l'Art Royal souda, après l'unité italienne, le bloc au pouvoir constitué par la bourgeoisie libérale :

A un certain moment, toutes les forces de la démocratie s'allièrent, et la franc-maçonnerie devint le pivot d'une telle alliance. C'est une période historique bien précise dans l'histoire de la maçonnerie, devenue ainsi une des forces les plus efficientes de l'État dans la société civile [26].

L'Italie n'était pas la France et la « période historique » où les loges maçonniques fonctionnèrent comme le parti idéologique de la bourgeoisie n'eut pas la même durée dans les deux pays. En Italie, l'Ordre resta longtemps la seule « force organisée » de la bourgeoisie; en France, le bloc républicain s'employa, dès le double succès de 1877 — victoire électorale et mise à mort du G.A.D.L.U. par le Grand Orient — à mettre en place son organisation politique et son appareil scolaire. Dès lors, les loges jouèrent de moins en moins ces premiers rôles qu'elles avaient pourtant créés dans le domaine de la sociabilité politique et dans celui de la publicité pour l'école libératrice. Allaient-elles se mettre en sommeil après avoir tant fait pour la cause de la République? En 1789, la fermeture des temples était justifiée : les frères y avaient travaillé pour eux-mêmes, en cherchant à freiner le cours de l'histoire profane. Mais, en 1877, ils pouvaient revendiquer pour leur passé de résistants républicains de la première heure et d'anciens combattants de la guerre de tranchées contre les noires légions de l'Eglise.

La bourgeoisie française ne pouvait pas ne pas être reconnaissante à l'Ordre de l'avoir aidée à faire l'histoire ; ou plutôt, elle avait encore besoin des frères pour exercer, dans les villes et dans les chefs-lieux de cantons, un art dans lequel ils excellaient : l'anticléricalisme. Arme de la république et du progrès contre la « réaction » — mais quand cessa-t-il d'être progressiste, en 1905 ou en 1945? — l'anticléricalisme maçonnique fut aussi un moyen très efficace utilisé par la bourgeoisie pour obtenir, dans la vie politique et sociale, le consentement sur son pouvoir d'une fraction de la paysannerie et de la classe ouvrière. Cent ans après la Révolution, l'Art Royal était devenu un art bourgeois.

Abréviations
et lexique
maçonnique

B.C.D.G.O. *Bulletin du Centre de documentation du Grand Orient de France.* Le titre de la revue est devenu *Humanisme* en 1965-1966.
F∴ FF∴ Frère, Frères.
G∴ L∴ Grande Loge.
G∴ L∴ D∴ F∴ Grande Loge de France.
G∴ O∴ D∴ F∴ Grand Orient de France.
R∴ E∴ A∴ A∴ Rite écossais ancien et accepté.

Chapitre : atelier constitué par les détenteurs de hauts grades — chevalier d'Orient, chevalier Rose-Croix par exemple.
Chevalier d'Orient : haut grade situé au quinzième degré dans le R.E.A.A., au sixième dans le rite français ou moderne.
Colonnes : elles désignent les deux colonnes J et B qui se dressent à l'entrée du temple, et, par extension, les frères qui participent aux travaux.
Député : au XVIIIᵉ siècle, chaque loge désignait un frère, souvent parisien, pour la représenter au G.O.D.F. Un député pouvait représenter cinq loges.
Don gratuit : cotisation due par chaque frère au G.O.D.F.
Ecossais : haut grade créé vers 1740; le rite français ou moderne le plaça au cinquième degré.
Elu (ou *maître élu*) : haut grade, quatrième degré dans le rite français ou moderne. Il est chargé de châtier les assassins d'Hiram.
Frère servant : frère chargé de la préparation matérielle des travaux de la loge : ménage, rangement du matériel, service du banquet.
Maître : lorsque ce mot figure avec l'astérisque, il désigne le maître d'une loge, c'est-à-dire celui qui détenait la charge inamovible de présider les travaux de la loge. La réforme du G.O.D.F. en 1773 abolit ce privilège.
Maître des cérémonies : officier d'une loge chargé de l'introduction des visiteurs et de l'organisation des cérémonies initiatiques.
Maître symbolique : troisième grade dans tous les rites, après celui d'apprenti et de compagnon. Il perd de son prestige en France avec le développement des hauts grades.

Membre agrégé : l'expression est utilisée par la loge lors de l'établissement de son tableau : elle permet de distinguer le frère qui a reçu l'initiation dans une autre loge, du frère qui est « né » dans la loge.

Membre externe : frère qui figure au tableau de la loge, invité permanent, mais rarement présent. Son nom rehausse le prestige de l'atelier.

Membre né : frère initié dans la loge. Le nombre de « membres nés » est un indice du dynamisme maçonnique d'une loge dans son orient.

Orient : ville où est installée la loge.

Rose-Croix : haut grade situé au dix-huitième degré dans le R.E.A.A. et au septième, le dernier, dans le rite français ou moderne.

Secrétaire : officier de la loge chargé de la rédaction des procès-verbaux des assemblées de la loge et des relations épistolaires avec l'obédience.

Surveillant : officier de la loge chargé de conduire les travaux des compagnons ou l'instruction des apprentis; d'où la distinction entre le premier et le deuxième surveillant.

Vénérable : après la réforme du G.O.D.F. en 1773, le vénérable fut élu par l'assemblée de la loge. Il préside et oriente les travaux des colonnes.

Sources
et bibliographie

La plupart des sources de l'histoire de la franc-maçonnerie française aux XVIIIe et XIXe siècles sont conservées au cabinet des manuscrits de la Bibliothèque nationale. C'est au maréchal Pétain, qui n'a pas cessé de se passionner pour la répression des francs-maçons, que nous devons ce dépôt massif des archives des obédiences et des loges. Tout citoyen et tout historien, profane ou franc-maçon, peut consulter dans le fonds « FM », les délibérations et les circulaires du G.O.D.F., la correspondance et les tableaux des ateliers. Les documents maçonniques qui ont échappé à la chasse organisée par le gouvernement de Vichy sont à rechercher dans les archives départementales, les bibliothèques municipales, les musées, et dans les archives des obédiences et des loges.

Pour le XIXe siècle, la Bibliothèque nationale possède au Département des imprimés — série Hp — une série de longue durée de discours maçonniques mêlée à des brochures favorables à l'action du pape Pie IX (1846-1878), ce qui témoigne du sens de l'histoire et du sens de l'humour chez les conservateurs de la Bibliothèque nationale.

L'Art Royal a provoqué tant de passions et tant de haines que, malgré la rareté des sources, August Wolfstieg a pu recenser, dès 1926, près de 50 000 ouvrages et articles dans sa *Bibliographie der freimaurerischen Literatur*, 1911-1926, 4 vol., rééd. Hildesheim, G. Olms, 1964. Parmi les milliers de titres qui se sont ajoutés depuis 1926, nous avons fait un choix susceptible de satisfaire le franc-maçon, le profane et l'historien.

Instruments de travail

J. Boucher, *La symbolique maçonnique*, Paris, Dervy, 1947, rééd. 1974.

D. Ligou (sous la direction de), *Dictionnaire universel de la franc-maçonnerie*, Paris, 1974.

Bibliographie

Les six ouvrages retenus sont cités, dans les références, avec la mention « biblio. ».

M. Agulhon, *Pénitents et francs-maçons de l'ancienne Provence*, Paris, Fayard, 1968. On trouvera dans cet ouvrage, outre l'étude de la maçonnerie provençale au XVIIIᵉ siècle, les bases méthodologiques de toute recherche sur la vie associative et sur les faits de sociabilité, passés ou présents.

P. Chevallier, *Histoire de la franc-maçonnerie française*, Paris, Fayard, 1974-1975, 3 vol. L'auteur a tout lu et a dépouillé toutes les archives maçonniques mais les conditions de l'édition ne lui ont pas permis de citer ses sources.

A. Lantoine, *Histoire de la franc-maçonnerie française. La franc-maçonnerie dans l'Etat*, Paris, Nourry, 1935. *Quel ennui d'être partial et quelle sottise! On ne trompe pas les lecteurs qui savent lire,* dit l'auteur. Son attachement au R.E.A.A. ne trompe personne, mais il ne nuit pas à la lecture de son livre.

A. Le Bihan, *Loges et chapitres de la Grande Loge et du Grand Orient de France (2ᵉ moitié du XVIIIᵉ siècle),* Paris, Bibl. Nat., 1967. Un guide indispensable pour apprendre à découvrir les loges de province; elles y sont toutes recensées, des plus obscures aux plus prestigieuses.

H. F. Marcy, *Essai sur l'origine de la franc-maçonnerie et l'histoire du Grand Orient de France.* Paris, Éd. du Foyer philosophique, 1949-1956, 2 vol. Une somme souvent utilisée, rarement citée; les loges militaires et féminines au XVIIIᵉ siècle y sont remarquablement étudiées.

P. Naudon, *Histoire et rituels des hauts grades maçonniques.* Paris, Dervy, 1966. Le manuel de base pour l'initiation à la connaissance de l'écossisme et des hauts grades.

Références

1. Le fait maçonnique

1. Lessing, *Dialogues maçonniques*. Traduction bilingue, Paris, Aubier, 1968, introd. par Pierre Grappin (trois premiers dialogues, parus en 1778), 1er dialogue, p. 35.

2. Lessing, *op. cit.*, 4e dialogue (paru en 1780). Traduction dans *B.C.D.G.O.*, n° 28-29, juillet-octobre 1961, p. 9.

3. De Lalande, *Mémoire historique sur la maçonnerie*. Publié dans *Etat du Grand Orient de France*, 1777, 1re année, 2e partie, p. 86-103. Cette référence vaut pour chaque citation de Lalande.

La chronologie a été établie à partir du Mémoire de Lalande, des ouvrages de P. Chevallier, A. Lantoine, H. F. Marcy, P. Naudon (cf. biblio.) et aussi de la chronique « Faits et dates » parue dans le *B.C.D.G.O.*, n°s 3, 5, 6, 1956-1957.

4. Bibl. Nat., Ms Fs 15 176, f° 15.

5. Épernay, Bibl. Mun., Ms 124, fonds Bertin du Rocheret, gazette manuscrite, datée de Paris, 4 janvier 1737.

6. P. Naudon, biblio., p. 237 et 264.

7. P. Naudon, biblio., p. 89-92.

8. S. Mercier, *Tableau de Paris*, Amsterdam, 1782-1788. Cité par H. F. Marcy, biblio., t. 2, p. 256-257.

9. J. de Maistre, Lettre au Baron Vignet des Étoles, avril 1793. Publiée par F. Vermale, *Annales historiques de la Révolution française*, t. XI, 1934, p. 455.

10. *Journal de Paris*, n° 55, supplément du 22 février 1793.

11. Charleville, Arch. Loge, lettre imprimée de Beurnonville au G.O.D.F., 7 décembre 1817.

12. P. Naudon, biblio., p. 180.

13. P. Chevallier, biblio., t. 2, p. 498.

14. P. Naudon, biblio., p. 149-152 et p. 318.

15. A. Le Bihan, biblio., *Francs-Maçons parisiens du Grand Orient de France (fin du XVIIIe siècle)*.

16. D. Ligou, « La franc-maçonnerie française au XVIIIe siècle. Position des problèmes et état des questions », *Information historique*, mai-juin 1964, p. 108, note 49.

17. P. Naudon, *La Franc-maçonnerie*, Paris, P.U.F., coll. « Que sais-je ? », 1963, p. 61, notes 1 et 2.

18. P. Chevallier, biblio., t. 3, p. 28.

19. Ces tableaux ont été établis à partir des travaux cités dans la bibliographie, du *B.C.D.G.O.* nᵒˢ 3, 5, 6, 7, 1956-1957, et des *Calendriers maçonniques*, Bibl. Nat., F.M. imp. 16.

20. M. Agulhon, *Pénitents et francs-maçons*, biblio., p. 189 sq.

21. M. Vovelle, *La Chute de la monarchie. 1787-1792*, Paris, Seuil, 1972, 287 p. Nouvelle histoire de la France contemporaine, tome 1, cartes p. 54 (population), p. 76-77 (alphabétisation, densité des loges par rapport à la population, académies de province), p. 230 (serment constitutionnel).

22. J. M. Mayeur, *Les Débuts de la IIIᵉ République, 1871-1898*, Paris, Seuil, 1973. Nouvelle histoire de la France contemporaine, tome 10, carte des élections de 1877, p. 43.

23. Lessing, *op. cit.*, 4ᵉ dialogue, p. 13.

2. Les textes fondamentaux

1. La Tierce (éd.), Francfort-sur-le-Main, François Warrentrapp, 1742, 20 et 283 p. Paris, G. de l'Étoile, 1746, 2 vol., XII-311 p. et XII-358 p. « Le livre des Constitutions d'Anderson », *B.C.D.G.O.*, nᵒ 11-12, p. 3-42.

2. *Les Devoirs enjoints aux Maçons libres*, 1735. Ce texte fut remis à un membre d'une loge parisienne avant son départ pour la Suède. Cette version « suédoise » que nous utilisons a été publiée d'après A. Groussier, G.O.D.F., 1932, par H. F. Marcy, biblio., t. 1, p. 161-165.

3. A. Cherel, *Un Aventurier religieux au XVIIIᵉ siècle : André-Michel Ramsay*, Paris, Perrin, 1926.

4. P. Hazard, *La Crise de la conscience européenne, 1680-1715*, Paris, Fayard, 1961. Rééd. Paris, Gallimard, 1968, t. 2, p. 259-286.

5. Paris, Ministère des Affaires étrangères, dossier France, nᵒ 1309. Publié par A. Cherel, *op. cit.*, p. 53 sq.

6. Avignon, Musée Calvet, Ms 2280, fᵒ 31, publié par F. Weil, « Ramsay et la franc-maçonnerie », *Revue d'histoire littéraire de la France*, 1963, p. 276.

7. Londres, Welcome Medical Library, dossier Ramsay, nᵒ 12. Publié par F. Weil, art. cit., p. 276-277, lettre au marquis de Caumont du 16 avril 1737.

8. La version 1737 du discours de Ramsay, imprimée en 1738, a été éditée par La Tierce, *Histoire, Obligations et Statuts de la très vénérable confraternité des Francs-Maçons*, Francfort-sur-le-Main, F. Warrentrapp, 1742. L'édition La Tierce a été reprise par H. F. Marcy, biblio., t. 1, p. 166-173.

9. B. Groethuysen, *Origines de l'esprit bourgeois en France*. I. *L'Eise et la bourgeoisie*, Paris, Gallimard, 1927, p. 59.

10. Épernay, Bibl. Mun., Ms 124, fᵒ 8 sq, fonds Bertin du Rocheret.

11. Bibl. Nat., Ms Fs 15 176, f° 11.

12. Épernay, Bibl. Mun., Ms 125, fonds cité.

13. D. Ligou, « Le premier livre d'architecture de la maçonnerie française : le registre Coustos-Villeroy (1736-1737) », *B.C.D.G.O.*, n° 51, mai-juin 1965, p. 56-57. Bibl. Nat., fonds Joly de Fleury, 184, f° 129-146.

14. Épernay, Bibl. Mun., Ms 124, f° 15 sq, fonds cité.

15. Cité dans G. Kloss, *Geschichte der Freimaurerei in Frankreich aus echten Urkunden,* Darmstadt, 1852, I, p. 25-26. Traduit par G. H. Luquet, *La Franc-Maçonnerie et l'Etat en France au XVIII' siècle,* Paris, Vitiano, 1963, p. 149.

16. D. Ligou, art. cit., p. 39.

17. Trad. par A. Mellor, *Nos frères séparés, les francs-maçons,* Paris, Mame, 1961, p. 172 sq.

18. Bulle *Providas Romanorum Pontificum* (Juin 1751), H. F. Marcy, biblio., t. 1, p. 108, note 2.

19. H. F. Marcy, biblio., t. 1, p. 131-132 et A. Bernheim, « Aux origines de la franc-maçonnerie française. Les règlements généraux de 1743 et les statuts de 1755 », *Annales historiques de la Révolution française,* juillet-septembre 1969, p. 379-391.

20. A. Bernheim, art. cit., p. 388.

21. Y. Belaval, « Apologie de la philosophie française au XVIII' siècle », *Dix-huitième siècle,* n° 4, 1972, p. 6.

22. F. Furet, *Penser la Révolution française,* Paris, Gallimard, 1978. Discussion, France-Culture, 27 novembre 1978.

23. La formule est de Charles Loyseau, *Traité des Ordres et simples dignitez,* Paris, 1610.

24. Bibl Nat., FM¹ 291, f° 51-72.

25. P. Chevallier, biblio., t. 1, p. 121 ; A. Bernheim, art. cit., p. 388-389.

26. H. F. Marcy, biblio., t. 2, p. 178.

27. Bibl. Nat., FM imp 268, *Constitution du G.O.D.F. par la Grande Loge Nationale. 1773.* Introd. par A. Groussier, Gloton, 1931, p. 231-232.

28. F. Furet, *op. cit.,* pp. 58-59, 223-231.

29. A. Cochin, *Les Sociétés de pensée et la démocratie moderne. Etudes d'histoire révolutionnaire,* Paris, 1921, Rééd. Copernic, 1978, p. 14-15.

30. Bibl. Nat., FM imp 268, *Constitution du G.O.D.F..., op. cit.,* p. 138-139, procès-verbal de la 1ʳᵉ division des maîtres de Paris, 14 mars 1773.

31. Charleville, Arch. Loge, registre des procès-verbaux (1802-1805), f° 39 v° et f° 40.

32. R. Remond, *La Vie politique en France depuis 1789,* tome I : *1789-1848,* Paris, A. Colin, 1965, p. 230-235.

33. Arch. Nat., AF IV 1046, lettre de Portalis à Napoléon, 27 janvier 1807.

34. Charleville, Arch. Loge, copie de la planche autographe du maréchal de Beurnonville au G.O.D.F., 7 décembre 1817, p. 5-6.

35. A. Plessis, *De la fête impériale au mur des fédérés,* Paris, Seuil, 1973, Nouvelle histoire de France contemporaine, t. 9, p. 78.

36. Publié dans *L'Accacia,* n° 77, mai 1909 ; cf. P. Naudon, biblio., p. 179-185.

37. Titre de l'ouvrage de J. Baylot, *La Voie substituée. Recherche sur la déviation de la franc-maçonnerie en France et en Europe,* Liège, Borp S.A., 1968, 465 p.

38. Discours de J. Macé devant la loge « la Fidélité » de Colmar, 20 juillet 1868, cité par P. Chevallier, biblio., t. 2, p. 475.

39. Bibl. Nat., Hp 673, F. ˙. Desseaux, *Essai sur l'origine, les progrès et les tendances de la franc-maçonnerie,* Dédié à « La Persévérance couronnée » de Rouen, 1843, p. 15-16.

40. Bibl. Nat., Hp 1796, Discours du F. ˙. Royer à « L'Étoile de Chaumont » (Haute-Marne), 17 janvier 1874.

41. Bibl. Nat., Hp 1814, Discours prononcé à la L. ˙. 210, « La Vraie Lumière », Orient de Cannes, 18 septembre 1875.

42. Bibl. Nat., Hp 1327, *La liberté. Discours d'un franc-maçon,* Aix, 1872.

43. J. M. Mayeur, *Les Débuts de la III* République. 1871-1898,* Paris, Seuil, 1973, Nouvelle histoire de la France contemporaine, t. 10, p. 11-12.

44. Nous suivons Gramsci grâce à C. Buci-Glucksmann, *Gramsci et l'Etat,* Paris, Fayard, 1975, p. 114-134.

45. Bibl. Nat., FM imp 16-58, *Calendrier maçonnique* du G.O.D.F., 1858, Extraits des Constitutions et des Statuts généraux de l'Ordre.

46. Bibl. Nat., FM imp 16-73, *Calendrier maçonnique* du G.O.D.F., 1873.

47. Cité par P. Naudon, biblio., p. 318.

48. *B.C.D.G.O.,* n° 6, p. 31.

49. J. de Maistre, *Mémoire au duc de Brunswick,* 1782. Cité par E. Dermenghem, *Joseph de Maistre mystique,* Paris, Éd. du Vieux-Colombier, 1946, p. 61.

**3. La rage
de s'associer**

1. J. F. de Saint-Lambert, *Les Saisons,* Amsterdam, 1769, p. 31.

2. Abbé Marquet, *Discours sur l'esprit de société,* présenté à MM. de l'Académie française, l'année 1735, Paris, Didot, 1735, p. 17-18. Pour notre évocation du bonheur, de la vertu et de la sociabilité au XVIII° siècle, R. Mauzi, *L'Idée du bonheur au XVIII° siècle,* Paris, A. Colin, 1965, 725 p.

3. R. Mauzi, *op. cit.,* p. 583-587.

4. F. A. P. de Moncrif, *Essais sur la nécessité et sur les moyens de plaire,* Paris, Prault fils, 1738, p. 224, R. Mauzi, *op. cit.,* p. 589.

5. K. Barth, *Images du XVIIIe siècle,* Paris, Neufchâtel, Delachaux et Niestlé, 1949, p. 54-56.

6. Montpellier, Bibl. Mun., Ms 235, f° 142; Châlons-sur-Marne, Ms 124 et 125. F. Weil, « La Franc-maçonnerie en France jusqu'en 1755 », *Studies on Voltaire,* vol. XXVII, p. 1802.

7. Épernay, Bibl. Mun., Ms 156, f° 21.

8. Châlons-sur-Marne, Bibl. Mun., Ms 125, f° 264 et 267.

9. Bibl. Nat., Ms Fr 15 175, f° 116.

10. Châlons-sur-Marne, Bibl. Mun., Ms 125, f° 390 sq.

11. Bibl. Nat., Ms Fr 15 175, f° 119, lettre de Banzy à Bertin du Rocheret, Châlons-sur-Marne, 11 avril 1746.

12. Paris, Ministère des Affaires étrangères, Mém. et Documents, France, vol. 1649, f° 162. Communiqué par Françoise Weil.

13. Paris, Ministère des Affaires étrangères, source citée, f° 184-186.

14. Paris, Ministère des Affaires étrangères, source citée, f° 268, lettre du 1er may 1742 à M. de Maniban.

15. *Le Sceau rompu,* 1745, p. 22.

16. *L'Ecole des francs-maçons,* 1748, p. 109.

17. *La Franc-maçonne,* 1744, p. 18.

18. Bibl. Nat., fonds Joly de Fleury, 184, f° 72-73.

19. Bibl. Nat., fonds Joly de Fleury, source citée, lettre de D'Aguesseau à Joly de Fleury, 4 mai 1744.

20. La formule est de Domat, cité par R. Mousnier, *Les Institutions de la France sous la monarchie absolue,* Paris, P.U.F., 1974, tome 1, p. 34.

21. Châlons-sur-Marne, Bibl. Mun., Œuvres de Bertin du Rocheret, Ms 125, t. II, f° 244 sq., 22 septembre 1737.

22. C'est l'intention annoncée, en 1741, par l'abbé Claude-François Lambert au début de son roman, *Mémoires et aventures d'une dame de qualité qui s'est retirée du monde.* R. Mauzi, *op. cit.,* p. 186.

23. Sur la parenté entre la vogue maçonnique et la vogue du libertinage érudit dans la 1re moitié du XVIIe siècle, R. Mandrou, *Histoire de la pensée européenne,* t. 3 : *Des humanistes aux hommes de science. XVIe et XVIIe siècles,* Paris, Seuil, 1973, p. 142-153.

24. Le Maître de Claville, *Traité du vrai mérite...,* 1734. R. Mauzi, *op. cit.,* p. 190.

25. M. Vovelle, *Piété baroque et déchristianisation en Provence au XVIIIe siècle,* Paris, Plon, 1973, p. 366 et p. 459 sq.

26. Ces chansons extraites du Recueil Clairambault-Maurepas sont citées par G. H. Luquet, *La Franc-maçonnerie et l'Etat en France au XVIIIe siècle,* Paris, Vitiano, 1963, pp. 161, 182 et 300.

27. Robert B. Kreiser, *Miracles Convulsions and ecclesiasticals Politics in Early Eighteenth Century,* Princeton U.P., 1978, 485 p.

28. P. Chevallier, biblio, t. 1, p. 122.

29. Robert B. Kreiser, *op. cit.*

30. Bibl. Nat., Ms Fr 15176, f° 27.

31. J. Delumeau, *Le Catholicisme entre Luther et Voltaire*, Paris, P.U.F., 1971, Nouvelle Clio, p. 188.

32. Texte photocopié dans G. H. Luquet, *op. cit.*, p. 91.

33. G. H. Luquet, *op. cit.*, p. 117.

34. Bibl. Nat., fonds Joly de Fleury, 184, f° 48-50.

35. Bibl. Nat., fonds Joly de Fleury, source citée, f° 138, 12 mars 1737.

36. P. Chevallier, *Les Ducs sous l'accacia ou les premiers pas de la franc-maçonnerie française*, Paris, 1964, p. 80.

37. Bibl. Nat., Ms Fr 15176, f° 330, 25 octobre 1737.

38. Épernay, Bibl. Mun., Ms 131, lettre du marquis de Calvière à Bertin du Rocheret, 28 janvier 1746.

39. Bibl. Nat., Ms Fr 15176, f° 86-87, 5 octobre 1745, lettre de Castagnet à Bertin du Rocheret.

40. Nous devons ce développement à B. Plongeron, « Le fait religieux dans l'histoire de la Révolution française. Objet, méthodes, voies nouvelles », *Annales historiques de la Révolution française*, janvier-mars 1975, pp. 102-105.

41. P. Naudon, biblio., p. 239.

42. P. Naudon, biblio., p. 265.

43. Cité par P. Chevallier, biblio., t. 1, p. 249.

44. B. Plongeron, « Recherches sur l'*Aufklärung* catholique en Europe occidentale (1770-1830) », *Revue d'histoire moderne et contemporaine*, oct.-déc. 1969, p. 557.

45. B. Plongeron, art. cit., p. 560 et p 573.

46. P. Naudon, biblio., p. 277 (Rituel de chevalier Rose-Croix), p. 265 (Rituel de chevalier Kadosch).

47. J. Deprun, *La Philosophie de l'inquiétude en France au XVIIIe siècle*, Paris, Vrin, 1979.

48. J. Casanova, Mémoires, t. 1 (1725-1756), Paris, Pléiade, 1958, p. XXVIII et p. 627.

4. Lumières
et contre-Lumières

1. E. Dermenghem, *Joseph de Maistre mystique*, Paris, Éd. du Vieux-Colombier, 1946, p. 61. *Mémoire au duc de Brunswick*, 1782, publié par E. Dermenghem, Paris, 1925.

2. R. Mauzi, *L'Idée du bonheur au XVIIIe siècle*, Paris, A. Colin, 1965, p. 611.

3. Mirabeau, Mémoire publié dans *La Révolution française*, octobre 1882.

4. Mirabeau, *De la Monarchie prussienne sous Frédéric le Grand*, Livre VIII : Religion, instruction, législation, gouvernement, 5, Londres, 1788, 423 p., p.78.

5. Mirabeau, *De la Monarchie prussienne, op. cit.,* pp. 104, 106-107.

6. De Lalande, *Mémoire historique sur la maçonnerie,* Publié dans *Etats du Grand Orient de France,* 1777, 1ʳᵉ année, 2ᵉ partie, p. 86-103.

7. Abbé Barruel, *Mémoires pour servir à l'histoire du jacobinisme,* Londres, 1797-1798, t. 2, p. 259 et p. 409.

8. B. Faÿ, « La F.˙. M.˙. et les leviers de commande », *Les documents maçonniques,* août 1943, n° 11, p. 323-325.

9. Abbé Barruel, *op. cit.,* t. 2, p. 260-261.

10. Bibl. Nat., FM² 210, dossier des frères discrets de Charleville.

11. Bibl. Nat., FM² 131, 132, dossiers de la Parfaite fraternité et de la Parfaite union, à l'orient d'Agen.

12. M. Agulhon, biblio., p. 178 et p. 174-175 (tableau).

13. Bibl. Nat., FM² 209, 210 (Charleville, frères discrets et frères réunis), FM² 7 (Mézières), FM² 236 (Givet), FM² 416 (Sedan, famille unie et amis réunis), FM² 370 (Rethel). Sur le classement des catégories sociales sous l'Ancien Régime, nous avons suivi les conseils donnés par Régine Robin, *La Société française en 1789. Semur-en-Auxois,* Paris, Plon, 1970, pp. 15-58, pp. 193-195, p. 225.

14. Charleville, Arch. Loge, liasse des demandes d'adhésion au Chapitre de Rose-Croix (Frères discrets).

15. H. F. Marcy, biblio., t. 2, p. 257.

16. L. Goldmann, « La pensée des Lumières », *Annales E.S.C.,* juillet-août 1967, p. 758.

17. D. Richet, « Autour des origines idéologiques de la Révolution française. Élite et despotisme », *Annales E.S.C.,* janvier-février 1969, p. 20.

18. Bibl. Nat., FM⁴ 17, recueil de rituels XVIIIᵉ et XIXᵉ siècles, fᵒ 106.

19. Charleville, Arch. Loge, registre de délibérations 1778-1784, séances du 12 novembre 1780, 6 et 24 mai 1781, fᵒ 226-227 et fᵒ 244-245.

20. A. Bouton, *Les Francs-Maçons manceaux et la Révolution française, 1741-1815,* Le Mans, imprimerie Monnoyer, 1958, p. 80.

21. Bibl. Nat., FM² 238, Gravelines, loge « La philadelphe », règlements de 1767 et de 1779, et lettre au G.O.D.F. du 8 août 1784.

22. Bibl. Nat., FM² 132, Agen, dossier « La Sincérité », discours d'inauguration du 28 mai 1775, lettre à Louis Tassin, député de « La Sincérité » au G.O.D.F. du 23 mai 1776, lettre au Frère Marcot, en voyage à Paris, du 18 septembre 1776.

23. Bibl. Nat., FM² 131, lettre au G.O.D.F., 7 mai 1780.

24. Bibl. Nat., FM, Toulouse, Loge de Clermont, reconstituée en 1780, planche de mai 1779, document communiqué par F. Weil. Voir A. Le Bihan, biblio., p. 238.

25. J. de Maistre, Lettre à Vignet des Étoles, avril 1793. Publié par F. Vermale, *Annales historiques de la Révolution française*, t. XI, 1934, p. 453.

26. Bibl. Nat., FM, Facs 8° 411, *Manière de conférer la maçonnerie d'adoption au beau sexe*, Barjac (Gard), 1784. Sur ces rituels, voir les ouvrages publiés par Guillemin de Saint-Victor, Bibl. Nat., FM imp 145-146.

27. La Haye, Grand Orient des Pays-Bas, *Maurerische Bücher-Sammlung* von Georg Kloss, Ms XIX, 235 a, 278 p., f° 69, 71-73, 81 (discours d'installation de la loge de Corte), f° 121 (discours du 21 octobre 1779), f° 245 et 248 (18 octobre 1780), f° 275-276 (discours de réception de maître, 18 avril 1781).

28. F. Furet, *Penser la Révolution française*, Paris, Gallimard, 1978, p. 224-225.

29. La Haye, source citée, 235 b, 118 p., f° 79 (discours du frère Dorly, réception d'apprenti, 8 juillet 1784).

30. M. Agulhon, biblio., p. 178.

31. Bibl. Nat., FM², Gravelines, lettre au G.O.D.F., 12 juillet 1784.

32. La Haye, source citée, 235 a, f° 29 (juin 1778); 235 b, f° 24-25 (juillet 1783).

33. Condillac, *Essai sur l'origine des connaissances humaines*, 1746, I, IV, chap. II, § 25, note 1. Cité par André Joly dans son introduction à F. Thurot, *Tableau des progrès de la science grammaticale* (1796), Bordeaux, Ed. Ducros, 1970, p. 32.

34. Bibl. Nat., FM² 132, Agen, La parfaite union, 21 février 1782.

35. La Haye, source citée, 235 a, f° 84, mai 1779; 235 b, f° 26-27, juillet 1783 (Discours du frère Dorly de Bastia).

36. R. Mauzi, *op. cit.*, p. 579.

37. Court de Gebelin, *Histoire naturelle de la parole...*, Extrait du *Monde Primitif*, Paris, 1776, p. 26-27, p. 35, p. 90.

38. E. Dermenghem, *Joseph de Maistre mystique, op. cit.*, p. 62-64, *Mémoire au duc de Brunswick*, 1782.

39. Ces expressions sont de L. C. de Saint-Martin, *Lettre à un ami...*, Paris, Louvet et Migneret, An III, p. 31, *L'Homme de désir*, Lyon, 1790.

40. Lyon, Bibl. Mun., Ms 5868, p. 70, cité par A. Joly, « Jean-Baptiste Willermoz et l'agent inconnu des initiés de Lyon », dans *De l'agent inconnu au philosophe inconnu*, en collaboration avec R. Amadou, Paris, Denoël, 1962, p. 23.

41. A. Joly, *op. cit.*, pp. 27-64.

42. L. C. de Saint-Martin, *Le Crocodile ou la guerre du bien et du mal arrivée sous le règne de Louis XV*, 1799, Paris, Triades-Éditions, publié par R. Amadou, 1962, p. 145.

43. M. Foucault, *Les Mots et les choses*, Paris, Gallimard, 1966, p. 54-56.

44. Bibl. Nat., FM, sans cote, *Recueil et collection de toutes les instructions de la maçonnerie en tous grades à l'usage du frère Gautier*, mis au net en l'année 5785, 183 p., pp. 29-35.

45. C. Lévi-Strauss, *Anthropologie structurale*, Paris, Plon, 1959, p. 232.

46. B. Groethuysen, *Origines de l'esprit bourgeois en France*, I. L'*Eglise et la bourgeoisie*, Paris, Gallimard, 1927, p. 213-221.

47. Condorcet, *Esquisse d'un tableau historique des progrès de l'esprit humain*, Paris, An III (public. posthume), p. 340; cité par R. Mauzi, *op. cit.*, p. 578.

48. Bibl. Nat., FM² 238, Gravelines, extrait du registre de l'administration des pauvres, 1ᵉʳ février 1783, et lettre au G.O.D.F.

49. Bibl. Nat., FM² 209, lettre des Frères discrets de Charleville au G.O.D.F., 1ᵉʳ avril 1778.

50. La Haye, source citée, 235 a, fᵒˢ 266-269, 18 avril 1781, réception de maître à la loge de Bastia.

51. L. Althusser, *Montesquieu. La politique et l'histoire*, Paris, P.U.F., 1964, p. 15 sq. (1ᵉʳ éd. 1959).

52. C. Lévi-Strauss, *op. cit.*, p. 231.

53. La Haye, source citée, 235 b, fᵒ 31, 17 juillet 1783.

54. Abbé Barruel, *op. cit.*, t. 1, p. XVI-XVIII.

55. Bibl. Nat., FM² 132, Agen, dossier de la Parfaite union.

56. Cet épisode où la bourgeoisie et l'aristocratie d'Agen serrent les rangs face au petit peuple a été évoqué ci-dessus, 4-I.

57. Charleville, Arch. Loge, registre de correspondance, Lettre au G.O.D.F., 24 avril 1775.

58. Bibl. Nat., FM² 132, Agen, dossier de la Sincérité, lettres au G.O.D.F., 21 décembre 1776, 28 novembre 1778.

59. F. Furet, *op. cit.*, p. 230-231.

60. Mirabeau, *op. cit.*, *id.*, p. 102-103.

61. A. Chénier, *Réflexions sur l'esprit de parti*, s.l.n.d., p. 22-23, cité par A. Lantoine, biblio., p. 166, souligné par moi.

62. L. C. de Saint-Martin, *Le Crocodile, op. cit.*

63. Bibl. Nat., FM² 153, discours d'installation de la Parfaite union par le président de la Grande Loge de Provence. Cité par C. Mesliand, « Franc-Maçonnerie et religion à Avignon au XVIIIᵉ siècle », *Annales historiques de la Révolution française*, juillet-septembre 1969, p. 465.

64. J. de Maistre, *Mémoire au duc de Brunswick*, 1782, cité par E. Dermenghem, *op. cit.*, p. 67.

65. Dijon, Arch. Dép., Fonds Boudot, F 101, loge de la Bonne foi. Cité par R. Robin, « Franc-Maçonnerie et Lumières à Semur-en-Auxois », *Revue d'histoire économique et sociale*, 1965, n° 2, p. 237.

66. Rituel de Rose-Croix, Ms de 1765 environ, cité par P. Naudon, biblio., p. 237-238.

67. G. Gayot, « Les problèmes de la double appartenance. Protes-

tants et francs-maçons à Sedan au XVIIIᵉ siècle », *Revue d'histoire moderne et contemporaine*, juil.-sept. 1971, pp. 415-429.

68. Discours du 1ᵉʳ août 1784, cité par A. Bouton, *op. cit.*, p. 89.

69. La Haye, source citée, 235 a, fᵒˢ 85-94, installation de la loge de Corte.

70. Enoch, *Le Vrai Franc-Maçon qui donne l'origine et le but de la Franc-Maçonnerie*, Liège, 1773, p. 12. Cité par H. de Schampheleire dans « Classes et idéologies dans la franc-maçonnerie », *Tijdschrift voor de Studie van der Verlichting*, 1976, nᵒ 3-4, p. 451. Discours prononcé à Malines en 1785, cité par H. de Schampheleire, art. cit., p. 451.

71. Circulaire de la Loge Saint-Jean d'Écosse du Contrat social, 20 novembre 1790, citée par A. Bouton, *op. cit.*, p. 249-250; circulaire du G.O.D.F., 30 juin 1791, id., p. 251.

72. M. Taillefer, « La Franc-maçonnerie toulousaine et la Révolution française », *Annales historiques de la Révolution française*, janvier-mars 1980, p. 77.

73. L'expression est de A. Bouton, « Dispersion politique des francs-maçons du Maine au printemps 1792 », *Annales historiques de la Révolution française*, juillet-sept. 1969, pp. 487-500. Pour Toulouse, M. Taillefer, art. cit., p. 72. Pour Charleville, G. Gayot, *Les Francs-maçons à l'orient de Charleville, 1774-1815*, Lille, 1965, D.E.S., multig., pp. 281-286.

74. La Haye, source citée, 235 a, discours du frère Dorly à Bastia, 29 juin 1778.

5. Les aventures du Grand Architecte de l'Univers

1. M. Serres, « Œdipe-Messager : Troisième voyage », *Critique*, janvier 1970, p. 19-20.

2. Arch. Nat., F⁷ 8779, enquête de 1811. Partiellement publiée par G. Bourgin. « La franc-maçonnerie sous l'Empire », *La Révolution française*, t. 49, 1905, pp. 45-79.

3. M. Agulhon, biblio., p. 20.

4. Arch. Nat., BB 30 237, cité par A. Lantoine, biblio., p. 230. Cf. M. Agulhon, biblio., p. 350.

5. Bibl. Nat., Hp 1745, loge des Arts Réunis de Rouen, 6 juillet 1824.

6. Rapport du Préfet de police, juin 1825, cité par A. Lantoine, biblio., pp. 389-395.

7. Bibl. Nat., Hp 1739, Discours de Lefebvre d'Aumale père.

8. Bibl. Nat., Hp 1742, 1831, p. 6.

9. Bibl. Nat., Hp 663, *Discours sur la vraie religion* du F.˙. Baillehache.

10. Charleville, Arch. Loge, liasse de testaments, 1839.

11. Lamartine, discours paru dans *La Presse*, 13 mars 1848. Cité par A. Lantoine, biblio., p. 312.

12. Bibl. Nat., Hp 1560, *Réponse d'un franc-maçon excommunié à Pie IX*, Marseille, Samat, 1865.

13. Bibl. Nat., Hp 1585, *Science et tradition* par le F.˙. Maretheux, Paris, Dentu, 1865, p. 20.

14. Ces poèmes écrits au cours de la période de l'Empire libéral ont été publiés dans *B.C.D.G.O.*, n° 57, mai-juin 1966, p. 60 et p. 51-52.

15. D. Ligou, « La sécularisation de la maçonnerie française de 1772 à 1887 d'après les rituels », *Tijdschrift voor de Studie van der Verlichting*, 1977, n° 1, p. 47-48.

16. Bibl. Nat., Hp 432, Loge Mars et les Arts de Nantes, *Projet de rituel d'initiation au deuxième grade*, 1868, p. 4-5.

17. *Dictionnaire de théologie catholique*, VI, 1924, col. 727.

18. Bibl. Nat., Hp 1558, réponse au libelle de M. l'évêque de Ségur, 1867; Hp 1314, lettre de la loge d'Aurillac au R.P. Ramière de la compagnie de Jésus, 1872.

19. Bibl. Nat., Hp 1787, réponse aux frères Massol et Colfavru.

20. Bibl. Nat., Hp 1722, loge écossaise 168. Hp 1610, banquet de la fête d'hiver des Frères réunis de Strasbourg, 1869.

21. Bibl. Nat., Hp 1759, loge écossaise 217, le Libre examen, publié dans *La chaîne d'union*, août 1875.

22. Bibl. Nat., FM² 754, loge Saint-Jean de Jérusalem de Nancy. Cité par P. Chevallier, « La justification et l'exégèse de la suppression des affirmations dogmatiques lors du convent de 1877 par le frère Thévenot », *Tijdschrift voor de Studie van de Verlichting*, 1977, n° 1, p. 81.

23. Bibl. Nat., FM, sans cote, copies lettres du G.O.D.F., f° 310, 1ᵉʳ mai 1877, cité par P. Chevallier, art. cit., p. 68.

24. Bibl. Nat., Hp 1556, Nancy, 1870.

25. J. M. Mayeur, *Les Débuts de la IIIe République, 1871-1898*, Paris, Seuil, 1973, pp. 48-54. *Nouvelle histoire de la France contemporaine*, t. 10.

26. Ce texte d'A. Gramsci a été publié dans *Studi Storici*, XV, 1974, n° 2, « La conquista fascista dello Stato ». Sur l'analyse gramscienne de la franc-maçonnerie italienne, nous avons suivi C. Buci-Glucksmann, *Gramsci et l'Etat*, Paris, Fayard, 1975, pp. 127-129.

Impression Brodard et Taupin,
à La Flèche (Sarthe),
le 4 octobre 1991.
Dépôt légal : octobre 1991.
Numéro d'imprimeur : 6441E-5.
ISBN 2-07-032653-5/Imprimé en France.